Norbert Teupert

DIE ZWILLINGE
und ihre Lebensrätsel

Hohenweft, 14.10.06

Für Ute
mit guten Wünsche
dafür, die II + MP
in eine harmonische
Verbindung zu
bringen

Norbert Teupert

Lesen Sie zu diesem Buch auch den ebenfalls im Ariston Verlag erschienenen Einführungsband von

Norbert Teupert
DIE RÄTSEL DES LEBENS
Energetische Astrologie und Traumarbeit

Norbert Teupert, 1957 in Kulmbach geboren, ist diplomierter Sozialpädagoge. Nach einer dreijährigen Ausbildung zum astroenergetischen Berater bei Hans Taeger hat er eine eigene Traumtherapie und eine Ausbildung zum Traumtherapeuten bei der Traumtherapeutin Hildegard Schwarz absolviert, mit der er auch das »*Bilderbuch der Träume*« im Ariston Verlag veröffentlicht hat (1992). In freier Praxis führt er Traumseminare und Beratungen durch. Er arbeitet in Bayreuth, wo er auch mit seiner Familie lebt.

Norbert Teupert

DIE ZWILLINGE
UND IHRE LEBENSRÄTSEL

Astroenergetische Deutungen
für Alltag und Traumerleben

Ariston Verlag · Genf / München

Die Deutsche Bibliothek – CIP-Einheitsaufnahme

TEUPERT, NORBERT:
Die Zwillinge und ihre Lebensrätsel: astroenergetische Deutungen für
Alltag und Traumerleben / Norbert Teupert. – Erstaufl. – Genf;
München: Ariston Verlag, 1995
ISBN 3-7205-1857-4

© Copyright 1995 by Ariston Verlag, Genf

Gestaltung des Einbandes:
Studio Höpfner-Thoma, GraphicDesign BDG, München
Einbandmotiv: The Bedford Hours (AKG, Berlin)

Satz: Form + Satz, München
Druck und Bindung: Wiener Verlag, Himberg bei Wien

Erstauflage: März 1995
Printed in Austria 1995

ISBN 3-7205-1857-4

Inhalt

Widmung
Dem ZWILLINGE-*Archetypen gewidmet*
und allen, die am Spiel des Lebens teilhaben.

Auf ein Wort – bevor wir mit den ZWILLINGEN »von Blüte zu Blüte flattern«

Jeder ist (auch) ein ZWILLING – und hat Anteil an dieser kosmisch-archetypischen Energie, welche die Polarität unseres irdischen Daseins hervorbringt und der wir vor allem unser *Denkwesen*, die *Kommunikations-* und *Kontaktfähigkeit* und das grundlegende Interesse an unseren Lebensrätseln verdanken. Schließlich finden wir im Horoskop eines *jeden* Zeitgenossen das ZWILLINGE-Zeichen und dessen Planetenherrscher MERKUR konstelliert!

Wie wichtig und wesentlich die Integration dieser Energie für ein beschwingtes und *gegenwartsbezogenes* Leben *eines jeden Menschen* ist, soll in diesem Band der Tierkreisreihe »Lebensrätsel« vermittelt werden. Auch wenn Sie, liebe Leserin und lieber Leser, nicht im Monat der ZWILLINGE geboren wurden und ZWILLINGE nicht »Ihr Tierkreiszeichen« ist, so darf ich doch versprechen, daß Sie im Verlauf der Ausführungen und Beispiele einen Bezug zu Ihrem individuellen Dasein herstellen werden. Die Vorstellung, daß die Astrologie jeden Menschen auf ein Tierkreiszeichen beschränkt und festlegt, ist *das* grundlegende Mißverständnis! Dem ist Gott sei Dank nicht so, denn sonst wären wir ja furchtbar einseitig ausgerichtet und müßten die charakteristischen Wesensmerkmale dieses Zeichens auf Gedeih und Verderb ausleben. Jeder ZWILLINGE-Geborene wäre dann ausschließlich ein »Luftikus« ohne Verantwortungsbewußtsein oder ein intellektueller Theoretiker ohne Bezug zur Lebenspraxis, jeder WIDDER wäre ein aggressiver Kämpfer und dergleichen Unsinn mehr.

Der gesunde Menschenverstand verbietet eine solche einseitige, pauschalisierende Sichtweise des Lebens. Eine Astrologie, die sich auf derartige Vereinfachungen beruft, wäre als Vermittlerin eines geistlosen Schubladendenkens abzulehnen. Aber so ist die Astrologie nicht. Sie ist vielmehr die differenzierteste Methode zur Darstellung und Lösung der Lebensrätsel, welche die Menschheit jemals hervorgebracht hat – auch wenn viele »Stilblüten« die astrologische Praxis in Mißkredit gebracht haben. Aber wie sich die Menschheitsseele in einer Entwicklung befindet, so eben auch ihr Umgang mit den Praktiken der Selbsterkenntnis. Je stärker sich das menschliche

Bewußtsein erweitert, desto größer wird auch das Verständnis der Astrologie und damit der Lebensrätsel werden.

Jeder Mensch trägt in sich die Einheit (die wir astrosymbolisch im Tierkreis erkennen) und hat somit Anteil an allen zwölf Tierkreiszeichen und Planetenkräften. Den Unterschied zwischen den einzelnen Individuen machen die verschiedenen Konstellationen dieser archetypischen Urbausteine des Lebens aus und natürlich der jeweilige Reifegrad der Seele. Jede verantwortliche astrologische Arbeit und Traumtherapie wird sich deshalb vor pauschalen Deutungen hüten und das Individuum vorrangig mit in den Deutungsprozeß einbeziehen. Unser Schicksal ist nicht so starr festgelegt, wie wir vielleicht befürchten. Und wenn der Volksmund behauptet, daß »jeder seines eigenen Glückes Schmied ist«, dann sagt das etwas über die menschliche Freiheit aus, unser Leben zum Guten oder Schlechten hin mitzugestalten – im Rahmen unserer Möglichkeiten, versteht sich!

Freies Handeln und Entscheiden setzt jedoch bewußtes Erkennen voraus. Wem seine Handlungsmöglichkeiten und sein Spielraum bei der Lebensgestaltung nicht bewußt sind, der kann auch nicht frei wählen und muß sich mit dem zufriedengeben, was ihm zufällt. Ob wir das ZWILLINGE-Prinzip oder die MERKUR-Energie (unsere Mittlerfunktion zwischen der irdischen und der geistigen Welt) *erlösen* können, ist eine Frage des Bewußtseins, das im Gegensatz zum bloßen Wissen die Gefühlsebene mit einbezieht.

Die von mir entwickelte Methode der energetischen Astrologie und Traumarbeit besteht in der Kombination einer lebendig nachvollziehbaren Astrologie und der Arbeit mit unseren Träumen. Über die bloße Wissensvermittlung hinaus will diese Buchreihe die Bedeutung der einzelnen astroenergetischen Symbole und Archetypen *ganzheitlich* vermitteln, das heißt Gefühl und Verstand gleichermaßen ansprechen; *astrologische Vorkenntnisse sind nicht erforderlich!* Die theoretischen Grundlagen, Hintergründe und nähere Erläuterungen zu den einzelnen Themen sind in dem Einführungsband »*Die Rätsel des Lebens*« enthalten und können dort bei Bedarf nachgeschlagen werden. Ich habe diesen Weg der Darstellung gewählt, um nicht in jedem Tierkreisband wieder Grundlegendes erläutern zu müssen. Statt dessen ist jedem Kapitel eine komprimierte Einführung vorangestellt, die in der gebotenen Kürze die wesentlichen Punkte darlegt.

Ich bin überzeugt, daß neben den Laien auch die »Astroprofis« auf ihre Kosten kommen werden, da der *energetische* Blickwinkel und die Verbindung mit den Träumen eine interessante Ergänzung der eigenen astrologischen Praxis sein mögen. Auf der anderen Seite bringt die Verbindung mit der astrologischen Symbolik eine neue »Höhendimension« in die Traumarbeit ein, die uns ein Gefühl des Eingebettetseins in kosmische Zusammenhänge gibt und wesentlich zum Traumverständnis beiträgt.

Sie, liebe Leserin und lieber Leser, werden sehen, daß die Astrologie durch die Einbeziehung der Träume an Lebensnähe gewinnt, während wir uns andererseits auch die tiefere Bedeutung von Alltagserlebnissen erschließen, wenn wir sie aus astroenergetischer Sicht betrachten. Dabei ist mir vor allem die *Allgemeinverständlichkeit* der Ausführungen wichtig. Statt komplizierte Astrokonstellationen zu analysieren, konzentrieren wir uns bei der Deutung von Träumen und Ereignissen auf den Stand der SONNE im Tierkreis zum jeweiligen Traum- und Erlebniszeitpunkt – in diesem Fall in den ZWILLIN-GEN. Die SONNE ist unser *Zentralgestirn* und verkörpert das *kollektive, zentrale* Thema, um das es im jeweiligen (Tierkreis-)Monat geht. Als Ursymbol der *Ganzheit* spiegelt ihre Tierkreisposition ein *ganzheitliches* Bild unseres Seins und unserer Entwicklung wider. Und als universale Kraftquelle des Lichtes, der Erleuchtung und des Bewußtseins verkörpert die SONNE genau jene Qualität, die auch das Anliegen des nach Erkenntnis suchenden Menschen ist: durch das Lösen der Lebensrätsel ein glückliches, weil *bewußtes* und selbstbestimmtes Leben zu führen. C.G.JUNG bezeichnete diesen lebenslangen Prozeß als Individuationsweg.

Diese Reihe will Impulse und Anregungen für die Auseinandersetzung mit den zwölf Lebensrätseln geben und dem Leser ein lebensnaher »Schlüssel« für die Auflösung seiner individuellen Rätsel sein. Die zwölf Tierkreisbände und der Einführungsband bilden eine Einheit. Die einzelnen Bücher beziehen sich aufeinander und ergänzen sich, sind aber auch so weit in sich selbst abgeschlossen, daß sie einzeln gelesen werden können. Zahlreiche Traumbeziehungsweise Fallbeispiele stellen einen Bezug zur Praxis her – dies gilt vor allem auch für die astroenergetische Traumdeutung, die als Novum hier vorgestellt wird. Jeder Band behandelt ausführlich die Träume, die im Monat des betreffenden Tierkreiszeichens geträumt wurden; im ZWILLIN-GE-Buch sind es die Träume des ZWILLINGE-Monats, also der Zeit vom 21.5. bis 21.6. eines jeden Jahres.

Bei dieser Deutungsmethode ist es ohne Belang, unter welchem »Stern« der Leser geboren ist! Jeder Mensch träumt in jeder Nacht des Jahres, wie in Schlaflabors wissenschaftlich nachgewiesen wurde. Man muß also kein ZWIL-

LINGE-Geborener sein, um in dieser Zeit zu träumen. Die Deutungen für den ZWILLINGE-Monat beziehen sich auf *alle* Träume dieses Zeitraumes. Die ersten Buchkapitel führen in die Thematik und Symbolik der ZWILLIN-GE ein und bereiten den Leser auf die Darstellung der Trauminterpretation vor.

Herzlich bedanken möchte ich mich bei allen Traumfreundinnen und Traumfreunden, die durch ihre Träume und kreativen Beiträge das Buch wesentlich bereichert haben. Alle Namen wurden zur Wahrung der Anonymität verändert.

Norbert Teupert

1
Einführung in die Lebensrätsel der ZWILLINGE und ihres Planeten MERKUR

Initiation in die ZWILLINGE-Energie

Erleichterung. Nachdem uns das fixe Erdzeichen STIER mit der Schwerkraft des irdischen Plans vertraut machte, *relativiert* das nachfolgende Luftzeichen ZWILLINGE die Erdschwere, um uns die »Kunst des Fliegens« beizubringen. Auf die Psyche bezogen ist es die Welt der *Gedanken*, die mit diesem Sternzeichen in das Blickfeld tritt. Die zeitlichen und räumlichen Beschränkungen der stofflich-materiellen Dimension erfahren in der Welt der Ideen und des Denkens prinzipiell eine *Befreiung*. »Die Gedanken sind frei«, besser gesagt, sie könnten es sein, wenn wir auf gedanklicher Ebene uns von der Schwere der irdischen Anhaftungen lösen und den Quantensprung in die geistigen Regionen vollziehen.

Das bedeutet nun nicht, den physischen Körper und die stoffliche Welt zu verleugnen, denn sie bilden die Grundlage, von der aus wir unsere Exkursionen in die »geistigen Sphären« beginnen können. STIER ist die »schützende Raumstation«, die Ausgangsbasis für »intergalaktische Reisen« in geistige Welten. Wir benötigen eine gute Basis, eine gute Erdung, um mit dem Sprung ins Luftelement nicht zum »Wolkentänzer« zu werden. Stehen wir mit beiden Beinen auf dem Boden der Tatsachen, werden uns die geistigen Exkursionen in Bereiche jenseits der irdischen Notwendigkeiten und Zwänge beflügeln und befruchten. Wir sind dann in der Lage, die befreiende Erkenntnis nachzuvollziehen, daß zwar der Geist eines Körpers bedarf, um sich in der Körperwelt auszudrücken, aber grundsätzlich nicht identisch mit der stofflichen Hülle ist und auch unabhängig vom Körper existiert. Unser Erdenleib gleicht dem Raumanzug eines Astronauten: eine zweckmäßige Ausstattung, ein wertvolles Werkzeug, das aber nicht mit seinem Benutzer verwechselt und gleichgesetzt werden darf. Der Raumfahrer wird dieses

Hilfsmittel wieder ablegen, wenn er in seine eigentliche Heimat zurückgekehrt ist.

Offenheit. Im Reich der ZWILLINGE bewegen wir uns auf einer Ebene, auf der alles *relativ* ist. Anders als bei den Erdzeichen lassen sich beim Luftzeichen ZWILLINGE keine definitiven Aussagen machen. Zeigten sich der WIDDER als eindeutige Kämpfernatur und der STIER als formende, erdbezogene Kraft, ist es bei den ZWILLINGEN mit der Eindeutigkeit vorbei. Alles ist relativ, alles ist *offen* und steht miteinander in fortwährendem *Austausch*. Wir haben das Festlegende des Entweder-Oder hinter uns gelassen und schweben in der Schwerelosigkeit des Sowohl-Als-auch. Aus der Eins wird die Zwei – die *Polarität* ist geboren. Sie war *objektiv* gesehen auch schon vorhanden, bevor wir sie bewußt registriert haben. Doch subjektiv existiert sie für das Individuum erst, wenn der ZWILLINGE-Archetyp initiiert wurde. Und das geschieht vor allem in der Hauptzeit der ZWILLINGE: jedes Jahr aufs neue im ZWILLINGE-Monat und im Rahmen der Entwicklung des Menschen während der Pubertät.

Die *Dualität* spaltet die Einheit in *zwei Pole.* Wir begreifen, daß die eine Medaille, die wir in Händen halten, zwei Seiten hat. Aus Eindeutigkeiten werden *Zweideutigkeiten.* Im Banne des Luftzeichens hält uns nichts mehr am Boden. Wir werden – ob wir das wollen oder nicht – leicht und beginnen zu »schweben«. Wenn die ZWILLINGE mit ihrer »kosmischen Luftpumpe« anrücken, ist das aber nicht für jeden leicht zu ertragen. Mit dem tschechischen Schriftsteller MILAN KUNDERA könnten wir diese Erfahrung als *»Die unerträgliche Leichtigkeit des Seins«* titulieren, die über uns hereinbricht, wenn sich plötzlich alles (oder ein bestimmter Lebensbereich) in der *Schwebe* befindet. Wenn auf einmal wieder alles *offen* und nichts festgelegt ist, keine Grenze, keine Richtung, kein Ziel existieren. Nur einfaches Sein im *Hier* und *Jetzt.* Im *Gegenwartsbewußtsein* dem Kommenden entgegenwarten. Ein Schwebezustand, bei dem so mancher von der Angst befallen wird, abzustürzen oder sich in den unendlichen Weiten der Schwerelosigkeit des geistigen Raumes zu verlieren.

Grund für diese Befürchtungen hat jedoch nur, wer – wie gesagt – die vorangehende STIER-Lektion nicht gelernt hat. Steht unsere Inkarnation auf einem soliden Fundament (siehe dazu den STIER-Band), dürfen wir mit den ZWILLINGEN in luftige Höhen aufsteigen und uns im Reich der Ideen und Gedanken über alle Begrenzungen des Körpers erheben. Je höher wir steigen, desto lichter die Regionen und erhabener die Gedanken; je mehr es uns nach unten zieht, wir am Boden kleben, desto trüber, dunkler, sorgenbeladener die Welt in unserem Kopf. Und was sich in unserem Kopf abspielt, so meinen wir, das ist für uns die Wirklichkeit. Unsere Gedanken bestimmen grundlegend unser Leben, wenn wir nicht gelernt haben, sie ihrem Luftwesen gemäß frei fliegen zu lassen. Sperren wir sie in einen Käfig, werden sie wie gefangene Singvögel von Begrenzung, Einengung und Trostlosigkeit singen. Von der eigentlichen Freiheit des Menschengeistes erzählen nur frei fliegende Gedankenvögel.

Freiheit bedeutet *Offenheit*. Im Bereich der ZWILLINGE ist alles (noch) offen – Entscheidungen werden (noch) nicht getroffen. Jetzt ist die Zeit, sich zunächst mit dem *Für* und *Wider* einer Sache vertraut zu machen, *beide Seiten* anzuschauen, ohne gleich eine Verbindung oder Synthese herstellen zu wollen. Das eben ist die archetypische Lektion der ZWILLINGE, daß wir die Polarität einer jeden Erscheinung erkennen, um uns (vorübergehend) darüber zu erheben. Aus der *Vogelperspektive* erlangen wir den nötigen Überblick, bevor wir schließlich unseren Weg aus den vielen Möglichkeiten herausfinden.

Bleiben wir allerdings im *Gegensatz* gefangen, pendeln wir zwischen den Extremen hin und her, ohne uns jemals festlegen zu können, zeigt das, daß wir die ZWILLINGE-Lektion noch nicht gelernt haben. Alles hat eben seine Zeit. Nichts ist statisch – auch nicht das Verweilen in der Polarität.

Die ZWILLINGE sind im Tierkreis zwischen STIER und KREBS angesiedelt. Gegen den Uhrzeigersinn – parallel zu der Bewegungsrichtung der Planeten – geht der STIER voraus, und der KREBS folgt den ZWILLINGEN. Das Luftzeichen führt weiter, was im Erdzeichen angelegt wurde, und findet seinerseits seine Weiterentwicklung im nachfolgenden Wasserzeichen. Wie wir schon gesehen haben, trägt die Einbeziehung des vorhergehenden Zeichens sehr zum Verständnis eines Tierkreisprinzipes bei. Wenn wir auf verschiedenen Ebenen die Brücke zwischen dem STIER und den ZWILLINGEN schlagen, wird uns durch den Vergleich ihrer Gegensätzlichkeit vieles deutlicher werden. Schließlich ist es gerade das Erkennen von Gegensätzen, die Bewußtwerdung bewirkt, ja erst ermöglicht. Wie sollte bewußtes Erkennen möglich sein ohne die Aufspaltung der Einheit in einen Beobachter (Subjekt) und ein Beobachtungsobjekt?

Das ZWILLINGE-Prinzip im Tierkreis bewirkt, daß die Nachbarzeichen jeweils im Gegensatz zueinander ausgerichtet sind. Sie müssen es sein, damit

Einseitigkeiten und Dominanzen eines Tierkreisprinzipes *relativiert* und nicht noch fester zementiert werden. Es verwundert daher nicht, daß sich STIER-betonte von ZWILLINGE-betonten Menschen so grundlegend unterscheiden. Und doch besteht ein Zusammenhang zwischen beiden, wie wir schon gesehen haben. Ohne STIER keine ZWILLINGE, aber ohne das nach-folgende Luftzeichen würde auch das STIER-Prinzip keinen Sinn machen.

Nehmen wir als Beispiel die »Kultur«, die auf der STIER-Ebene durch die Seßhaftwerdung der Nomadenvölker (im STIER-Zeitalter) ihren Ursprung hatte. Im Luftzeichen ZWILLINGE entwickelte sich die Kultur weiter und fand die dem menschlichen Geist entsprechende Ausgestaltung. War die Kulturleistung des STIER-Archetypen vor allem darin zu sehen, das Land nutzbar zu machen, sich niederzulassen, Schutz- und Ernährungsräume zu schaffen, so geht die Kulturleistung der ZWILLINGE über das rein Zweckmäßige, Lebensnotwendige, Körperliche hinaus und reicht in die geistige Sphäre hinein. *Literatur, Film, Theater, Musik* konnten entstehen, nachdem die Grundbedürfnisse des Körpers befriedigt waren. Der Mensch begann seinen geistigen Höhenflug, als er aus der geistigen Welt zu schöpfen vermochte. In den verschiedenen Künsten werden seither Eindrücke aus den lichten Regionen vermittelt, in denen wir im eigentlichen Sinne zu Hause sind – denken wir nur an die Werke eines MOZART, BACH oder GOETHE.

ZWILLINGE bedeutet das Verlassen des sicheren, abgegrenzten Hauses und den Eintritt in die *Nachbarschaft* und die *Vielfalt* der Stadt, in der *Begegnungen* möglich sind. Im übertragenen Sinne meint es die Bereitschaft, vorübergehend seinen Standpunkt aufzugeben, fremde Eindrücke zuzulassen und durch die Integration von Gegensätzen zu wachsen. Entsprach dem STIER die Phase der Sammlung, beginnen wir auf der ZWILLINGE-Stufe die gesammelten Güter und Erfahrungen *auszutauschen*. *Kommunikation* und *Handel* entstehen.

Auf der anderen Seite bilden die ZWILLINGE die »Pufferzone« zwischen dem Körperarchetypen STIER und der Gefühlsdimension des KREBS. Die Gedankenwelt des Luftzeichens fungiert somit als *Mittlerin* zwischen dem Körper und der Seele. Ein (unvorstellbares) Fehlen der ZWILLINGE im Tierkreis hätte zur Folge, daß unsere Seele direkt auf den Körper reagierte und keinerlei (gedankliche) Distanz möglich wäre. ZWILLINGE vor KREBS bedeutet die Fähigkeit, sich geistig über das körperlich-materielle Dasein zu erheben und die Seele – unabhängig von den irdischen Belastungen – zu »beflügeln«.

ZWILLINGE als drittes Zeichen im Tierkreisverlauf (vom »Ge-
burtszeichen« WIDDER aus gerechnet) geht den »rationalen« Erdzeichen
JUNGFRAU und STEINBOCK voran. Das läßt darauf schließen, daß die
Entwicklung von Vernunft und Verstand auf der Ebene der ZWILLINGE
noch nicht abgeschlossen ist. Das Geistprinzip, das mit ZWILLINGE in die
Welt der Erscheinungen eingetreten ist, muß sich erst noch formen und
irdische Funktionen entwickeln. ZWILLINGE ist vielmehr der Geist in
»Reinform«, Geist an sich, der nicht mit seinen Funktionen verwechselt
werden darf.

Runden wir das Bild durch Naturbeobachtungen im ZWILLINGE-Monat ab
und betrachten die Vorgänge in der äußeren Natur als Spiegel der inneren
Prozesse. Nach der Wiedergeburt der Natur im WIDDER-Monat (Frühlings-
anfang) und der Wachstumsperiode im STIER-Monat markieren die ZWIL-
LINGE die Blütezeit; die wichtigste Phase des Blühens in der Natur fällt in
den Monat, in dem die SONNE das Zeichen der ZWILLINGE durchwandert.

Die *Blüte* als ZWILLINGE-Entsprechung bedeutet, daß sich die Einheit
der Art (STIER) in einen männlichen und einen weiblichen Pol aufspaltet.
Die latent bereits vorhandene Zweigeschlechtlichkeit der polaren Welt ist
damit *aktiviert*. Der Mensch entdeckt seine Geschlechtlichkeit und entwik-
kelt sich vom Kind zu Mann *oder* Frau. Die Trennung des Menschen in zwei
Geschlechter ist Ausdruck der irdischen Dualität. Mit der Realisierung der

Sexualität empfindet der Jugendliche plötzlich seine Unvollkommenheit. Die Heranwachsenden spüren mit einemmal hautnah, daß sie nicht »ganz« sind, und empfinden sich (zunächst) *nur* als Junge oder *nur* als Mädchen.

Der ZWILLINGE-Archetyp erschöpft sich jedoch nicht nur in der Polarisierung in ein männliches und ein weibliches Lager. Gleichzeitig ist aufgrund dieser Trennung die Sehnsucht nach dem anderen Geschlecht angelegt. ZWILLINGE-Tugenden wie Kontakt- und Kommunikationsfreude bilden wesentliche Voraussetzungen dafür, daß mit Mann und Frau auch die beiden Pole *Yin* und *Yang* wieder zusammenfinden. Bis zur endgültigen Wiedervereinigung, also bis zum Zurückfinden zur inneren Einheit (= FISCHE-Stadium), ist jedoch noch ein langer Entwicklungsweg zurückzulegen. Zunächst beginnt das Spiel des Lebens, das Dasein erscheint als *»Divina Commedia«*, als göttliche Komödie, wenn wir gewillt und bereit sind, uns darauf einzulassen.

Die Zeit der Blüte ist die Vorbereitung, die Vorstufe zur Befruchtung und Schwangerschaft (nachfolgendes KREBS-Stadium der Entwicklung). Gelingt es uns, das ZWILLINGE-Rätsel zu lösen und zu integrieren, kann neues Leben, können Gefühle in uns heranwachsen.

Das Sigel der ZWILLINGE

Die beiden Längsbalken verkörpern das Prinzip der *Dualität* beziehungsweise die beiden Pole der Welt. Wie das Sigel aber weiter erkennen läßt, sind die beiden Seiten jedoch nicht voneinander isoliert, sondern durch zwei Bögen oben und unten miteinander verbunden. Nicht, daß sich die beiden Pole direkt berührten! Es verhält sich vielmehr wie mit zwei durch einen Fluß getrennten Ländern, die über Brücken miteinander in Verbindung stehen. Beim Körper finden wir im menschlichen *Gehirn* ein Beispiel für die Polarität und ihre Überbrückung. Die beiden Gehirnhälften, denen unterschiedliche Funktionen beim Denk- und Wahrnehmungsprozeß zukommen, stehen durch einen Verbindungskanal, das sogenannte »Corpus callosum«, miteinander in Wechselwirkung.

Die beiden Halbkreise des Sigels deuten *Offenheit* und *Aufnahmebereitschaft* an. Sie sind nach oben, in Richtung auf die Außenwelt, und gleichermaßen nach unten, hin zur Innenwelt, ausgerichtet. Auch hier wird also nicht eine einzige Richtung betont, sondern eine *Kontaktaufnahme* mit *beiden Seiten* des Lebens. Es sind die Antennen der ZWILLINGE, die naturgemäß auf den Empfang der Dualität eingestellt sind: gleichermaßen auf Körper und Geist, Gedanken und Gefühle, auf männlich und weiblich, Licht und Schatten und so fort. Die enge Verflechtung der beiden Grundkräfte der polaren Welt – *Yin* und *Yang* – wird dadurch unterstrichen.

Von den Halbkreisen aus gesehen stellen die Längsbalken die Kanäle dar, zwischen denen die Impulse und Einwirkungen von oben und unten (Bewußtsein und Unbewußtem) hin- und herfließen, sich begegnen und austauschen: eine zweigleisige Kommunikation zwischen den Polen, zwischen dem Ich und der Umwelt ebenso wie zwischen dem Ich-Bewußtsein und dem inneren Du der Seele (zum Beispiel durch die Träume).

Das Sigel zu malen ist eine Möglichkeit, sich in das ZWILLINGE-Prinzip einzufühlen. Wenn wir uns für eine Weile darauf einlassen und die Gestalt dieses Symbols immer wieder nachvollziehen, werden innere Reaktionen nicht ausbleiben, die entsprechend dem persönlichen Bezug zu dieser Energie gefärbt sein werden.

Erscheint uns das Sigel im Traum, stellen wir fest, in welchem Zusammenhang es auftaucht und ob es der »Norm« entspricht. Abweichungen davon können auf ein individuelles ZWILLINGE-Problem hinweisen. Wenn etwa ein Halbkreis fehlt, könnte das bedeuten, daß die Verbindung zu dieser Seite unterbrochen ist, und die unterschiedliche Größe der beiden »Balken« mag auf ein »Gleichgewichtsproblem« unserer eigenen Polarität hinweisen.

ZWILLINGE – das labile Luftelement

Die Kraft, die das Luftelement *auflöst*, wurde von unseren Vorvätern im Symbol der ZWILLINGE ausgedrückt. Wie die ZWILLINGE-Zeit im Jahreslauf den Frühling beendet und zum Sommer hinführt, meint es auf archetypischer Ebene die Auflösung des kollektiven Geistprinzipes (Luftelement!), was die Geburt der Individualseele (nachfolgendes kardinales Wasserzeichen KREBS; siehe KREBS-Band) ermöglicht und bewirkt.

Wenn wir dem Luftelement das Geistprinzip zuordnen, dann ist es nötig, es gegenüber dem rationalen Denken des Erdelementes, dem Seelenprinzip des Wasserelementes und der Bewußtseinskraft des Feuerelementes abzugrenzen. Gerade der Begriff »Geist« ist in der deutschen Sprache sehr mehrdeutig und wird häufig fast in einem Atemzug für Intellekt, Ratio, Feinstofflichkeit und Göttlichkeit verwendet.

Die Elementenlehre hilft uns hier zu differenzieren. Luft ist Kollektivgeist – Feuer die Flamme der Individualität. Letztere lebt und nährt sich von der Luft und ist doch gleichzeitig eine individuelle Erscheinung des kollektiven Geistprinzipes (das »geistige Feuer«). Feuer bedarf der Luft. Ist es aber auch umgekehrt der Fall? Braucht die Luft das Feuer? Betrachten wir das Luftelement als die *geistige Sphäre* (die den Menschen wesentlich vom Tier unterscheidet), kann dem *kollektiven Menschengeist* eben *nicht* gleichgültig sein, wie sich die menschliche Rasse *individuell* weiterentwickelt. Evolution ist in diesem Sinne ein fortwährender »Entzündungsprozeß«. Indem die Luft Feuer fängt, verwandelt sich der Kollektivgeist in individuelles Bewußtsein.

Gott, der all-eine Geist, nimmt sich über die mannigfachen (individuellen) Bewußtseinsformen in all seinen Facetten wahr. Es handelt sich um den allmählichen Erleuchtungs- und Entwicklungsprozeß der Schöpfung.

Die *labile Phase* eines jeden Elements hat »wässrige«, auflösende Wirkung – beispielsweise im Gegensatz zum fixen Luftzeichen WASSERMANN, bei dem wir es mit dem Luftelement in seiner konzentrierten (»stehenden«) Form zu tun haben. Wenn die SONNE das ZWILLINGE-Zeichen durchwandert, dann ist das die letzte Station vor einem neuen Sommer. Die labile Kraftausrichtung charakterisiert eine Phase des Hergebens beziehungsweise des Austausches. In Verbindung mit dem Luftelement kann das etwa die *Atmung* sein. Die Luft ist das Medium, durch das wir miteinander in *Verbindung* stehen. Durch das Einatmen nehmen wir ein Stück Außenwelt in uns auf. Und die Luft, die wir ausatmen, ist mit einer Prise unseres ureigenen Wesens »gewürzt«, die wir somit in die Umwelt »streuen«. Die Luft bildet zudem als Transporteur von Schwingungen das Medium für *sprachliche Kommunikation*. Man stelle sich eine Welt ohne Luft vor – Schweigen und Beziehungslosigkeit wären die Konsequenz!

In dem labilen Luftzeichen findet das Luftelement seinen wesensgemäßen Ausdruck. Kontakte und Beziehungen werden hier um ihrer selbst willen eingegangen, ohne jegliche Fixierung und ohne Hintergedanken. Der Schmetterling, der von Blüte zu Blüte fliegt, ist ein treffendes Bild dafür.

Betrachten wir die Elemente vor dem Hintergrund des Polaritätsprinzips, dann ist das Luftelement Ausdruck des männlichen Aspektes der weiblichen Seite, also der *Yang*-Pol des *Yin*. In dieser Differenzierung bestätigt sich die Ahnung, daß Weibliches nicht ausschließlich feminin ist und Männliches nicht nur maskuline Züge trägt. Im Gegensatz zum Erdelement, das die weibliche Seite des männlichen Prinzipes darstellt, ist die Grundlage der Luft das *Yin*, das sich hier eben männlich *Yang*-betont ausdrückt. Weiterführende Gedankengänge dazu mag der Leser bei Interesse selbst »durchwandern«.

Die Opposition – der Aspekt der Dualität

Die Opposition (Hundertachtzig-Grad-Winkel) haben wir bereits im WIDDER-Band kennengelernt. Dem polaren Wesen dieses Aspektes entsprechen seine beiden grundverschiedenen Seiten, die kämpferische (WIDDER) und die friedliche (ZWILLINGE) Ausrichtung.

In bezug auf die ZWILLINGE meint der Oppositionsaspekt die grundlegende Polarität der Dinge. Die Auseinandersetzung damit (WIDDER)
ist *eine* mögliche Reaktion auf die Gegensätze dieser Welt. Nicht selten ist
Kampf angesagt, doch häufig beginnt die Bewältigung eines Konfliktes
zunächst damit, einen akuten Gegensatz *auszuhalten*. ZWILLINGE folgt
als übernächstes Zeichen auf den WIDDER als Tierkreisanfang. Betrachten wir den Zodiak als Entwicklungsmodell, dann haben wir im günstigen
Fall von der WIDDER- bis zur ZWILLINGE-Stufe etwas dazugelernt:
hier vor allem die Fähigkeit, sich in beide Seiten einer Angelegenheit –
einer Situation, Meinung, Lage, einer Beziehung oder Idee – hineinzuversetzen.

Oppositionen im Horoskop können als Drang erlebt werden, sich im Sinne
eines Entweder-Oder für eine Seite und gegen die andere zu entscheiden
(WIDDER). Eine fortgeschrittener Umgang mit solchen Spannungen führt
zur Erkenntnis des Sowohl-Als-auch. Wir brauchen beide Kräfte, die im
Oppositionsaspekt (zunächst) miteinander ringen. Steht im Horoskop beispielsweise der MOND in Opposition zur SONNE (innerer Vollmond), dann
können wir feststellen, daß unser Selbst-Bewußtsein (SONNE) den Gefühlen
(MOND) zu widersprechen scheint. Auf eine äußere Ebene projiziert haben
wir es hier mit einer Variante des Geschlechterkampfes zwischen Mann
(SONNE) und Frau (MOND) zu tun. Nun gut, zunächst mögen Kampf und
Auseinandersetzung nötig sein, um beide Seiten voneinander zu unterscheiden. Das kann aber kein Dauerzustand bleiben, wollen wir zu wirklichen
Beziehungen fähig werden. Der ZWILLINGE-Ebene des Oppositionsaspektes
entspricht in diesem Falle die *Akzeptanz und Integration des Gegensatzes* zwischen männlich und weiblich, sowohl innerlich als auch in der Außenwelt.

Oppositionen lehren uns, daß sich die Gegensätze wechselseitig bedingen
und ergänzen. Sie befähigen uns dadurch zu bewußtem Erkennen. Betrachten
wir unsere Oppositionsaspekte im Horoskop, können uns folgende Frage-
stellungen weiterführen: Welche Wesensseiten scheinen sich zunächst zu
widersprechen (beteiligte Planeten)? Wie erlebe ich das innerlich? In welchen
Lebensbereichen erfahre ich diese Spannung vor allem (die Häuser, die von
der Opposition tangiert werden)? Wie kann eine Integration beider Seiten
aussehen, damit diese in friedlicher Koexistenz nebeneinander bestehen können? Auf unser Beispiel bezogen würde das etwa heißen, daß wir das grund-
verschiedene Wesen unseres Partners akzeptieren und lernen, Spannungen
auszuhalten...

Wird eine Seite der Opposition aktiviert, wirkt sich das zwangsläufig auf den gegenüberliegenden Pol aus. Je nachdem, welche Planeten beteiligt sind, kann das von einer Hemmung bis hin zur Verstärkung führen. Wird zum Bei-spiel bei einer MARS-SATURN-Opposition die MARS-Energie akti-viert – wenn es also darum geht, Entscheidungen zu treffen oder uns selbst durchzusetzen –, blockiert der SATURN (das sogenannte Über-Ich) vor-schnell unser Vorhaben, und wir verderben uns damit manche Chance. Haben wir den Spannungsaspekt jedoch integriert, dann arbeiten diese beiden grund-verschiedenen Gesellen miteinander, statt gegeneinander zu kämpfen, wenn beispielsweise der SATURN den MARS bei Bedarf Zurückhaltung lehrt oder umgekehrt der MARS saturnale Verhärtungen wieder in Schwung bringt.

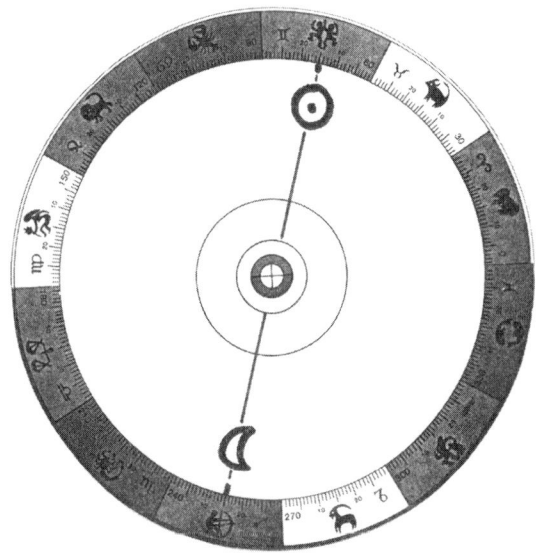

Die obige Abbildung zeigt die Opposition zwischen der SONNE in den ZWIL-LINGEN und dem MOND im SCHÜTZEN (Vollmond).

MERKUR, der Botschafter des ZWILLINGE-Archetypen

Die Planeten verkörpern in der Astrologie die lebendig erfahrbaren Wesenskräfte. Als »energetische Seite« der Tierkreisarchetypen stellen sie eine *Verbindung* zwischen der Welt der Erscheinungen und den Urbildern her.

Der ZWILLINGE-Archetyp ist das *Urbild* des Gedankenreiches und der Dualität, während MERKUR dessen Erscheinungen, Entsprechungen und Impulse in unsere innere und äußere Welt vermittelt. MERKUR ist somit die Wirkkraft, die den ZWILLINGE-Archetypen zur »Geltung« bringt.

Einen Eindruck von der astrologischen Bedeutung des MERKUR-Prinzipes erhalten wir auch durch die Betrachtung seiner astronomischen Gegebenheiten. Eine Umlaufzeit des MERKUR durch den Tierkreis beträgt etwa achtundachtzig Tage, was dem äußerst *beweglichen, flüchtigen* merkurianischen Wesen entspricht. Auf der MERKUR-Ebene der Gedanken ist im Gegensatz zur irdischen Dimension eben blitzschnelle Bewegung möglich. Von allen Planeten in unserem System ist er der SONNE am nächsten; seine Distanz zum Zentralgestirn beträgt im Horoskop maximal dreißig Kreisgrade. Für die astroenergetische Deutung legt diese Sonnennähe und die damit verbundenen häufigen MERKUR-SONNE-Konjunktionen eine Funktion als *Götterbote* nahe – ist doch die SONNE in den meisten Kulturen und auch in der Astrologie ein Göttersymbol (psychologisch ausgedrückt ein Sinnbild des Selbst, der Wesensmitte).

Übersetzen wir MERKUR als Gedankenwelt und die SONNE als unser Selbst-Bewußtsein, wird unsere starke Neigung zur Identifikation mit den Gedanken deutlich. Die beiden Prinzipien stehen sich schon räumlich so nahe, daß eine Unterscheidung zunächst schwerfällt. Und doch: Ebenso, wie MERKUR nicht mit der SONNE gleichgesetzt werden kann, sind auch die Gedanken vom »Bewußtsein an sich« zu differenzieren. Mein Selbst (SONNE) ist nicht identisch mit den Gedanken (MERKUR), die es empfängt und aussendet!

Die Beziehung des Planeten MERKUR zum ZWILLINGE-Archetypen wird auch durch seine äußerst gegensätzliche Oberflächentemperatur deutlich. Auf der sonnenzugewandten Seite herrschen Temperaturen von plus vierhundertfünfundzwanzig Grad Celsius, auf der dunklen Seite dagegen minus hundertsiebzig Grad. Messungen der Weltraumsonde Mariner 10 haben ergeben, daß dieser Planet über keine nennenswerte Atmosphäre verfügt – dem entspricht, daß man dem MERKUR-/ZWILLINGE-Prinzip keine atmosphärische Qualität nachsagen kann. Die Leichtigkeit und Beweglichkeit dieser Energie ist zu »oberflächenbezogen«, um die zur Erzeugung von Atmosphäre nötige Tiefe zu entwickeln. Hier mag eine Erklärung dafür liegen, weshalb die »Wasserzeichen«, das heißt gefühlsbetonte Mitmenschen, ihre Luftgenossen häufig als oberflächlich beziehungsweise sehr fremd empfinden.

Neben der Astronomie gibt uns die Mythologie weiteren Aufschluß über das MERKUR-Prinzip. Wesentliches Attribut des römischen Götterboten (griechisches Pendant: Hermes) ist der *geflügelte Stab* (Caduceus). Die Flügel symbolisieren sein luftiges Wesen, die Doppelschlange deutet auf die *Polarität*. Nicht die Vereinigung, sondern das Beieinandersein und die *Gleichzeitigkeit* der Gegensätze sind damit ausgedrückt. In der Alchimie kam diesem Stab die Funktion der *Vermittlung* zwischen den oberen und unteren Reichen zu. Die Götterboten benutzten dieses auch Heroldsstab genannte Attribut als »Fahrstuhl« zwischen Himmel und Erde. Dieser Schlangenstab ist ebenfalls ein Gleichnis der menschlichen Wirbelsäule, auf der sich die weibliche und männliche Schlangenkraft (Kundalini) auf und ab bewegten.

Der mythologische MERKUR vermittelte sowohl zwischen den Göttern als auch zwischen der göttlichen und der menschlichen Ebene. Und wenn wir MERKUR heute als den Bereich der *Gedanken* bezeichnen, dann sind diese die modernen Götterboten. Modern daran sind natürlich nur der andere Begriff und die andere Sichtweise für ein und dasselbe Prinzip – eben die MERKUR-Energie. Wir tun deshalb gut daran, *allen Gedanken gegenüber frei zu sein* und die Gedanken als *Botschaften* anzusehen, ohne durch vorschnelle

Wertungen einen Teil von ihnen auszuschließen oder durch voreilige Identifikation an bestimmten Gedanken anzuhaften. Bei einer gedanklichen Fixierung erhalten wir nur ein unvollständiges Bild von der Welt und uns selbst (unserem SONNEN-Wesen).

Natürlich entstammen nicht alle Gedanken »göttlichen« Ebenen im Sinne von lichten Bereichen, nicht all unsere Gedanken sind würdig, als »Götterbotschaft« tituliert zu werden. Je fixierter und verschlossener wir geistig sind, desto verzerrter die *Informationen* und Nachrichten unserer »inneren Götterboten«. Gedanken sind *geistige Mittler* und entstammen verschiedenen geistigen Ebenen, mehr oder minder hellen und dunklen Regionen. Je nachdem, auf welche Frequenz der Empfang unserer geistigen Antennen eingestellt ist, ziehen wir entsprechende geistige Wesenheiten (die wir Gedanken nennen) an.

Und schließlich können wir den Menschen an sich als potentiellen Götterboten ansehen. Wie Merkur gehört der Homo sapiens zwei Welten an, hat eine sterbliche (Körper) und eine unsterbliche (Geist) Seite und wandelt zwischen geistig-seelischen und physischen Regionen, gehört gleichermaßen der Zeit und der Ewigkeit an.

Als weiterer mythologischer Aspekt ist die Eigenschaft MERKURS als Gott des Wissens um die Mysterien hervorzuheben. Ihm wurde die Kunst der Deutung und Auslegung zugeordnet, die man nach seinem griechischen Kollegen als »Hermeneutik« bezeichnete. Wenn nun das MERKUR-Prinzip auch das *Wissen* umfaßt, dann erschließen wir durch die Integration der MERKUR-Energie das bereits latent vorhandene Wissen um die Lebensrätsel und ihre Lösungen.

Als moderner irdischer Vertreter des Götterboten Merkur kann der ehemalige US-amerikanische Außenminister und ZWILLINGE-Geborene HENRY KISSINGER bezeichnet werden. Er avancierte während seiner Amtszeit als *Unterhändler* für den Frieden, Berater des Präsidenten und Außenminister zum »größten *Nachrichtenhändler* der Welt« (»*Harenberg Chronik-Tageskalender 1993*«) und erhielt 1973 den Friedensnobelpreis. Da Kissinger neben der ZWILLINGE-SONNE auch noch einen ZWILLINGE-Aszendenten hat, ist sein ZWILLINGE-Wesen auch nach außen hin deutlich zum Ausdruck gekommen.

Die MERKUR-Stellung im Tierkreis des Geburtshoroskopes symbolisiert die Art und Prägung dieser Wesensseite, so zum Beispiel

○ die Art unserer *intellektuellen Wahrnehmung* (unsere individuelle, selektive Wahrnehmung, die zeigt, auf welche Umweltreize wir besonders sensibel reagieren);

○ welche *Informationen* uns besonders ansprechen;

○ die spezielle Färbung unseres *Denkens* beziehungsweise der Gedanken, die wir vorwiegend anziehen;

○ Fähigkeit, Bereitschaft und die Eigenart, uns *auszutauschen* und zu *kommunizieren*;

○ was wir vor allem austauschen wollen oder sollen;

○ auf welche Weise wir überwiegend Kontakt zur Umwelt aufnehmen;

○ welche Art von Wissen wir speziell aufnehmen (sollen);

○ wie wir dieses *Wissen aufn. hmen* (unsere individuelle Art zu lernen);

○ was uns im Leben hauptsächlich *interessiert*;

○ wie sich dieses Interesse ausdrückt;

○ unsere individuelle Prägung im *sprachlichen* Bereich;

○ wie wir an geistig-intellektuelle Arbeit herangehen (eher intuitiv = Luft-MERKUR oder strukturiert = Erd-MERKUR, impulsiv = Feuer-MERKUR, gefühlsbetont = Wasser-MERKUR);

○ was wir gerne *lesen*.

Weitere Entsprechungen kann der Leser anhand der Aussagen in diesem Buch selbst ableiten.

Je nach Tierkreiszeichen sind die genannten Punkte geprägt. Beispiel: Einem WIDDER-MERKUR entsprechen ein eher streitbares Denken und aggressive Kommunikation, während ein STIER-MERKUR zu Sicherheitsdenken neigt oder ein ZWILLINGE-MERKUR eine abstrakte und polare Denkweise aufweist.

Die Häuserstellung des MERKUR macht dagegen deutlich, in welche Richtung sich die »angeborene« Denkweise entwickeln und modifizieren soll, wenn etwa ein Erdhaus zu mehr Realitätsbezug im Denken auffordert. Des weiteren zeigt das Haus die Lebensbereiche und Aufgabenstellungen an, durch die der einzelne an die MERKUR-Energie (und seine Entsprechungen!) am direktesten angeschlossen ist und die er individuell in seinem Dasein erfährt. Bei MERKUR im ersten Haus (WIDDER-Haus) werden unser *Interesse* und unsere *Wahrnehmung* beispielsweise durch neue Impulse und das *erstmalige* Eintreten bestimmter Situationen besonders stimuliert, während bei MERKUR im siebten Haus (WAAGE-Haus) etwa Belange der Partnerschaft unsere *Gedanken* aktivieren. In der Auseinandersetzung zwischen Tier-kreis- und Häuserposition soll sich unser merkurianisches Wesen weiterent-wickeln und »zu sich selbst finden«.

Die Horoskopposition des MERKUR läßt sich mit Hilfe von Ephemeriden oder einem Astrokalender ausmachen. MERKUR-Energie ist in variierenden »Gewändern« ständig vorhanden.

Die Erfahrung einer Integration des MERKUR-Prinzipes schildert eine Patientin von C.G. JUNG: »Aus dem Bösen ist mir viel Gutes erwachsen. Das Stillehalten, Nichtverdrängen, Aufmerksamsein und, Hand in Hand damit gehend, das Annehmen der Wirklichkeit – der Dinge, wie sie sind, und nicht, wie ich sie wollte – hat mir seltsame Erkenntnisse, aber auch seltsame Kräfte gebracht, wie ich es mir früher nicht hätte vorstellen können. Ich dachte immer, wenn man die Dinge annehme, dann überwältigen sie einen irgendwie; nun ist dies gar nicht so, und man kann erst noch Stellung zu ihnen nehmen. So werde ich nun auch das Spiel des Lebens spielen, indem ich annehme, was mir jeweils der Tag und das Leben bringt, Gutes und Böses, Sonne und Schatten, die ja beständig wechseln, und damit nehme ich auch mein eigenes Wesen mit seinem Positiven und Negativen an, und alles wird lebendiger. Was für ein Tor ich doch war! Wie habe ich alles nach meinem Kopf zwingen wollen!« (aus *»Das Geheimnis der goldenen Blüte«*).

ZWILLINGE und MERKUR meinen dieselben Qualitäten, und wenn wir in diesem Buch von ZWILLINGE-Energie oder MERKUR-Kraft sprechen, so sind diese Bezeichnungen austauschbar. Der Unterschied besteht darin, daß die Tierkreiszeichen und Planeten auf unterschiedlichen *Ebenen* wirken. Die Archetypen als *Urbausteine* des *Seins* entziehen sich unserer bewußten Realisation, während die Planeten sozusagen als Bindeglieder zwischen der menschlichen Psyche und den (im Hintergrund der Schöpfung wirkenden) Tierkreisenergien fungieren. MERKUR ist der »Botschafter« des ZWILLIN-GE-Archetypen. Als Götterbote und Repräsentant der luftigen Gedanken-welt ist er wie geschaffen für dieses Amt. Im himmlischen Kabinett wirkt er als *Kommunikationsminister* und sorgt dafür, daß die *Verbindungen* und der *Kontakt* zwischen den Menschen und den Göttern nicht abreißen.

Im *Geburtshoroskop* deuten wir die MERKUR-Stellung als das *generelle* Lebens-rätsel, das wir in diesem Bereich im Laufe dieser Inkarnation zu lösen haben.

Im *Solar-* oder *Jahreshoroskop* – vor allem bei ZWILLINGE-Aszendent oder SONNE im ZWILLINGE-Haus – beziehen wir die getroffenen Feststellun-

gen auf das *jeweilige Lebensjahr,* in dem das Solar gültig ist. Eine ZWIL
LINGE-/MERKUR-Betonung im Solar weist darauf hin, daß in diesem
ZWILLINGE-Jahr zwillingehafte Themen wie Lernen, Denken, Kommunikation, Austausch beziehungsweise Konfrontation mit der Polarität im Vordergrund stehen werden. Auf jeden Fall wird jetzt einiges *dazuzulernen* sein,
und unser Blick für *beide Seiten* einer jeden Medaille wird geschärft werden.

Im *Compositehoroskop* gelten diese Aussagen im Hinblick auf die MERKUR-
Kraft der Partnerschaft – der »Beziehungs-MERKUR« sozusagen –, und die
MERKUR-Stellungen im astrologischen Partnervergleich geben an, wo wir
die MERKUR-Kraft des Partners am deutlichsten spüren und wie diese uns
berührt. Ein ZWILLINGE-Aszendent im Composite etwa kann Ausdruck
dafür sein, daß die Beziehung ein gutes *Lernfeld* für beide Partner ist und sehr
gegensätzlich erlebt wird. Miteinander zu reden ist hier der adäquate, der
direkteste und entsprechendste Weg, die Partnerschaft zu realisieren.

MERKUR-*Transite* durch die Häuser unseres Geburtshoroskopes zeigen an,
in welchen *Lebensbereichen* sich die oben genannten Themen *momentan* am
deutlichsten offenbaren. MERKUR-Transite auf die Planeten-konstellationen
zeigen an, welche Wesensseiten derzeit besonders stark mit unseren Gedanken in Verbindung stehen und beeinflußt werden, worüber wir uns Gedanken machen, reden oder schreiben, was wir lesen (sollten), welche Informationen von besonderem Wert für uns sind – bei MERKUR in Konjunktion mit
dem Natal-MARS rückt beispielsweise die Triebseite in den Vordergrund der
Gedanken. Näheres zu den genannten Methoden finden Sie im Einführungsband.

Zur Deutung der *individuellen* MERKUR-Konstellation empfehle ich dem
Leser, die Aussagen zu diesem Prinzip mit den Darstellungen »seines
MERKUR-Zeichens« im entsprechenden Band dieser Reihe zu *kombinieren.*
Beispiel: MERKUR im SKORPION im fünften Haus (LÖWE-Haus): Die
Themen im SKORPION-Band beschreiben für diesen Zeitgenossen die
anlagemäßige Prägung der MERKUR-Kraft. Und das LÖWE-Buch gibt
Auskünfte zu den *Umwelteinflüssen* beziehungsweise *Lebensaufgaben,* mit denen
die MERKUR-Energie in dieser Existenz konfrontiert ist, und nennt die
Lebensbereiche/Umfelder, in denen diese Kraft am deutlichsten erfahren wird
und wirkt. Durch diese individuelle Vorgehensweise wird der Leser nicht
durch pauschale Deutungen entmündigt, sondern ist bei der Lösung seiner
Lebensrätsel selbst zur aktiven Mitwirkung eingeladen.

Das Sigel des MERKUR

MERKURS Sigel setzt sich aus drei verschiedenen Elementen zusammen: Halbkreis, Kreis und Kreuz. Der nach oben geöffnete Halbkreis symbolisiert die grundsätzliche *Aufnahme-* und Kontaktbereitschaft gegenüber den Impulsen des Lebens. Er meint die *Antenne*, mit der wir die Reize unserer Erscheinungswelt und – auf innerer Ebene – die Gedanken empfangen. Diese Impulse werden dann an den Kreis – Symbol unserer Ganzheit und Wesensmitte – weitergeleitet, das heißt *unserem Selbst* zugeführt. Der Kreis könnte mit einer die *Rundfunkanstalt*, genauer: dem Regieraum verglichen werden. Hier befindet sich die *Kontaktstelle* zwischen innen und außen. An diesem (psychischen) Ort wird empfangen, aber von hier wird gleichzeitig auch unser ureigenes »Programm« ausgesendet.

Das Kreuz unter dem Kreis symbolisiert den Bereich der Materie als unterste Ebene des irdischen Daseins. Sie bildet die Basis, auf der unser zeitloses Sein (Kreis) in Zeit und Raum fußt, während die Ausrichtung (durch den nach oben geöffneten Halbkreis) gen Himmel weist. MERKUR-Energie, also unser Denken, versetzt uns in die Lage, die irdische Schwerkraft zu überwinden, wenn wir nur fähig sind, unsere Antennen auf die geistigen Sphären auszurichten. Daß wir dabei aber mit beiden Beinen auf dem Boden der Tatsachen stehen bleiben müssen, dazu ermahnt uns das Kreuz.

Im Kreuz als Symbol des irdisch-stofflichen und im Halbkreis als Zeichen für den seelischen Bereich begegnen wir einer grundlegenden Polarität des Daseins, wobei aber hier der Kreis zwischen den Polen vermittelt. Beide Symbole haben keinen direkten Berührungspunkt, sondern werden von dem Ring zusammengehalten. Er verweist auf die Integrationskraft des Selbst, das Seele und Körper, Gefühl und Verstand zusammenzubringen vermag und zwischen beiden Bereichen vermittelt.

Lesern, die sich mit Astrologie beschäftigen und mit ihren Symbolen eng vertraut sind, mag vielleicht das MERKUR-Sigel als Traumbild erscheinen, wenn es um die Integration dieses Archetypen geht. Abweichungen von der Norm können auf Defizite in diesem Bereich hinweisen. Ist das Kreuz des MERKUR-Sigels etwa unverhältnismäßig klein geraten, kann das auf mangelnde Erdverbundenheit hinweisen, während eine übermäßige Dominanz des Kreuzes auf schwerfälliges Denken deuten kann.

ZWILLINGE/MERKUR in ihrer erlösten und unerlösten Form

Wenn wir die erlösten (entwickelten) und unerlösten (unentwickelten) Seiten gegenüberstellen, dann tragen wir dem ZWILLINGE-Prinzip der Polarität Rechnung. Hier sind die beiden Endpunkte der Skala von Möglichkeiten bezeichnet, wie die ZWILLINGE-/MERKUR-Energie in Erscheinung treten kann. Zwischen diesen Extremen von hell und dunkel existieren natürlich viele Abstufungen, so wie der Mensch bei seiner Entwicklung unterschiedliche Reifegrade durchlebt. Bei dem Versuch herauszufinden, an welchem Punkt der Skala wir uns befinden, ist es wichtig, auch die dunkle Seite dieser Kraft (in den Volksmärchen als »verwunschen« oder »verhext« bezeichnet) zu akzeptieren. Denn würden wir sie negieren, beraubten wir uns gleichzeitig der positiven Kräfte, die darin schlummern und auf ihre Entfaltung warten.

Die positiven und negativen Aspekte der Tierkreiszeichen sind nicht voneinander zu trennen, sondern stellen die beiden Seiten der gleichen Medaille dar, ihre Licht- und ihre Schattenseite. Verdrängen wir ein Urprinzip in die Katakomben der unbewußten Psyche, etwa aus falsch verstandener Moralität, dann wird es – nach dem Gesetz der Polarität – zwangsläufig sein

Schattengesicht zeigen. Akzeptieren wir dagegen seine Existenz als Teil des kosmischen Reigens, dann wird es uns in der Lebensbewältigung beistehen, *ohne* daß sich dies negativ auf die Umwelt auswirken müßte. Aus astrologischer Sicht bedingt die Erlösung des ZWILLINGE-Rätsels vor allem die Integration des oppositionellen SCHÜTZE-Archetypen – beispielsweise, wenn es darum geht, unsere *individuelle Richtung* (SCHÜTZE-Prinzip) unter den *vielfältigen Möglichkeiten des Lebens* (ZWILLINGE) herausfinden, damit uns die zahllosen Reize der Außenwelt nicht vollends die Orientierung rauben.

ZWILLINGE / MERKUR

erlöst/entwickelt		*unerlöst/unentwickelt*
Integration der Polarität	–	Zerrissenheit
Sowohl-Als-auch-Denken	–	Entweder-Oder-Denken
Lernen aus Gegensätzen	–	Gefangen sein im Zwiespalt
Kommunikationsgabe und -freude	–	Klatschsucht
geistige Beweglichkeit	–	Abgehobenheit
innere Leichtigkeit	–	Leichtsinn, Anlagen eines »Luftikus«
Interesse	–	suchtartige Neugier
theoretische Intelligenz	–	praktisches Unvermögen
Kontaktfähigkeit	–	»Hansdampf in allen Gassen«
Redebegabung	–	Vielredner, Gefahr des Zerredens
Offenheit	–	Richtungslosigkeit
Lernfreudigkeit	–	Gier nach Wissen
Objektivität, Neutralität	–	Entscheidungs- und Differenzierungsschwäche
spielerische Ader	–	kindisches Verhalten
innere Freiheit	–	Verantwortungslosigkeit
Freundschaft	–	Kumpanei
Listigkeit	–	Unehrlichkeit
Gegenwartsbezogenheit	–	Perspektivlosigkeit
Humor	–	Witzelei
Freundlichkeit	–	Oberflächlichkeit

Ob erlöste oder unerlöste Eigenschaften bei uns vorherrschen, hängt vor allem davon ab, ob wir den ZWILLINGE-Archetypen verdrängen oder an seiner Integration arbeiten. Auch ZWILLINGE-Betonte mögen feststellen, daß ihnen die oben genannten Fähigkeiten nicht unbedingt geheuer sind. In der Regel ist die Unterdrückung dieses Urprinzipes, das zwar in unserer heutigen schnellebigen, von den Medien beherrschten Zeit relativ hoch im Kurs steht, jedoch stark veräußerlicht gelebt wird, der Grund.

Wenn Sie unerlöste beziehungsweise unentwickelte Eigenschaften an sich entdecken, ist das kein Grund, sie abzulehnen oder sich deshalb zu schämen. Versuchen Sie statt dessen, sich langsam zur anderen Seite hin zu bewegen, indem Sie die unterentwickelten Kräfte kultivieren. Wenden Sie sich bewußt diesen Themen zu und erkennen Sie vor allem auch, was an positivem Potential in den negativen Aspekten steckt. Wenn Ihnen beispielsweise Ihre Träume eine gewisse Oberflächlichkeit widerspiegeln, dann machen Sie sich klar, daß diese unerlöste MERKUR-Entsprechung lediglich die Schattenseite der Fähigkeit darstellt, das Leben mit spielerischer Leichtigkeit zu bewältigen und dabei aufgeschlossen und freundlich anderen gegenüber zu sein. Beispiele dazu finden Sie im Traumkapitel – und natürlich in Ihren eigenen Träumen und im Alltagserleben.

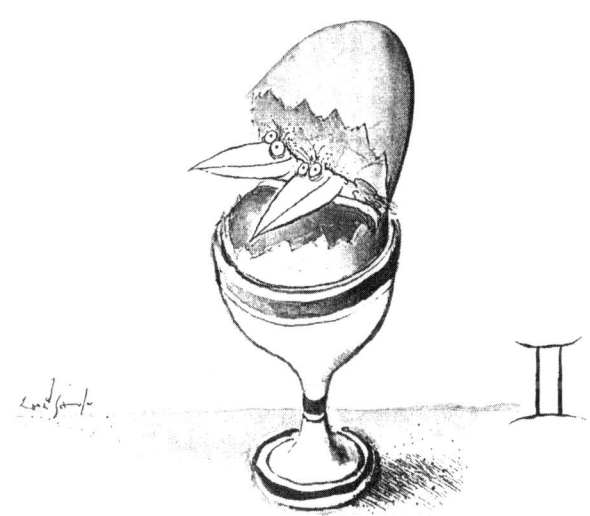

Aus: ZOODIAC von Ronald Searle

Das Haus der ZWILLINGE: das dritte Haus

Das dritte Haus beginnt im *äqualen* Häusersystem, das wir der *energetischen Astrologie* zugrunde legen, bei Grad dreißig des zweiten Hauses (= null Grad des dritten Hauses) und wächst gegen den Uhrzeigersinn an, bis es bei einer Ausdehnung von seinerseits dreißig Grad den Endpunkt erreicht und das vierte Haus beginnt.

Nachfolgend eine Checkliste zur Bedeutung des dritten Hauses, das durch das jeweilige Tierkreiszeichen, in das es fällt, und durch die Planetenstellungen darin modifiziert wird:

○ Es hat als labiles Haus *vermittelnde* und *auflösende* Qualität, was sich auf das Tierkreiszeichen und die Planeten im dritten Haus entsprechend auswirkt;

○ als Lufthaus repräsentiert es die *geistig-intellektuelle* Dimension;

○ in der Felderwanderung (Sechsjahreszyklus) zeigt es die Art und Weise der Erfahrungen vom zwölften bis zum achtzehnten Lebensjahr (Zeit der Pubertät);

○ es weist auf die Lebensbereiche und Aufgabenstellungen des ZWILLINGE-Archetypen hin (siehe dazu die Ausführungen im zweiten Kapitel).

Planeten und Zeichen im dritten Haus

○ stehen dafür, welche Nachbarn, Freunde und Bekannte wir uns aussuchen;

○ machen Aussagen über unsere Geschwisterproblematik, das heißt, welche Rolle unsere realen oder inneren Geschwister in unserem Leben spielen;

○ spiegeln die Art unseres direkten persönlichen Kontaktes mit der (engeren) Umwelt wider (so weist etwa WIDDER im dritten Haus auf ungestümen Kontakt, KREBS im dritten Haus dagegen eher auf gefühlsbetonte Kommunikation);

○ zeigen, wie wir die Schule (aber auch andere ZWILLINGE-Bereiche) erleben (oder erlebt haben) und wie wir darauf reagieren;

○ geben an, wie das Wesen und das Denken der uns nächststehenden Menschen (in der Kindheit und eventuell auch noch danach) beschaffen war;

○ zeigen auf, wie sie unser Denken geprägt haben (»umgebungsabhängiges Denken«);

○ machen deutlich, wie wir auf intellektuelle Herausforderungen reagieren;

○ spiegeln unseren Umgang mit der Polarität und unsere spontanen Reaktionen auf gegensätzliche Situationen wider;

○ zeigen, worüber wir uns in erster Linie austauschen und worüber wir reden wollen oder sollen;

○ geben Auskunft über die Art und Weise der Lebens-»Botschaften«, die für uns besondere Bedeutung erlangen.

Mit der Deutung von Tierkreiszeichen und Planeten im dritten Haus ist wie bei der Interpretation der MERKUR-Stellung zu verfahren. Als Beispiel zur Anleitung diene KREBS im dritten Haus: Der Betreffende registriert die Entsprechungen des KREBS (siehe KREBS-Band) vor allem als *Botschaften*; besonders der Botschaftscharakter der *Träume* wird hier deutlich erfahren. Der KREBS-Bereich wird bei dieser Konstellation in seiner *Gegensätzlichkeit* erlebt, in der Außenwelt etwa über eine Mutter mit einander widersprechenden Eigenschaften. Durch sie kommt der Betreffende mit der Polarität des KREBS-Prinzipes in Berührung und erkennt die nährende und die verschlingende Seite des »Mutterarchetypen« als die beiden Seiten einer Medaille. Ein Teilnehmer mit der genannten Konstellation klagte über eine solche »unberechenbare« Mutter. Er fühlte sich von ihr als Kind wie als Erwachsener unverstanden, weil sie, wenn er seine Ideen und Anliegen äußerte, grundsätzlich immer die Gegenposition bezog.

Auf der inneren Ebene kann sich die genannte Konstellation als Unsicherheit beziehungsweise als Hin- und Herschwanken von Gefühlen äußern. Die Aufgabe (Haus) könnte für den Betroffenen dann etwa darin bestehen, seine Gefühle, Träume, Phantasien (KREBS) aufzuschreiben und mitzuteilen; Gefühle und Gedanken sind bei dieser Konstellation eng miteinander verknüpft. Er wird auf dem dritten Haus entsprechende Situationen spontan gefühlsmäßig (KREBS) reagieren. Welcher Art die Gefühle sein werden, zeigt dann die MOND-Stellung.

Grundlegende Ausführungen zu den Häusern finden Sie im Einführungsband zu dieser Reihe.

SONNE, MOND und Aszendent
in den ZWILLINGEN

Als »Inhaber« des ZWILLINGE-Sternzeichens sind wir im ZWILLINGE-Monat geboren und finden die SONNE in dieses Zeichen gestellt. Die Aussage, man *sei* ein ZWILLING, trifft natürlich nur begrenzt zu. Tatsache ist, daß wir an allen zwölf Archetypen des Tierkreises teilhaben, doch das SONNEN-Zeichen hat *überragende, zentrale* Bedeutung für diese spezielle Existenz, ob wir das nun wissen oder nicht.

Mit der SONNE in den ZWILLINGEN sind wir vor die Aufgabe gestellt, uns mit der ZWILLINGE-/MERKUR-Energie und ihren Entsprechungen zu *identifizieren*, sie vorrangig in die Persönlichkeitsstruktur zu *integrieren* und ein Selbst-*Bewußtsein* in diesem Bereich zu entwickeln (ohne dabei zu übertreiben!). ZWILLINGE-Geborene sind, bewußt oder unbewußt, ein Medium des ZWILLINGE-Archetypen. Je nach Aszendent und MERKUR-Stellung wird das dann in der Außenwelt in Erscheinung treten und sich in den Lebensbereichen des Hauses, in dem die SONNE steht, ausdrücken.

Die ZWILLINGE-Themen, die in diesem Buch dargestellt sind, haben für ZWILLINGE-Geborene lebenslang und für *alle* Menschen im jeweiligen ZWILLINGE-Monat und bei entsprechenden individuellen Transite n *zentrale* Bedeutung.

In der Regel werden wir, am Anfang des Individuationsweges stehend, uns stärker mit den Themen des Aszendentenzeichens (des Erden-Ichs) identifizieren. Das ist zunächst schon deshalb notwendig, um einen Bezug zur Erde beziehungsweise zum irdischen Dasein herzustellen. Es ist also keineswegs überraschend und widerlegt die Gültigkeit astrologischer Aussagen nicht, wenn sich einige bei oberflächlicher Betrachtung zunächst einmal nicht in den Themen ihres Sternzeichens wiederzufinden glauben. Es geht gerade darum, sich zu diesem Archetypen hinzuentwickeln, da er den *Mittelpunkt* dieser Inkarnation markiert.

Für Außenstehende ist das SONNEN-Zeichen oder »Sternzeichen« weniger leicht zu erkennen als der Aszendent, der ja eher die »Außenwirkung« eines Menschen beschreibt. Es gibt sicher nicht wenige ZWILLINGE-Geborene, die sich untypisch für ihr SONNEN-Zeichen verhalten, bei denen sich aber innerlich – wahrscheinlich, ohne daß sie es bewußt erfassen – vieles um ZWILLINGE-Themen wie etwa die Gegensätze des Lebens dreht.

Die ZWILLINGE-Bereiche sind natürlich für uns alle wichtig, aber für
ZWILLINGE-SONNEN bilden sie die *Schwerpunkte* in dieser Existenz, die
zentralen Bereiche, die mit dem *höheren Selbst* in Verbindung stehen. Ein
Mensch beispielsweise, dessen ZWILLINGE-Zeichen im Horoskop unbetont
und dessen MERKUR unproblematisch konstelliert ist, wird die ZWIL-
LINGE-Themen leben, ohne sich weiter Gedanken darüber zu machen. Für
ZWILLINGE-Geborene geht es dabei aber um noch viel mehr: ihr *Selbst*-
Bild, ihr *Selbst*-Bewußtsein, ihre *Identität* und *Integrität* hängen davon ab,
wie es mit diesen Bereichen bestellt ist. Nicht selten wehren sich
ZWILLINGE-Geborene, diese Kraft zuzulassen, etwa wenn der Aszendent
in einem konträren Zeichen steht. So kann es vorkommen, daß das eigene
Sternzeichen mitsamt seinen Schwächen und Qualitäten verdrängt wird
und ein Schattendasein führen muß. Das Resultat ist dann, *daß wir nicht wir
selbst sind.* Andererseits ist auch eine zu starke Identifikation mit dem
SONNEN-Zeichen bei Vernachlässigung der anderen Bereiche möglich.
Jeder muß selbst erkennen, auf welcher Seite er/sie steht, und dann ein
etwaiges Defizit durch Integration und Beschäftigung mit den unterdrückten
Seiten ausgleichen.

Grundsätzlich hat die SONNE im ZWILLINGE-Zeichen keine besonders
schwierige Position inne. Schließlich fällt der ZWILLINGE-Monat (mit dem
KREBS) in die hellste Zeit des Jahres, während der die Sonne ihren Höchst-
stand erreicht. Das verleiht ZWILLINGE-Geborenen oftmals einen spielerisch-
selbstbewußten Ausdruck. Die Art des ZWILLINGE-Menschen hat etwas
Selbstverständliches – er/sie ist eben so, wie er/sie ist. Und dennoch: ZWIL-
LINGE ist noch nicht das Zeichen der SONNE, das erst in der übernächsten
Station – nach dem KREBS – mit dem LÖWEN seinen Auftritt hat. ZWIL-
LINGE repräsentieren (noch) nicht das Prinzip der Mitte (= LÖWE), sondern
im Gegenteil den Archetyp der Polarität. Für ZWILLINGE-Geborene bedeutet das eine lebenslange Auseinandersetzung mit der Polarität des Daseins
schlechthin – innerlich wie in der Außenwelt. Das Zitat aus GOETHES »*Faust*«,
»Zwei Seelen wohnen, ach, in meiner Brust«, trifft insbesondere auf sie zu,
deren *zentrales* Lebensthema es ist, den Gegensatz beziehungsweise die Dualität
des Lebens zu erkennen, auszuhalten und zu integrieren. Zunächst wird diese
Aufgabe – auf der unentwickelten Stufe – als starker innerer *Zwiespalt* erlebt,
man fühlt sich hin- und hergerissen zwischen *gegensätzlichen* Möglichkeiten,
Menschen, Ideen, Orten und so fort. Welcher Lebensbereich in erster Linie

die Kulisse dafür abgibt, ist individuell verschieden und durch die Häuserposition der ZWILLINGE-SONNE astrosymbolisch ausgedrückt.

Da das Wesen der ZWILLINGE durch den Gegensatz charakterisiert ist, projizieren die Mitmenschen nicht selten ihre Probleme mit der Polarität auf die unter diesem Zeichen Geborenen. Am Beispiel des umstrittenen Komponisten RICHARD WAGNER, eines ZWILLINGE-Geborenen, wird deutlich, daß andere auf die Repräsentanten dieses Zeichens zuweilen nur mit einem Entweder-Oder reagieren können. Bei Wagner äußert sich das in der Anbetung und rückhaltlosen Bewunderung seiner »Fans« und der totalen Ablehnung seines Werkes durch seine Gegner.

Andererseits sind die Inhaber des labilen Luftzeichens eher *umgängliche*, äußerst *kontaktfreudige* Mitmenschen, auch wenn die Außenwirkung zunächst eine andere sein mag. Ein gegensätzlicher Aszendent beispielsweise kann dem *menschenfreundlichen* Wesen des ZWILLINGE-Geborenen ein »falsches Image« verleihen. Aber so ist es ja mit allen Tierkreiszeichen, daß wir immer wieder zwischen dem Sein (Sternzeichen) und dem Schein (Aszendent) differenzieren müssen, um dem Wesen des Menschen wirklich gerecht zu werden.

Ist der ZWILLINGE-Geborene nicht allzusehr blockiert, vermag er durch sein großes *Interesse* für alles und jeden seine Mitmenschen für sich einzunehmen. Zuweilen steckt aber »nicht viel dahinter«, und es ist eher ein »Interesse am Interesse« beziehungsweise eine grundsätzliche *Neugierde*, die, wenn erst einmal befriedigt, sich schnell neue Objekte sucht, anstatt in die Tiefe zu gehen.

Der »klassische ZWILLINGE-Geborene« ist mit einem Schmetterling zu vergleichen, der von Blüte zu Blüte flattert, ohne sich festzulegen, ohne länger zu verweilen. Diese Veranlagung gereicht in entsprechenden Lebenslagen zweifellos zum Vorteil, der aber dann zum Nachteil wird, wenn der Betreffende bei Bedarf nicht umschalten kann. Nicht in jeder Situation sind Unverbindlichkeit und Oberflächlichkeit angebracht! Solange die ZWILLINGE nicht in ernsthafte Bedrängnis geraten, wird sie das jedoch wenig stören – sie lieben es eben, das leichte Leben, und können nicht nachvollziehen, daß jemand das Leben ernst zu nehmen vermag. Für sie ist es eher eine Komödie denn ein Drama oder eine Aufgabe.

ZWILLINGE-Geborene müssen vor allem darauf achten, die lebendige Wirklichkeit nicht mit den *Bezeichnungen* dieser Wirklichkeit zu verwechseln. Sucht der ZWILLINGE-betonte Mensch Zuflucht in seinem Denken beziehungsweise in den Gedanken, dann wird er der seelischen Dimension seiner Gesamtpersönlichkeit nicht gerecht. Es ermangelt dann einfach der Tiefe, wenn Gefühle als suspekt, weil zu »schwer« befunden werden. So verwechselt der ZWILLINGE-Geborene häufig sein *theoretisches Wissen* mit tief empfundener Weisheit oder lebendiger Erfahrung. Sein ständiges Interesse und sein Streben nach Kontakt und Kommunikation können zur Sucht werden und Nervosität hervorrufen. Weil er stets offen ist für alle Reize und Informationen, kann der Betreffende dann nur schwer abschalten und gönnt seinem Körper oft zu wenig Ruhe und Schlaf. Aufgrund seiner oberflächlichen Ader mag der ZWILLINGE-Geborene zwar äußerst aufnahmefähig sein, auf Dauer führt diese Überbelastung des Nervenkostüms jedoch zu physischen wie psychischen Störungen.

Ein möglicher Ausweg aus dem Dilemma wäre, das große »Interessenpotential« auf die Träume und deren Botschaften zu lenken. Hat ein ZWILLING erst einmal erkannt, welch interessante Vorgänge sich da in ihm abspielen, während er/sie schläft, kann er/sie zur Traumerinnerung motiviert werden. Und ist ihm/ihr dann erst klar, daß es sich um äußerst wichtige Botschaften handelt – Briefe der Seele sozusagen –, dann wird die anfängliche Neugier den Anstoß dafür geben, der Bedeutung der Träume wirklich nachzugehen.

Die Traumerinnerung mag bei ZWILLINGE-Betonten zunächst zu wünschen übriglassen. Die Traumbilder sind so zart wie Seifenblasen, die bei zu heftiger Berührung zerplatzen und verschwinden. Gelingt es den Betreffenden, ihre chronische geistig-intellektuelle Hyperaktivität in den Griff zu bekommen, werden auch die Träume wieder deutlichere Konturen annehmen. Und ist den ZWILLINGEN schließlich erst einmal bewußt, daß die bedeutungsvollste Kommunikation diejenige zwischen dem Ich-Bewußtsein und dem Unbewußten ist, dann werden die Träume seine besten Freunde und Ratgeber sein.

Der folgende Traum einer ZWILLINGE-Geborenen handelt von dem zentralen ZWILLINGE-Thema der Integration der Polarität. Der Traum im WIDDER-Monat trägt den Titel »Siamesische Zwillinge«.

»Ich bin mit der Geliebten meines Mannes an den Beinen zusammengewachsen. So fliegen wir – ich mit dem Kopf nach oben, sie mit dem Kopf nach unten – mehr schlecht als recht durch die Gegend, müssen ständig aufpassen, nicht anzustoßen. Dann steuern wir in einen Tunnel hinein, müssen die Köpfe einziehen, es ist dunkel, ich erinnere mich nicht, daß wir wieder herausgekommen wären.«

Dieser Traum ist ein Beispiel dafür, daß wir die Aufgaben unseres Stern-zeichens keineswegs von vornherein beherrschen. Im Gegenteil erscheinen sie uns um so mehr als Rätsel, die vorrangig zu lösen sind. Für ZWILLINGE-Geborene besteht eine Hauptaufgabe darin, sich mit der Polarität auseinanderzusetzen, der Trennung zwischen Ich und Du, mein und dein, innen und außen, Yin und Yang nachzuvollziehen.

Unsere Träumerin wird in diesem Traumstück zum siamesischen Zwil-ling; sie ist mit der Nebenbuhlerin zusammengewachsen. Eigentlich könnte man doch annehmen, daß sie auf diese Frau nicht gerade gut zu sprechen ist. Eifersucht ist in solchen Fällen eher die Regel als die Ausnahme. Als typischer ZWILLING meint sie jedoch, in der Lage sein zu müssen, sich auch mit diesem Menschen *anzufreunden*, um die Situation zu bewältigen. Ein bewun-dernswerter Schritt, wenn er sich nicht als eine Verdrängung herausstellt. Menschenfreundlich, wie ZWILLINGE sind, sein möchten oder glauben, sein zu müssen, neigen sie dazu, unerwünschte, weil »unfreundliche« Gefüh-le unter den Teppich zu kehren.

Wie schlecht man auf diese Art vorwärtskommt, zeigt der Traum. Anstatt eine klare Position einzunehmen, befindet sich die Träumerin in einer Art Symbiose mit der Nebenbuhlerin. Sie verbindet, was sie eigentlich (zu-nächst!) trennen und unterscheiden sollte. Möglicherweise hegt sie insge-heim die Hoffnung, durch eine Identifikation mit dieser Frau Anteil an der Affäre zu haben. Das GOETHE-Wort »Dich im Unendlichen zu finden, mußt unterscheiden, trennen und dann verbinden« spricht insbesondere das Lebensrätsel der ZWILLINGE an.

Auf der Subjektstufe weist der Traum auf eine unstimmige Verschmelzung ihres Traum-Ichs mit einer weiblichen Wesensseite hin. Das ist keine mora-lische Frage, sondern der Traum zeigt deutlich, wohin sie das bringt: in einen dunklen Tunnel, der ein Versinken im Unbewußten signalisiert; sie tappt im dunkeln. Dieser Zustand wird so lange anhalten, bis ihr ein Licht aufgeht und sie klar Stellung zur Situation und ihren Gefühlen bezieht. Die andere Frau verkörpert nach dem Empfinden der Träumerin eine selbstbewußte, durch-setzungsfähige Seite in ihr, mit der sie bislang ihre Schwierigkeiten hatte. Kein Wunder, wenn wir das drastische Traumbild betrachten. Die un-differenzierte Identifikation bewirkt eine Behinderung beim Vorwärtskom-men, sie »steht kopf«.

Das ZWILLINGE-Rätsel zu lösen bedeutet in diesem Falle, sich einer-seits von den unangebrachten symbiotischen Tendenzen gegenüber der realen

Nebenbuhlerin abzugrenzen, sich entgegenzustellen, *Opposition* zu wagen, wenn danach ein Bedürfnis besteht. Und auf der Subjektstufe ist die Notwendigkeit angezeigt, sich durch eine (psychische) Operation von der siamesischen Zwillingsschwester zu trennen. Um die unterschiedlichen Seiten unseres Wesens bewußter zu erleben und dadurch zu erlösen, müssen unbewußte Symbiosen durchschnitten werden. Erst dann können wir allmählich darangehen, die vormals falsch zusammengesetzten Puzzleteile unserer Psyche neu und nun richtig miteinander zu verbinden, damit kein Wesensteil mehr kopfstehen muß.

Ein Beleg für die Stimmigkeit dieser Interpretation ist das Traumdatum im WIDDER-Monat. In dieser Zeit des Jahres stehen WIDDER-Tugenden wie Neubeginn, Kampf, Auseinandersetzung, Entscheidung und Trennung im Vordergrund des Bewußtwerdungsprozesses. Wer diesen Traum vor dem Hintergrund des WIDDER deuten möchte, sei auf die Ausführungen im WIDDER-Band verwiesen.

Das nächste Traumbeispiel einer ZWILLINGE-Geborenen, diesmal geträumt im ZWILLINGE-Monat, macht deutlich, daß wir für alle Probleme eine Lösung finden werden, wenn wir nur aus den vielfältigen Informationen des äußeren und inneren Lebens schöpfen: »Ich befinde mich im Traum auf dem Seminar, das ich gerade auch in Wirklichkeit besuche. Wir gehen in Kleingruppen. Jemand erzählt einen Traum. Wir tragen zusammen, was uns dazu einfällt, vor allem fühlen wir die blinden Flecken des Träumers, die er selbst nicht erkennt.

Als wir offenbar mit unseren Einfällen am Ende sind, sagt der Gruppenleiter plötzlich: ›So jetzt schauen wir noch im Katalog nach.‹ Er holt eine Art Versandkatalog hervor, so wie der Quellekatalog, und erzählt uns, daß ein schlauer Mensch alle Probleme, die es gibt, zusammengefaßt, gesammelt und in einem Katalog herausgebracht hat, in dem drinsteht, was bei welchem Problem hilft. Und das kann man dann – eben wie beim Versandhaus Quelle – bestellen; im Falle des Teilnehmers, der gerade seinen Traum erzählte, bedarf es nur einer Steckdose. Wir sind nun ganz fasziniert, daß es auch für die schwerwiegenden Probleme offenbar so einfache Lösungshilfen gibt, die auch noch so billig sind, daß sie sich jeder leisten kann, wenn er nur von dem Katalog weiß und sich die Lösungshilfen wirklich kaufen will. Wir reden alle durcheinander, sind froh und richtig begeistert und sagen: ›Mensch, ist das einfach, daß da erst jetzt einer draufgekommen ist‹.«

Die Teilnehmerin war bei diesem Seminar zum ersten Mal mit der astroenergetischen Traumarbeit in Berührung gekommen. Diesen Traum hatte sie
in der darauffolgenden Nacht. Er bestätigt, welch wundervolle Hilfestellungen
uns das alltägliche Leben im allgemeinen und die Astrologie und Traumarbeit
im speziellen geben. Der Quellekatalog spielt auf die Quelle an, aus der wir
schöpfen, wenn wir uns den Träumen zuwenden und die Astrologie
einbeziehen. Haben wir erst die »innere Steckdose« gefunden und sind
angeschlossen an diesen »energetischen Kreislauf«, sind auch die schwierigsten
Probleme zu lösen: eine Ermutigung für die Träumerin, die es sich manchmal
unnötig schwer macht, sich auf ihr ZWILLINGE-Wesen zu besinnen und vor
allem die Traumbotschaften – die aus ihrer inneren Quelle stammen – zu
beherzigen.

Bekannte ZWILLINGE-Geborene und ihre individuellen Lebensthemen mit
dem ZWILLINGE-Archetypen sind zum Beispiel:

Politiker:

JOHN F. KENNEDY (29.5.1917), ursprünglich Volkswirtschaftler und *Journalist*, fand als fünfunddreißigster Präsident der USA vor allem bei der *Jugend*
und der *Intelligenz* durch seine liberalen Vorstellungen großen Anklang.
Innenpolitisch forderte er erfolgreich das *Weltraumprogramm* (»Überwindung
der Schwerkraft«); außenpolitisch bemühte er sich um *Entspannung*, indem er
die Polarität beziehungsweise das Nebeneinander der Machtblöcke akzeptier-
te, außerdem erkannte er die Neutralitätsbestrebungen der dritten Welt an.
Als erster Katholik im US-Präsidentenamt stand er auch auf konfessioneller
Ebene im *Gegensatz* zu den bisherigen Amtsinhabern. Trotz häufiger starker
körperlicher Schmerzen (er litt an einer Erkrankung der Nebennieren) spielte
er die Rolle des aktiven Sportsmannes. Als ZWILLINGE-Geborenem gelang
es ihm, Geist und Körper als zwei voneinander getrennte Pole zu erleben,
anstatt den Geist durch seinen kranken Körper in eine Invalidenrolle drängen
zu lassen. Kennedys gegensätzliches Wesen zeigte sich auch darin, daß er
ernsthaft war und bereit, Verantwortung zu tragen, während er andererseits
auch eine heitere, unbekümmerte Haltung an den Tag legen konnte. Trotz
vieler *Liebesabenteuer* kam es wegen seines *unverbindlichen* ZWILLINGE-Wesens selten zu einer emotionalen Bindung mit diesen Frauen. Statt dessen
bekannte er freimütig, nicht der Typ des *tragischen Liebhabers* zu sein.

GEORGE BUSH (12.6.1924), der einundvierzigste Präsident der USA.

CHE GUEVARA (14.6.1928), kubanischer Politiker und Revolutionär; wurde zur Symbolfigur für Freiheit und Revolution (WASSERMANN-Aszendent!). Seine massiven Atemprobleme (schwere Asthmaanfälle) zeigen, daß er seine Schwierigkeiten mit dem ZWILLINGE-Archetypen auf die Körperebene übertragen hatte.

Schauspieler:

MARILYN MONROE (1.6.1926). Ihr ZWILLINGE-Wesen kommt in NORMAN MAILERS Biographie deutlich zum Ausdruck. Hier ein kurzer Auszug: »Das ist die Monroe, die Bilder von der Duse und von Abraham Lincoln an der Wand hat, der harte und berechnende Computer von einer kalten, ehrgeizigen Fotze (es gibt einfach kein anderes Wort) und zugleich jenes zärtliche Tier, ein Engel, eine scheue Hirschkuh, blond und von herrlicher menschlicher Gestalt. Jeder andere Mensch, gleich ob Mann oder Frau, der zwei so ungleiche Persönlichkeiten in seinem Körper vereinigen müßte, würde unweigerlich zum Wahnsinn getrieben. Daß sie diese Gegensätze zu einem Filmstar transzendiert, das ist ihr Triumph ...« Dazu ist ihr LÖWE-Aszendent anzumerken, der dafür »verantwortlich« zeichnet, daß sich ihre ZWILLINGE-SONNE *löwenhaft-theatralisch* in der Schauspielerei manifestierte.

Über die den ZWILLINGEN entsprechende Zerrissenheit der Monroe schreibt Mailer: »Aber schließlich ist es auch wieder typisch für sie, daß sie in ihrer Arbeit und in ihrem Liebesleben Bockspringen spielt. Sie nimmt Beziehungen zu Miller auf, kehrt zu DiMaggio zurück, ist dann wieder mit Miller zusammen und kehrt abermals zu DiMaggio zurück – genauso, wie sie von der Lytess zu Chekhov überwechselt, dann zur Lytess zurückkehrt, um sich bald darauf den Strasbergs und der Schule von Coquelin zuzuwenden; und genauso, wie sie Hollywood verläßt, um in New York zu leben, nach Hollywood und dann wieder nach New York zurückkehrt...«

Schließlich benutzt Mailer eine alchimistische Definition des MERKUR-Prinzipes, um ihr Wesen als »quecksilbrig-unbeständig« zu beschreiben.

JOSEPHINE BAKER (3.6.1906), französische Tänzerin, Sängerin und Schauspielerin. Sie war vor allem wegen der damaligen Rassendiskriminierung in den USA nach Frankreich ausgewandert. Ihr zentrales Lebensthema war der *Konflikt der Gegensätze*, den sie über die Polarität der Rassen von Schwarz und Weiß erlebte und erlitt. Auch in ihrer Herkunft – Vater Spanier, Mutter schwarze Amerikanerin – spiegelt sich dieses ZWILLINGE-Thema. Als erste Farbige, die Weltruhm erlangte, ist sie auch Symbol der anderen (bislang verdrängten, »dunklen«) Seite, die mit ihr in den Vordergrund trat und sich gleichberechtigt neben die »weiße Seite« stellte.

JOHN WAYNE (26.5.1907), US-amerikanischer Filmschauspieler. Er war Star in vielen Western, in denen er die *Gegensätzlichkeit* seines ZWILLINGE-Wesens als »empfindsames Rauhbein« verkörperte. Der Typ mit der rauhen Schale und dem weichen Kern erreichte die Rekordzahl von 156 Filmen!

TONY CURTIS (3.6.1925), US-amerikanischer Schauspieler, der vor allem durch die Krimiserie »Die Zwei« (zwei = Polaritätsthema!) bekannt wurde.

DIETER HILDEBRANDT (23.5.1927), deutscher Kabarettist und Schauspieler, Gründer der »Münchner Lach- und Schießgesellschaft«. Der Fernsehkabarettist entwickelte durch gezielt eingesetzte Stammler, Verhaspler, angefangene Sätze, die unvermutet die Richtung ändern, eine eigene, unverwechselbare Technik. Die *Sprache* ist für ihn ein zentrales Thema. Seinem ZWILLINGE-Wesen entspricht es, den *Widerpart* zu spielen.

HARALD JUHNKE (10.6.1929), deutscher Schauspieler und beliebter Entertainer. Er wurde durch seine Affären und Alkoholexzesse zum »Lieblingskind« der *Klatschspalten* in der Boulevardpresse. Ein Aspekt seines ZWILLINGE-Wesens zeigt sich auch in dem Hin und Her zwischen Alkoholismus und Entzug beziehungsweise zwischen den inneren Abgründen und Süchten des Wasserelementes und der Bodenständigkeit, der Nüchternheit (»Trockenheit«) des Erdelementes.

Musiker/Sänger:

BOB DYLAN (24.5.1941), US-amerikanischer (Protest-) Sänger und Komponist, Prophet der *Unabhängigkeit* und des Lebens im Hier und Jetzt. Er wurde bekannt durch das Lied *»Blowing in the Wind«* (ein Gesang an das Luftelement!).

PAUL MCCARTNEY (18.6.1942), britischer Popmusiker und »Ex-Beatle«.

BENNY GOODMAN (30.5.1909), US-amerikanischer Jazzmusiker und Orchesterleiter.

DAVID BOWIE (26.5.1948), britischer Rockmusiker und Filmschauspieler. Er betont durch sein exzentrisches Auftreten und sein Äußeres den *Gegensatz* zur bürgerlichen Welt.

Komponisten:

RICHARD WAGNER (22.5.1813), deutscher Komponist. Die ZWILLINGE-Entsprechung kommt schon darin zum Ausdruck, daß er einer der bekanntesten und umstrittensten Tondichter zugleich ist. Zentrales Thema seiner Opern ist der mythologische Gegensatz zwischen Licht- und Schattenkräften beziehungsweise die Polarität von Gut und Böse, wie sie etwa in *»Parsifal«* im Gegensatz zwischen den Gralsrittern als Repräsentanten der himmlischen Mächte und Klingsor, dem Fürsten der irdischen Welt, ihren Höhepunkt findet. Seine Opern gehören zu den wenigen, bei denen auch der *Text* wichtig ist. Wie die meisten ZWILLINGE haßte es Wagner, allein zu sein, und suchte ständig die Gesellschaft des anderen Geschlechtes.

ROBERT SCHUMANN (8.6.1810), deutscher Komponist und eigentlicher Vertreter der deutschen Romantik. Er stellte als erster einen *Gegenpol* zur »Wiener Schule« dar.

RICHARD STRAUSS (11.6.1864), deutscher Komponist und Dirigent. Seine ZWILLINGE-SONNE in Verbindung mit dem KREBS-Aszendenten fand in der engen Zusammenarbeit mit dem Dichter HUGO VON HOFMANNSTHAL ihren Ausdruck; er verwandelte Literatur (ZWILLINGE) in Musik (KREBS).

IGOR STRAWINSKY (17.6.1882), US-amerikanischer Komponist russischer Herkunft. Seine Prägung durch zwei *gegensätzliche* Länder und ihre Kulturen brachte ihn mit der Gegensatzthematik der ZWILLINGE in Berührung.

Schriftsteller:

THOMAS MANN (6.6.1875), deutscher Schriftsteller und Literatur-Nobelpreisträger. Das *Bruder*-Thema stand im Vordergrund; ein starker Gegensatz zu seinem Bruder Heinrich Mann steigerte sich bis zum offenen Zerwürfnis. Eines seiner bekanntesten Werke ist *»Joseph und seine Brüder«*. Dem Autor gelang es, durch die »psychologisch feinnervige *Gegenüberstellung* von dekadenten Künstlertypen und einem geistig unsicheren und unreflektiert handelnden Bürgertum« (*»Personenlexikon des 20. Jahrhunderts«*), die tiefgreifende Wandlung vom 19. zum 20. Jahrhundert darzustellen.

ARTHUR CONAN DOYLE (22.5.1859), britischer Schriftsteller, der durch seine Sherlock-Holmes-Kriminalgeschichten Weltruhm erlangte, gab seinem grundlegenden ZWILLINGE-Thema mit der Polarität in der *Gegensätzlichkeit* seiner Romanhelden Sherlock Holmes und Dr. Watson Ausdruck. Der *intuitive* Charakter des Luftzeichens ZWILLINGE kennzeichnet auch die Hauptfigur Sherlock Holmes, der mit *Intelligenz* und »schlafwandlerischer Sicherheit« die kniffligsten Fälle löste. Doyle gilt als Urvater des modernen Kriminalromanes.

HEINZ G. KONSALIK (28.5.1921), deutscher Bestsellerautor.

SALMAN RUSHDIE (19.6.1947), britisch-indischer Schriftsteller. Er geriet durch sein Werk »*Die satanischen Verse*« in gefährlichen *Gegensatz* zu den islamischen Fundamentalisten beziehungsweise Fanatikern, auf deren Abschußliste er seitdem steht.

RALPH WALDO EMERSON (25.5.1803), US-amerikanischer Philosoph und Dichter, »Vater« der geistigen Erneuerung Amerikas und Vertreter eines religiösen *Liberalismus*.

MARQUIS DE SADE (2.6.1740), französischer Schriftsteller, der mit seinen »sadistischen« Geschichten einen krassen *Gegenpol* zur damals herrschenden kleinbürgerlichen Moral darstellte. Seine *Zwiespältigkeit* hat in der Bezeichnung »der Philosoph mit der Peitsche« ihren Ausdruck gefunden.

WILLIAM BUTLER YEATS (13.6.1865), irischer Dichter. Sein Ruhm erwuchs auch aus der Polarität zwischen Irland und England – er gilt als der größte irische Dichter in englischer Sprache, wofür er 1923 den Literatur-Nobelpreis erhielt.

Maler:

ALBRECHT DÜRER (21.5. 1471), deutscher Maler, Zeichner und Kunstschriftsteller. Der vielseitig *interessierte* und *gebildete* Künstler war gleichermaßen für den *Humanismus* wie die Reformation aufgeschlossen.

PAUL GAUGUIN (7.6.1848), französischer Maler, Graphiker und Holzschnitzer, dessen Leben in vielerlei Hinsicht von der *Gegensatzproblematik* bestimmt war. So stand er mit seiner lebendigen, primitiven Kunst in krassem Gegensatz zu den herrschenden Regeln der Malerei seiner Zeit. Außerdem entfremdete er sich zunehmend von seiner Familie wie der westlichen Kultur überhaupt und wechselte zum Gegenpol hinüber, dem einfachen und *freien* Leben (»Schmetterlingswesen« der ZWILLINGE) der Südseeinsulaner.

Unternehmer:

JOSEF NECKERMANN (5.6.1912), deutscher Unternehmer. Er gründete das Neckermann-Versandhaus und das Neckermann-Reisebüro (Slogan »Neckermann macht's möglich«).

Erfinder/Wissenschaftler:

OTTO LILIENTHAL (23.5.1848), deutscher Ingenieur und Flugpionier.

CARL VON LINDE (11.6.1842), deutscher Ingenieur. Seine Forschungstätigkeit als Pionier im Bereich der Kühltechnik galt dem Luftelement. Er fand eine Methode, um Luft zu verflüssigen (»Lindeverfahren«) und um reinen Sauerstoff und Stickstoff zu gewinnen (*Trennung* der Luft in ihre beiden Pole!).

Sonstige:

ANATOLI KARPOW (23.5.1951), sowjetischer Schachweltmeister von 1975 bis 1985. Schach ist das *Denk*spiel par excellence!

CHRISTO (13.6.1935), US-amerikanischer Verpackungskünstler bulgarischer Herkunft. Mit seiner Verpackungskunst schafft er Gegensätze, das heißt, er stellt sie heraus und macht sie so bewußt.

Zusammenfassend läßt sich feststellen, daß das zentrale Lebensrätsel der ZWILLINGE-Geborenen in der »Meisterung der Polarität« besteht. Dazu gehört auch die Entwicklung eines *Selbstbewußtseins* gegenüber den *Gedanken*, die als eigenständige geistige Wesen begriffen werden. Gerade durch die Auseinandersetzung mit den Gegensätzen und der Welt der Gedanken soll der ZWILLINGE-Geborene seine Persönlichkeit entwickeln und sein Selbst entdecken.

Eine erlöste ZWILLINGE-SONNE verleiht dem Betroffenen eine *wundervolle Leichtigkeit*, mit deren Hilfe er das Leben spielerisch meistern kann, ohne die anderen Aspekte des Lebens deshalb zu verleugnen.

Weitere Anregungen zum Thema SONNE finden Sie im LÖWE-Band; in der Kombination mit dem ZWILLINGE-Thema ergeben sich weitere, die ZWILLINGE-Geborenen betreffende Ausdrucksvarianten.

Bei MOND im ZWILLINGE-Zeichen ist im Gegensatz zum männlichen SONNEN-Wesen (Bewußtsein und Individualität) das weiblich-mütterliche Prinzip (das persönliche Unbewußte) mit dem ZWILLINGE-Archetypen verbunden. Bei dieser Konstellation liegt daher eine *gefühlsmäßige* Beziehung zur ZWILLINGE-Energie vor; die besprochenen ZWILLINGE-Themen werden von den Betroffenen vor allem *unbewußt* erlebt und ausgedrückt. Trotzdem wird ein ZWILLINGE-MOND zunächst stärkeren Einfluß auf die Psyche ausüben als eine SONNE im labilen Luftzeichen, da wir in der Regel noch ein relativ unbewußtes Dasein führen.

Die Yin-Kraft des MONDES hat in dem Yin-Zeichen ZWILLINGE eine ambivalente Position. Zum einen haben beide Archetypen aufnehmenden Charakter, was sich begünstigend auswirkt. Andererseits steht das oberflächliche Luftzeichen im Gegensatz zum Seelenprinzip des MONDES. Den

Nachteil dieser »Ehe« macht vor allem aus, daß Gefühle »gedacht« anstatt gefühlt werden. Man könnte es mit einem Kellerbewohner vergleichen, der auf Besuch im Dachboden ist und dort steckenbleibt.

Mit ZWILLINGE-MOND neigt man leicht zu gegensätzlichen Gefühlsreaktionen, was die Betreffenden wie die Umwelt nicht selten verunsichert. Insgesamt wird man sich gefühlsmäßig zu ZWILLINGE-Bereichen hingezogen fühlen und ein starkes Bedürfnis nach Kommunikation und Kontakten entwickeln. Träume aufzuschreiben und darüber zu reden wäre eine gute Synthese der MOND-/KREBS-Ebene mit dem MERKUR-/ZWILLINGE-Bereich. Und wie kaum jemand sonst sind ZWILLINGE-MONDE in der Lage, sich in Gegensätze einzufühlen, auch wenn das meist nicht bewußt erlebt wird. Die Aufgabe heißt dann, mit seinen Gefühlen nicht im Gegensatz zu verharren beziehungsweise nicht in einen Widerspruch zur eigenen Seele zu geraten.

Menschen mit dem *Aszendenten* in den ZWILLINGEN *wirken* so (Schein), wie die ZWILLINGE-Geborenen von ihrem Wesen her sind (Sein). Der Aszendent in dem labilen Luftzeichen verleiht der Außenwirkung häufig etwas Spielerisches, Leichtes, das aber nicht zwangsläufig der Wesensart entsprechen muß. Möglicherweise hat der Betroffene in der Kindheit gemerkt, daß er durch seine *interessierte, charmante* Art die Menschen für sich und seine Zwecke einzunehmen vermag. Andererseits haben andere jedoch häufig einen äußerst *gespaltenen* (ersten) Eindruck von ihm. Heute so, morgen ganz anders – das ist für Zeitgenossen mit Erd- oder Wasserbetonung oft kein ernstzunehmender Gesprächspartner.

Der Betreffende mag sich vielleicht selbst ganz anders sehen – etwa durch eine konträre SONNEN- oder MOND-Konstellation bedingt –, doch der Umwelt bietet er/sie zunächst einen äußerst »luftigen« Eindruck. Das kann zu Fehldeutungen der Mitmenschen führen, da ein ZWILLINGE-Aszendent meist Kommunikation und Austausch signalisiert, eine gleichzeitig konstellierte SKORPION-SONNE beispielsweise aber dafür sorgt, daß kaum Interesse an Small talk besteht, sondern das Gespräch schnell auf tiefere Ebenen zusteuert, sich also etwa um seelische Belange dreht. Der Gesprächspartner reagiert möglicherweise völlig perplex, da sein Gegenüber mit ZWILLINGE-Aszendent ja zunächst eine luftig-leichte Ebene signalisierte und nun die »psychischen Abgründe« (SKORPION) vor ihm ausgebreitet werden, seine Problempunkte also unverhofft ins Spiel gebracht werden.

Die SONNE, unser Wesenskern, ist das beständige Element auf unserer Reise durch Raum und Zeit in den verschiedenen Inkarnationen – der Aszendent zeigt jeweils den Weg und die Beschaffenheit des Weges auf. Ins ZWILLINGE-Zeichen gestellt, wird dieser Pfad mit »Leichtigkeit« zu gehen sein, wenn der Betreffende die Gegensätze anzunehmen lernt. Und Gegensätze werden ihm/ihr in den vielen Begegnungen und Kontakten, die ein ZWILLINGE-Aszendent eben mit sich bringt, sicher genügend begegnen.

Der Selbst*ausdruck* eines ZWILLINGE-Aszendenten ist eng mit seinem Denken verbunden; der unter diesem Zeichen Geborene braucht viel *Beweglichkeit* und *Freiraum*, vor allem *geistigen Spielraum*. Einengende Systeme, Dogmen oder Weltbilder sind ihm zuwider, da sie ihn festlegen würden – seine größte Horrorvorstellung. Er/sie hält sich möglichst alle Vorder- und Hintertürchen offen, um beweglich zu bleiben. Oder, um es mit den Worten des »Tapferen Schneiderlein« aus *Grimms Märchen* auszudrücken: »Unsereins ist ein flüchtiger Geselle.«

Ein Seminarteilnehmer mit ZWILLINGE-Aszendent (und WIDDER-SONNE) gab folgende Selbsteinschätzung: »Ich war ein unruhiges, leicht abzulenkendes Kind, das an vielem interessiert und gern mit Freunden zusammen war. Mit acht Jahren wurde ich Mitglied bei den Pfadfindern und in einem Sportverein. Gegen aufgezwungenes Lernen, zum Beispiel Klavierspielen, wehrte ich mich erfolgreich. In der Schule hatte ich für Denkfächer wie Mathe und Philosophie am meisten übrig. Ich war Klassen- und Schulsprecher, und es gelang mir leicht, andere zu überzeugen. Langeweile kannte ich nicht, da es immer etwas zu tun oder zu lesen gab. Mädchen und später Frauen zogen mich stark an. Ich mochte sie nicht nur wegen ihres Körpers, sondern unterhielt mich auch gerne mit ihnen. Auch als Erwachsener bin ich noch gerne mit Kindern zusammen, deren unkomplizierte Art mir gefällt. Ich brauche viel Freiheit, um mich vergnügen und mit allen Interessen, Freunden und so weiter beschäftigen zu können. Neues begeistert mich leicht. In meinem Beruf halte ich Vorträge und führe Schulungen durch, was mir viel Freude bereitet. Bei all meinen vielen Tätigkeiten muß ich darauf achten, daß ich mich nicht überanstrenge, sondern mich ab und zu zurückziehe und mir Ruhe gönne. Das fällt mir schwer, da immer hochinteressante Bücher darauf warten, gelesen zu werden.«

Das WIDDER-betonte Wesen des Mannes ist unschwer zu erkennen. Er braucht viel Freiraum und Bewegung und lernte schon in jungen Jahren, sich

durchzusetzen. Der ZWILLINGE-Aszendent zeigt die Kulisse beziehungsweise die Art, wie er seinem WIDDER-Wesen Ausdruck verschafft und auf
die Welt zugeht, also nach außen wirkt. In seinem Falle sind das die
kommunikative Ader, die sich auch in seinem Beruf niedergeschlagen hat,
sowie seine vielseitigen Interessen, vor allem das Lesen.

Näheres zur Bedeutung der MOND-Energie finden Sie im KREBS-Band und
zum Aszendenten im WIDDER-Band.

Um ein Gespür für die Tierkreiszeichen zu bekommen, ist es besonders für
ZWILLINGE-betonte Mitmenschen wichtig, ihr Bücherwissen praktisch
nachzuvollziehen und umzusetzen. Der astroenergetisch Interessierte kann,
wenn er um das SONNEN-, MOND- oder Aszendentenzeichen des Gegenübers weiß, seine Beobachtungen anstellen und herauszufinden versuchen,
wie sich dieser Archetyp im Leben des Betreffenden ausdrückt (im Beruf, in
den Hobbys, Ansichten, Einstellungen, der Wohnungseinrichtung und so
weiter), wo er sich vor allem zeigt oder wie sehr er unterdrückt und zurückge-
halten wird. Diese Empfehlung möchte ich allerdings nicht als Aufruf mißverstanden wissen, sich einer pauschalisierenden Deutung zu verschreiben.
Denn es kann ja nicht darum gehen, jemandem ein vorgefaßtes (astrologi-
sches) Bild überzustülpen, sondern diesen Menschen (in erster Linie jedoch
sich selbst!) mit Hilfe der Astrosprache besser zu verstehen und sich in seine
Welt leichter hineinversetzen zu können. Das allein führt zu einer größeren
Toleranz.

2
Entsprechungen und Ausdrucksweisen der ZWILLINGE-Energie

Die Definitionen der zentralen ZWILLINGE-Themen

In diesem Kapitel wird an etlichen Beispielen gezeigt, wie sich die ZWIL-LINGE-Energie in den verschiedenen Daseinsbereichen ausdrückt. Es wird dabei deutlich werden, wie eng die mannigfachen Ausdrucksweisen der ZWILLINGE miteinander verbunden sind und daß sie in ein und dieselbe Richtung zielen.

Polarität, Dualität
Damit ist die *Gleichzeitigkeit*, das *Nebeneinander* von These und Antithese angesprochen. Eine Synthese findet noch nicht statt (das wäre im Oppositionszeichen SCHÜTZE gegeben) – zunächst gilt es, beide Seiten *ohne jede Wertung* nebeneinanderzustellen und die Polarität *auszuhalten*. Jeder Pol will für sich gesehen werden, die irdischen Moralvorstellungen von Gut und Böse etwa sollen als die beiden Seiten derselben Medaille erkannt werden. Konzentrieren wir uns auf eine Seite und verdrängen den Gegenpol, schleicht sich die unterdrückte Wesenskraft unbemerkt doch wieder ein, nun allerdings noch unbewußter, dunkler, heimlicher. Es ist ein Naturgesetz der Erscheinungswelt, daß sich die Dualität immer wieder formiert und die eine Seite die andere zwangsläufig nach sich zieht. Verdrängen wir etwa die »bösen«, die dunklen Seiten, dann wird der idealisierte »gute Pol« unweigerlich böse. Wenn wir also beispielsweise unsere Aggressionen verdrängen, wird unsere idealisierte und zur Schau gestellte Friedfertigkeit durch die nun unbewußt ablaufenden Aggressionen gestört – wir schießen die Pfeile jetzt eben »hintenherum« ab.

Die grundlegende Polarität besteht auf allen Daseinsebenen; Beispiele dafür wären: Bewußtsein – Unbewußtes, Ich – Du, Subjekt – Objekt, innen – außen, Inhaltsebene – Beziehungsebene, hell – dunkel, erlöst – unerlöst, äußere Form – innerer Gehalt und so fort. Im Makrokosmos macht die Existenz von Zentrifugal- und Zentripetalkräften die Polarität aus, während auf der Ebene des Mikrokosmos sich das polare Wesen der Welt in der Dualität von *Quarks* und *Antiquarks* widerspiegelt. Diese kleinsten nachweisbaren Teilchen im subatomaren Bereich sind *sowohl* Energie *als auch* Materie, erscheinen unserem irdischen Verstand allerdings entweder als das eine oder das andere. Die Ratio ist eben nicht in der Lage, die Gegensätze gleichzeitig wahrzunehmen. Ebenso wie wir Tag und Nacht nacheinander erleben, uns entweder auf dem Berg oder im Tal befinden, lassen sich alle anderen Polaritäten rational nur *wechselweise* nachvollziehen, obwohl beide Seiten gleichzeitig existieren.

Eine grundlegende Polarität ist die von Bewußtsein und Unbewußtem – zwei gegensätzliche Kräfte beziehungsweise Kraftausrichtungen, die sich aber doch gegenseitig bedingen und den heutigen einseitigen »Bewußtseinskult« der westlichen Welt in Frage stellen. MARIE LUISE VON FRANZ schreibt dazu: »Die Dualität existiert ganz von Anfang an: eine Neigung zu geordnetem Bewußtsein und eine grundlegende Neigung zu einer Gegenposition, zu etwas, das Emotion, Stimmungen und augenblicklichen Störungen entsprechend handelt, zu einer halbtierischen Gestalt. Diese Dualität kommt als eine Doppelbewegung der Geburt des Bewußtseins im selben Augenblick hoch. Man kann also feststellen, daß es ganz von Anfang des Bewußtseins an dort, wo es das *Ja* zum Bewußtwerden gibt, auch das *Nein* gibt, die Tendenz zur Auflösung und zur Schaffung einer Gegenposition« (aus: *»Schöpfungsmythen«*).

Um dem Gesetz der Dualität auch bei unserem Streben nach Selbsterfahrung gerecht zu werden, müssen wir immer beide Seiten berücksichtigen. Ein nur verstandesmäßiges Herangehen an die Lebensrätsel, das das Unbewußte außer acht läßt, schließt eben eine Seite aus, die dann auf die »Zurückweisung« entsprechend »verstimmt« reagiert und unsere Bemühungen torpedieren wird: so etwa, wie die dreizehnte, die böse Fee im Märchen von Dornröschen wütend reagierte, weil sie zur Geburtsfeier der Prinzessin nicht eingeladen wurde; sie sprach eine Verwünschung aus. Wenn wir auch auf der Gefühlsebene mit unseren Träumen arbeiten, kommt das einer Einladung an das Unbewußte (an unsere dreizehnte Fee) gleich, an unserem Leben teilzuhaben.

»Wo Licht ist, ist auch Schatten« – dieses Sprichwort besagt, daß Helligkeit und Dunkelheit sich gegenseitig ergänzen. In dieser Feststellung liegt – entsprechend dem Wesen der ZWILLINGE – noch keine Wertung. Die

Probleme treten erst dann auf, wenn wir einen einseitigen Standpunkt vertreten. Im taoistischen Weisheitsbuch »*Tao Te King*« lesen wir dazu: »Wenn die ganze Welt Schönes als schön erkennt, entsteht das Häßliche. Wenn die ganze Welt Gutes als gut erkennt, entsteht das Böse.«

Die Lösung der Gegensatzproblematik besteht darin, die Polarität im FISCHE-Stadium der Entwicklung zu überwinden – jenseits des Entweder-Oder, des nur Guten und des nur Bösen. Die ZWILLINGE-Polarität ist aber noch lange nicht an diesem Endpunkt angelangt, sondern initiiert zunächst die Dualität und damit den Weg zu ihrer allmählichen Überwindung.

Für die menschliche Entwicklung spielen Gegensätze eine große Rolle, da mit ihrer Hilfe Erkenntnis vermittelt wird. Durch sie sehen wir die Welt und ihre Objekte bewußter und lernen sie zu schätzen. Ein praktisches Beispiel: Wir nehmen den Lichtschein einer Kerze um so deutlicher wahr, je dunkler die Umgebung ist. In einem taghellen Raum dagegen kommt das Kerzenlicht kaum zur Geltung. So verhält es sich auch mit den Gegensätzen in unserem alltäglichen Leben. Gesundheit beispielsweise wird als wertvolles Gut vor allem dann wahrgenommen, wenn sich ihr Gegenpol, die Krankheit, eingestellt hat; durch Druck und Zwang lernen wir die Freiheit und das Leichte zu schätzen; nach Phasen der Unbewußtheit wird die anschließende neue Bewußtheit um so deutlicher erfahren.

Auch Gewohnheiten werden – im Licht des Gegensatzes gesehen – bewußter erlebt. Stagnation oder Fehlentwicklungen können durch das Auftauchen eines Gegensatzes erkannt und verändert, Einseitigkeiten und Verhärtungen vermieden werden. Das auf den STIER folgende ZWILLINGE-Zeichen will die Gefahr der Erstarrung (wenn wir auf der STIER-Ebene des Erdelementes stehenbleiben) abwenden, indem es uns mit dem Gegenpol konfrontiert und so festgefahrene Gewohnheiten durchbrechen hilft. Das wäre etwa der Fall, wenn ein erfolgsverwöhnter Manager urplötzlich mit Arbeitslosigkeit konfrontiert ist oder ein eher oberflächlicher Zeitgenosse durch einen schweren Verlust noch ganz andere, tiefere Dimensionen des Lebens entdeckt.

Eine Teilnehmerin berichtete in diesem Zusammenhang davon, daß, nachdem sie ihre Berufstätigkeit wieder aufgenommen und daher zeitweise von ihrem Kind getrennt war, eine neue, bewußtere Beziehung zu ihrem Sprößling entstanden war. Da sie den Gegensatz von Nähe und Distanz akzeptiert hatte, lernte sie den Nachwuchs wieder um so mehr zu schätzen und es kam ihr wieder zu Bewußtsein, wie wichtig ihr das Kind doch war. An diesem Beispiel wird deutlich, daß die Erscheinungen des Lebens erst vor dem Hintergrund des Gegenpols ihren Wert und ihre Bedeutung erhalten. Wie sehr wir auch unseres Schattens bedürfen, davon kündet beispielsweise ADELBERT VON CHAMISSO, ein bekannter Vertreter der deutschen Romantik, in seinem Werk *»Peter Schlemihls wundersame Geschichte«*. Der Romanheld Schlemihl verkauft seinen Schatten, realisiert bald darauf, was er verloren hat und macht sich auf die Suche, um den angestammten Schatten zurückzuerlangen.

Wie wir gesehen haben, bedingen sich die beiden Pole unserer Welt, das altchinesische Yin und Yang, gegenseitig. Hat die eine Seite ihren Höhepunkt erreicht, tritt der Gegenpol in Erscheinung. Am Mittag wird also die Nacht geboren, Winteranfang (Wintersonnwend) ist die »Auferstehung der Lichtkraft« und so weiter. Die Übergänge von Yin und Yang beschreibt der chinesische Philosoph WANG CH'UNG (80 nach Christus) wie folgt: »Hat Yang seinen Gipfel erreicht, zieht es sich zugunsten des Yin zurück; hat Yin seinen Gipfel erreicht, zieht es sich zugunsten des Yang zurück.«

Jeder Höhepunkt trägt deshalb die Keimzelle des Niedergangs, des Abstiegs schon in sich, jedes Tief bildet die Grundlage des anschließenden Aufstiegs. Auf dem Gipfel des Berges angelangt, gibt es eben nur eine Alternative: den Weg nach unten. Wie uns das Leben immer wieder lehrt, ist es zwecklos, an einem Standpunkt festzuhalten. Gelingt es uns, den polaren Erscheinungen des Lebens ohne jede Wertung gegenüberzutreten, ist uns der Abstieg vom Berg ebenso lieb und teuer wie der Aufstieg.

Menschen etwa, die hartnäckig am äußeren Erfolg festhalten – und damit eine einseitige Ausrichtung auf den Yang-Pol haben –, müssen nach diesem kosmischen Gesetz zwangsläufig mit einem gewaltsamen Zusammenbruch rechnen. Das Yin verschafft sich dann vielleicht durch eine Krankheit, durch Arbeitslosigkeit oder die Abkehr der Mitmenschen Gehör im Leben des Betreffenden. Man könnte hier an das abrupte Ende der Karriere von Politikern denken, deren Verwicklung in einen Skandal aufgedeckt wurde – in unserer Zeit nicht eben selten. Häufig ist es dann so, daß der Blick dieser erfolgs- und machtgewohnten Menschen, die über Jahre ein einseitig auf die Außenwelt konzentriertes Dasein geführt haben, ebenso drastisch nun nach innen gezwungen wird, ja manche sogar ziemlich rasant in den äußersten Yin-Zustand des physischen Todes gelangen. Denken wir dabei nur an den letzten Schah von Persien oder den DDR-Diktator ERICH HONECKER – beide starben einige Zeit nach ihrer Amtsenthebung an Krebs. Solche drastischen Beispiele mögen uns eine Lehre sein, das polare Wesen des Lebens anzunehmen und mitzufließen. Im Vertrauen darauf, daß sich Yin- und Yang-Phasen abwechseln, werden wir uns gelassen dem Fluß unseres Lebens überlassen.

Freilich sind wir Menschen nicht alle gleich, das heißt, wir sind nicht in gleichem Maß an die Yin- und Yang-Kräfte angeschlossen. Jeder individuellen Existenz liegt eine neue Konstellation beider Grundenergien zugrunde. Durch die astrologische Elementenanalyse wird eine erste Unterscheidung in Yin- oder Yang-Typ möglich. Anhand dieser prozentualen Kräfteaufteilung läßt sich tendenziell unsere grundlegende Ausrichtung in diesem Leben erkennen. Aber auch, wenn wir beispielsweise ein Yang-Typ sind, heißt das nicht, daß wir die Yin-Seite des Daseins links liegenlassen können. Im Gegenteil wird es vor allem auch darum gehen, gerade die unterbetonte Seite zu stärken. Andererseits werden unsere Stärken und Lebensaufgaben jedoch vermehrt in dem Bereich liegen, der betont ist. Je deutlicher die Gewichtung ist, desto mehr wird es uns auf diese Seite ziehen. Wer also etwa siebzig Prozent Yang- und dreißig Prozent Yin-Anteil besitzt, wird nicht umhinkommen, eine aktive Rolle im Leben zu spielen, muß aber um so mehr darauf achten, daß dabei die weibliche, die Gefühlsseite (Yin) nicht zu kurz kommt. Grundsätzlich ist mit der Feststellung der Yin- und Yang-Werte keine qualitative Aussage getroffen, sondern sie sagen etwas über energetische *Quantitäten* aus, über unseren Ausgangspunkt, den wir kreativ formen und gestalten sollen. Die Berechnung der individuellen Yin-Yang-Verteilung nach der Elementenanalyse von HANS TAEGER findet der interessierte Leser im JUNG-FRAU-Band.

Die nachfolgende Abbildung führt uns einmal mehr vor Augen, daß die beiden Gegenpole zwar gleichzeitig existieren, von unserem bewußten Verstand jedoch nur nacheinander wahrgenommen werden können. Der Leser wird *entweder* die Vase *oder* die beiden Gesichter sehen. Auch wenn wir nicht bewußt registrieren, daß beide Möglichkeiten gleichzeitig vorhanden sind – sie sind es dennoch, wie das Beispiel zeigt. Gelingt uns die Übertragung dieser Erkenntnis auf unser Alltagsleben, kommen wir der Lösung des Polaritätsrätsels schon einen Schritt näher und vermögen die Welt bewußter, objektiver und ohne voreilige Wertungen zu erleben.

Nach dem Gesetz der Polarität trägt jede negative Entsprechung auch eine positive Seite in sich. Entledigen wir uns also eines scheinbar nur »schlechten« Wesenszuges, schließen wir damit auch seine »guten« Aspekte aus. Meist ist das mit dem WIDDER-Archetypen und seinen Entsprechungen der Fall, etwa wenn wir WIDDER-Themen wie Aggression und Gewalt in unserer Kindheit hauptsächlich als unerlöst (verletzend) erlebt haben. Das folgende Traumbeispiel einer Seminarteilnehmerin mit WIDDER-Zeichen zeigt die Neugeburt einer vormals unerlösten WIDDER-Seite. Sie träumte im WIDDER-Monat:

»Ich treffe meine Freundin Ingrid, die gerade von ihrer Freundin Ilse kommt. Ingrid erzählt mir davon, daß Ilse einen gewalttätigen, ekelhaften, dicken Gatten hat, den sie verlassen will. Dieser Mann sieht aus wie ein realer Nachbar von mir, den ich als äußerst rechtsradikal empfinde. Durch ein Tonband droht Ilses Mann ihr an, daß sie vieles verlöre, wenn sie diesen Schritt täte. Während das Band läuft, liegt der Gatte auf einem Felsen und wirkt wie ein versteinertes Relief. Nur seine Vorderseite ist sichtbar, die Rückseite ist im Felsen.

Dann ist Szenenwechsel: Ich will mit befreundeten Menschen in ein Haus einziehen. Das Haus ist noch nicht frei. Ein blonder Mann gibt mir aus einem Becher zu trinken. Er führt mir den Becher an den Mund, dann soll ich den Kopf zurücklehnen, und er läßt mir die Flüssigkeit von oben in den Mund laufen. Ich soll in dem Tempo trinken, wie er es will, verschlucke mich dabei, meine, ich müsse wohl noch üben. Dann sehe ich, wie ärmlich wirkende Leute mit Leiterwagen, auf denen ihr weniges Hab und Gut verstaut ist, aus dem Haus ausziehen. Sie schauen vorwurfsvoll, als würden wir sie vertreiben.

Überhaupt wirkt es auf mich wie eine Vertreibung nach dem Krieg. In einem dieser Wagen befindet sich ein Baby, und ich weiß, daß der Sohn des Rechtsradikalen der Vater des Kindes ist.«

Die Träumerin arbeitet daran, einen positiven Zugang zu ihrer WIDDER-Kraft zu finden – schließlich ist das ihr zentrales Lebensthema als WIDDER-Geborene. Lange Zeit war das WIDDER-Prinzip für sie negativ besetzt. Ilses »Traummann« erinnert sie an einen dumpf-gewalttätigen, rechtsradikalen Mann aus ihrer Heimatstadt. Diese Person verkörpert das Negativbild, das sie von der WIDDER-/MARS-Energie hat. Aber das ist eben nur *die eine Seite der Medaille*. Wenn wir nämlich den WIDDER pauschal verdrängen, dann fehlt uns auch die nötige Kraft, uns im Leben durchzusetzen und uns gegen äußere (und innere) Zwänge zu wehren. Die Träumerin scheint sogar Gefallen daran zu finden, sich von dem blonden Mann fremdbestimmen zu lassen, nach seiner Pfeife zu tanzen und seinen Anweisungen zu folgen. Es kommt ihr zunächst gar nicht in den Sinn, selbst den Becher in die Hand zu nehmen. Statt dessen versucht sie, Kunststücke zu vollführen, und verschluckt sich. Diese Art des Umgangs mit dem Leben sollte sie eben nicht »schlucken« beziehungsweise verinnerlichen.

Bei der Traumbesprechung war sich die Frau der *Ambivalenz* dieses Zustandes bewußt. Einerseits empfand sie ihre Rolle als unfrei, andererseits spürte sie auch eine gewisse Lust an dieser Ergebenheit. Welche Rolle spielen im Traum nun die Freundin und deren Freundin? Die Geschichte ist ja ziemlich verschachtelt – das Problem gelangt also nicht gerade direkt auf den Tisch! Ilse weist durch ihren Namen auf die ältere Schwester der Träumerin hin.

Unsere Seminarteilnehmerin erinnert sich, als Kind dieser älteren Schwester regelrecht *gedient* zu haben. Will sie aus dieser kindlich-fremdbestimmten Rolle herauskommen, ist die Integration der WIDDER-/MARS-Kraft absolut erforderlich. Und damit das gelingen kann, muß sie die *andere, positive Seite* dieser Kraft erkennen.

Das Traumende zeigt ihr im Bild des neugeborenen Kindes, daß eine innere Neugeburt möglich ist, ja, daß sie bereits in ihr stattgefunden haben muß. Der Vater des Traumkindes ist der Sohn des Rechtsradikalen. Er verkörpert den Gegenpol, der noch Entwicklungsmöglichkeiten beinhaltet, während sein Vater – im Traum ein Teil des Felsreliefs – eine versteinerte männliche Wesensseite darstellt. Daß von ihm nur die Vorderseite zu sehen ist, deutet auf die bislang einseitige Sichtweise der Träumerin, was diesen Wesensteil betrifft.

Wodurch wurde die Neugeburt in ihrer Alltagsrealität ausgelöst? Sie erinnert sich daran, daß sie am Vortag des Traumes mit diesem Mann, den sie als rechtsradikal bezeichnet und ablehnt, konfrontiert war. Völlig überraschend für sie kam er auf sie zu und begrüßte sie persönlich und mit Handschlag. Überdies beteiligte er sich an einer gemeinnützigen Aktion, womit die Träumerin nicht gerechnet hatte. Das muß ihre Seele stark beeindruckt und die Geburt einer neuen Einstellung – ein zentrales Thema im WIDDER-Monat – bewirkt haben. Sie gewann eine neue Sichtweise diesem Mann, aber auch dem Prinzip gegenüber, das er für sie verkörpert. Sie kann nun beginnen, sich des Traumbabys anzunehmen; und an der Entwicklung der bislang unerlösten Triebseite arbeiten. Die Vertreibung aus dem neuen Haus (ihrer Psyche) sollte sie jedenfalls nicht fortsetzen.

Das Wesen der Erscheinungen und damit auch der Polarität ist grundsätzlich *wertfrei*. Erst unser subjektiver, individueller Bezug, unsere Einstellung dazu schaffen die Wertung! Bei der astroenergetischen Arbeit geht es deshalb zunächst vor allem auch darum, die Archetypen wertfrei zu betrachten. Dies geschieht dadurch, daß wir die mehr oder minder erlösten oder unerlösten Erscheinungen des Lebens auf ihre Grundprinzipien zurückführen. Die negative Erscheinung der Besitzgier beispielsweise kann dann als unerlöste Entsprechung des STIER-Archetypen erkannt werden, dessen positive Seite die Fähigkeit des Festhaltens und Formens ausmacht.

Vor allem in wichtigen Entscheidungssituationen sollten wir uns der Polarität bewußt sein und das Für und Wider unserer Möglichkeiten nebeneinanderstellen. Dazu ist zunächst die *Offenheit allen* Aspekten dieser Angelegenheit gegenüber unabdingbar.

Die Gedanken, das Denken

Das Gedankenreich ist eine Welt für sich. Die Gedanken werden erst durch Identifikation zu »unseren« Gedanken. Das Gehirn fungiert in die-sem Sinne wie ein Radio als Empfänger der »Gedankenwellen« beziehungsweise der Gedankenemanationen aus der geistigen Sphäre. C.G.Jung schreibt im Rahmen seiner Kommunikation mit der psychischen Wesenheit »Philemnon« dazu: »Er (Philemnon) erklärte mir, daß ich mit den Gedanken so umginge, als hätte ich sie selbst erzeugt, während sie nach seiner Ansicht eigenes Leben besäßen wie die Tiere im Walde ...« (aus: »*Gedanken, Träume, Erinnerungen*«).

Wie unser Heimatplanet die physischen Körper durch seine Schwerkraft festhält, so ziehen wir aus dem »Äther« jene Kräfte an, zu denen wir in einer (momentanen) Entsprechung stehen oder auf die wir unsere inneren Antennen richten. Empfangen wir hauptsächlich trübe, destruktive Gedanken, sollten wir eine neue Ausrichtung unserer Empfangsstation auf lichtere Bereiche in Erwägung ziehen.

Denken (ZWILLINGE) ist nicht mit dem Bewußtsein (LÖWE) gleichzusetzen. Eine symbiotische Verschmelzung mit den Gedanken – aufgrund einer zu großen Unbewußtheit – führt zur Unfreiheit anstatt zu Selbst-Bewußtsein. Wir sind nicht unsere Gedanken –, unser Selbst (LÖWE) ist nicht identisch mit der Gedankenebene (ZWILLINGE). Je selbstbewußter die Persönlichkeit, desto freier unser Umgang mit den Gedanken. Es liegt an jedem einzelnen, ob er/sie sich mit erhabenen oder unwürdigen, friedlichen oder kriegerischen, düsteren oder lichten Gedanken identifiziert, um nur einige mögliche Extreme zu nennen.

Nicht zufällig besteht eine enge Wortverwandtschaft zwischen den Gedanken und dem Danken. Die höchste Ebene des Denkens bildet das Danken. Dankende Gedanken sind ein freudiges Einverstandensein mit dem eigenen Leben.

Weitere interessante Impulse zum Thema Gedanken finden Sie beispielsweise in dem Buch »*Unfug des Lebens und des Sterbens*« von PRENTICE MULFORD.

Der Intellekt

Während wir in unserem alltäglichen Sprachgebrauch nicht zwischen den Begriffen Intellekt, Verstand und Ratio unterscheiden, differenziert die Astrologie diese geistigen Dimensionen. Zum einen haben wir die geistig-luftige Ebene des Denkens an sich, das den ZWILLINGEN entspricht, zum anderen seine »erdhafte« Ausformung in JUNGFRAU und STEINBOCK, die wir den analytischen Verstand oder Ratio nennen und die zur Organisation und Bewältigung der irdischen Wirklichkeit dient. Der Begriff Intellekt kommt vom lateinischen »intellectus« und bedeutet »Wahrnehmung«. Das Denken in seiner ursprünglichen Form meint also den *wahrnehmenden Intellekt* und nicht bereits den deutenden und einordnenden analytischen Verstand. MERKUR-Betonte mögen daher zwar brillante Geister sein, was aber nicht gleichzeitig bedeutet, daß sie ihren ausgeprägten Intellekt auch zur Alltagsbewältigung einsetzen (können).

Dem Intellekt als modernem Vertreter des MERKUR kommt heutzutage dessen Rolle als Götterbote zu. Wohlgemerkt: eine *Botenrolle*. Diabolisch wird diese Wesensseite dann, wenn sich der Bote, die Hilfskraft, als Herr aufspielt, die Macht an sich reißt und den Wesenskern (SONNEN-Prinzip) in den Hintergrund drängt. Ein Traumbeispiel dazu schildert C.G.JUNG aus seiner Praxis:

»Der Träumer ist in Amerika und sucht sich einen Angestellten mit einem Spitzbart. Es heißt, alle Leute hätten einen solchen Angestellten.«

Jungs Deutung: »Amerika ist das Land der praktischen, geraden Linie und europäischer Überstiegenheit unverdächtig. Dort würde man sich praktischerweise den Intellekt als Angestellten halten. Das klingt zwar wie eine Majestätsbeleidigung und könnte darum bedenklich sein. Es ist also beruhigend zu wissen, daß alle Leute (wie das in Amerika der Fall ist) dasselbe tun. Der ›Spitzbart‹ ist der altbekannte Mephisto, den Faust ›angestellt‹ hat und dem es nicht erlaubt war, endgültig über ihn zu triumphieren... Wie nachträgliche Befragung ergab, hat der Träumer selber im ›Spitzbart‹ das zugleich mephistophelische Wesen erkannt. Die Versatilität (Beweglichkeit, d. Verf.) des Verstandes sowohl wie dessen Erfindungsgabe und wissenschaftliche Neigung sind Attribute des astrologischen Mercurius. Der Spitzbart stellt daher den Intellekt dar, welcher hier vom Traum als eigentlicher ... dienstbarer, obschon etwas gefährlicher Geist eingeführt wird. Damit ist eben der Intellekt von der zuerst innegehabten obersten Stellung in den zweiten Rang versetzt und zugleich mit dem Mal der Dämonie gebrandmarkt« (aus dem »*Grundwerk*«, Band 5).

Sprache und Kommunikation

Der enge Zusammenhang zwischen dem Denken und der Sprache ergibt sich schon daraus, daß wir in *Wörtern* denken. Das fällt uns vor allem dann auf, wenn wir bei einem längeren Aufenthalt in einem fremden Land plötzlich beginnen, in der Landessprache zu denken. Denken ist in diesem Sinne eine Kommunikation mit sich selbst, ein Selbstgespräch.

Den Erscheinungen der Welt einen *Namen* zu geben, hat zweifellos die Kommunikation zwischen den Menschen erleichtert und die Welt für unser Ich-Bewußtsein ein Stück entzaubert, greifbarer und ungefährlicher gemacht. Unsere Begriffe von der Welt dienen also auch als Sicherheitsvorkehrungen, indem sie vormals Unbekanntes in kollektive Normalität übersetzen. Dabei besteht allerdings die Gefahr, daß die abstrakten, theoretischen Bezeichnungen mit der lebendigen Wirklichkeit des jeweiligen Objektes verwechselt werden. Das eigentliche Wesen einer Blume ist eben weit mehr als nur die lateinische oder deutsche Bezeichnung und die Klassifizierung ihrer Bestandteile.

Die Welt spricht zu uns auf unterschiedliche Weise. Neben unserer verbalen Kommunikation als der »reinsten« ZWILLINGE-Entsprechung wären andere Arten der Sprache zu nennen: etwa die Körpersprache (in Verbindung mit dem STIER-Archetypen) oder die Traum- beziehungsweise Symbolsprache (im Zusammenhang mit dem KREBS). Auf welche Art die Welt mit uns und wir mit der Welt »sprechen« – es handelt sich in jedem Fall um einen Ausdruck des grundlegenden »Kommunikationsstromes« des Daseins.

Neben unserer Muttersprache existiert eine große Zahl von Fremdsprachen – ein Bild dafür ist die Sprachverwirrung zu Zeiten des biblischen Turmbaus zu Babel. Die Bedeutung einer Fremdsprache, von der wir träumen, hängt zunächst einmal von unseren spontanen Assoziationen und Gefühlen ab. Französisch beispielsweise wird von vielen Zeitgenossen als sehr gefühlsbetonte Sprache beziehungsweise als »Sprache der Liebe« empfunden. Eine Seminarteilnehmerin mit deutscher Muttersprache erinnerte sich, als Kind häufig im Traum französisch gesprochen zu haben, während die restliche Familie dabei nicht mithalten konnte. Es verwundert nicht, daß hier ein Kind ist, das im Gegensatz zu seiner sehr rational eingestellten Sippe für Gefühle viel empfänglicher gewesen sein muß. Die Traumseele drückte ihr Vermögen, die »Sprache der Gefühle« zu sprechen, dadurch aus, daß sie im Traum das Französische beherrschte.

Auch wenn wir intensiv damit beschäftigt sind, eine Fremdsprache zu lernen oder im Ausland die Landessprache sprechen, kann es vorkommen, daß wir nicht nur in dieser fremden Sprache zu denken, sondern auch zu träumen beginnen. Das mag dann ein Zeichen dafür sein, daß wir die Mentalität beziehungsweise die Volksseele dieses Landes allmählich verinnerlichen.

Zuweilen hat eine uns unverständliche, fremde Sprache im Traum auch die Bedeutung, daß uns etwas noch unbekannt und fremd ist. Kommt uns im sprichwörtlichen Sinne etwas spanisch vor oder gar chinesisch, dann kann der Traum durch das Auftauchen dieser Sprachen oder Länder darauf hinweisen, daß wir uns gar keinen Reim auf eine bestimmte Angelegenheit machen können.

Häufig kommt in den Träumen auch die wörtliche Rede vor, etwa wenn unser Traum-Ich direkt von einer anderen Traumperson angesprochen wird oder wir selbst jemanden ansprechen. Besondere Bedeutung kommt hier den Aufforderungen, Hinweisen oder Warnungen zu, die in direkter Rede an uns gerichtet werden, ohne daß der Sprecher dabei zum Vorschein kommt. Durch derart eindringliche Stimmen spricht häufig die »innere Weisheitsquelle«, die uns eine wichtige *Botschaft* zu überbringen hat. Als ich beispielsweise an einem Wendepunkt in meinem Leben angelangt war und mit mir um eine Entscheidung rang, hörte ich im Traum die beschwörenden Worte: »Eine solche Chance bekommt man nur einmal im Leben!« Nach diesem Traum war mir klar, wie ich mich zu entscheiden hatte, da ich von »höchster innerer Instanz« eine Bestätigung erfuhr.

Leichtigkeit und Humor

Wie schwer wir Erdenmenschen uns damit tun, das Dasein leicht zu nehmen, drückt GOETHE in seinen Weimarer Gedichten aus: »Alles in der Welt läßt sich ertragen, nur nicht eine Reihe von schönen Tagen.«

Auch wenn es uns nicht leicht fällt, fordert uns das Leben dennoch immer wieder auf, die Dinge weniger ernst zu betrachten und das Dasein mit DANTE ALIGHIERI als »Göttliche Komödie« zu begreifen. Die Entwicklung eines Humors, der sich über die irdischen Angelegenheiten und Beschwernisse hinwegsetzt und uns über uns selbst lachen läßt, bildet eine wesentliche Voraussetzung dafür, denn Humor ist nach der Definition des Fremdwörterlexikons die »Fähigkeit, auch die Schattenseiten des Lebens mit heiterer Gelassenheit und geistiger Überlegenheit zu betrachten ...«.

Auch die Träume tragen auf ihre Weise dazu bei, uns die lustigen und komischen Aspekte des Lebens näherzubringen. Wer seine Träume genauer betrachtet, wird häufig über den köstlichen Traumhumor lachen können und sehen, daß übergroßer Ernst bei der Lebensbewältigung nicht immer hilft. Dazu folgendes Traumbeispiel eines Klienten, das den Titel »Zwei Giraffen im Supermarkt« trägt:

»Ich sehe ein Foto in der Zeitung. Darauf sind zwei Giraffen abgebildet, die anscheinend von Spaßvögeln heimlich über Nacht in einen Supermarkt gebracht wurden. Dann bin ich mitten in der Szene. Dem Supermarktleiter sind die Giraffen sehr sympathisch, er findet sie freundlich und die Situation sehr witzig. Dann versuchen mehrere Männer, die Giraffen wieder herauszubekommen aus dem Gebäude. Diese Szene beobachte ich von draußen; ich sehe nicht, wie sie das anstellen wollen oder ob es ihnen gelingt.«

Die Deutung: Der Klient im mittleren Alter nimmt seinen interessanten und kreativen Beruf häufig sehr ernst. Nicht selten ist er mit soviel Ehrgeiz und Anspannung bei der Sache, daß er kaum noch abschalten und entspannen kann. Er vernachlässigt die leichte Seite des Lebens, die auch genährt werden will. Den Traum hatte er nach der ersten Tanzstunde; mit Mühe hatte er sich schließlich zu dem Kurs durchgerungen. Er fühlte sich dann recht wohl dabei und konnte vor allem endlich einmal wieder seine beruflichen Gedanken und Sorgen vergessen. Die Traumseele quittierte diese Erholung mit dem Giraffentraum. Ausgangspunkt ist die Aktion von Spaßvögeln, die heimlich über Nacht die Tiere in einen Supermarkt eingeschleust haben. Die Fähigkeit, dem Leben eine spaßige Seite abzugewinnen, kommt schon hier zum Ausdruck, sie wird durch das Bild, das zwei Giraffen in einem Laden abgeben, noch verstärkt. Das Ganze ist auch für den Supermarktleiter keine Affäre, er heißt die Situation durch seine positive Reaktion gut. Eigentlich müßte man doch annehmen, daß er aus Furcht vor Schäden die Tiere am liebsten gleich wieder losgeworden wäre. Statt dessen findet er sie besonders sympathisch und wird ihnen das Futter, das sie in den Regalen des Supermarktes finden, sicher gönnen.

Der Traum will den allzu arbeitseifrigen Träumer ermutigen, sich auch mit der Nahrung »*Lebenslust*« einzudecken und wieder mehr Spaß am Leben zu empfinden. Der Traumort Supermarkt weist darauf hin, daß genügend Futter für diese Seite seines Wesens vorhanden ist und sein innerer *Spaßvogel* genährt werden soll. Die Giraffen bringen sicher viel unter in ihrem langen Hals, und die Stimmung in der Traumszene scheint auszudrücken, daß es in Ordnung ist, »in die vollen zu langen«. »Humor ist, wenn man trotzdem lacht«, sagt ein Sprichwort – der Supermarktleiter scheint das zu beherzigen. Die ganze Szenerie ist dazu geschaffen, dem Träumer die humorvolle Seite des Daseins in Erinnerung zu rufen und ihm wieder zu der Freude am Leben zu verhelfen.

Das Spielerische des Lebens

Aus der Sicht der ZWILLINGE erscheint das Leben als Komödie oder »Zirkus«; nicht zufällig sind der bekannteste deutsche Zirkusdirektor CARL HAGENBECK (10.6.1844) und der Regent des »Spielstaates« Monaco (Hauptattraktion ist das Spielcasino!), FÜRST RAINIER (31.5.1923), im ZWILLINGE-Monat geboren.

Einen größeren Ernst und Verantwortungsbereitschaft erwerben wir erst später auf unserem Entwicklungsweg. Erst wenn wir das humorvolle MER-KUR-/ZWILLINGE-Wesen integriert haben, sind wir fähig, eine positive Ernsthaftigkeit zu entwickeln, die nicht im Gegensatz zur spielerischen Leichtigkeit steht, sondern darauf fußt.

Wie schon festgestellt, ist der leichte Ton ein wichtiges Element des Umgangs zwischen Menschen. Damit ist aber keine zur Schau gestellte Lockerheit oder Oberflächlichkeit gemeint, die lediglich aus Angst vor wirklicher innerer Begegnung »eingesetzt« wird oder durch Verdrängungen entsteht. Das wahrhaft spielerische Wesen können wir dagegen von unseren (kleinen) Kindern abschauen. Wenn Christus in seiner Botschaft betont, daß wir nur ins Himmelreich kommen, wenn wir wieder werden wie die Kinder, dann ist damit gemeint, daß wir wieder lernen sollen zu staunen, herzhaft zu lachen und das Leben zu nehmen, wie es ist.

Unterdrücken wir die spielerische Seite, drängt sich dieses Prinzip unbewußt und mit negativer Wirkung in unser Leben. Statt entspannt und locker miteinander umzugehen, beginnen wir dann, unsere »Spielchen« mit den anderen zu treiben. DR. MED. ERIC BERNE beschreibt dieses Phänomen in seinem Buch »*Spiele der Erwachsenen*«. Mit der Freiheit und Leichtigkeit des Luftzeichens ZWILLINGE hat das natürlich nicht mehr viel zu tun. Wenn wir offen und ehrlich unser Verhalten anderen gegenüber betrachten, dann werden wir dabei so manches unbewußt-hintergründige und deshalb unerlöste »Spiel« erkennen. Ein bekanntes und beliebtes Spiel, wenn wir es nicht wagen zu zeigen, was wirklich in uns vorgeht, ist das Versteckspiel. Der folgende Traum einer Seminarteilnehmerin, im ZWILLINGE-Monat geträumt, »spielt« auf dieses Thema an; er trägt den Titel »Urlaub im Schilf«:

»Mit meinen Eltern bin ich in China. Die verbringen hier im Schilf immer den Winter. Mein Vater meint, er hätte eine Schaumgummimatte, siebzig Zentimeter breit, und auf der liegt er hier immer. Meine Mutter ist auch da, aber ein Stück weit weg, so daß sich beide gar nicht sehen können.«

In der Traumbesprechung erinnerte sich die Träumerin an die Schwierigkeiten der Eltern, sich dem Gegenüber zu zeigen und offen darzustellen. Sie befinden sich im Traum an verschiedenen Stellen im Schilf und können sich so nicht sehen. Da der Traum im ZWILLINGE-Monat geträumt wurde, drängte sich die Frage auf, ob hier ein regelrechtes Spiel – das Versteckspiel – seine bildhafte Darstellung fand. Das Verhalten, das unbewußt und aufgrund von Ängsten entsteht, entfremdet die »Mitspieler« einander, statt – wie es der Sinn des Spielens ist – die Menschen zueinanderzuführen. Ein wirkliches Ewachsenenspiel, das seinem Namen gerecht wird, ist geprägt durch die Freiheit des Handelns, ist ein miteinander »Flirten« der Spielenden und eben gerade kein Vermeidungsverhalten.

Die beiden ZWILLINGE-Entsprechungen, das Spielerische und die Fähigkeit zur Kontaktaufnahme, hängen eng miteinander zusammen. Ein spielerisches Miteinander erzeugt eine Atmosphäre der Freiheit und Freundschaft. Unsere Phantasie kann sich darin entfalten und spontan anregende Impulse liefern. Die Träume im ZWILLINGE-Monat zeigen uns unter anderem, wie es mit dieser Fähigkeit individuell bestellt ist. Für unsere Träumerin bedeutete es eine kleine Erleuchtung, das elterliche Verhalten im nachhinein zu durchschauen, hatte es sie doch schließlich stark geprägt und den (unbewußten) Eindruck hinterlassen, daß die Spiele der Erwachsenen *an sich negativ* zu bewerten seien. Befreit von dem Ballast der Unaufrichtigkeit, kann das MERKUR-Prinzip sein wahres, unverfälschtes Wesen entfalten. Das anmutige, schwerelose »Spiel« der Schmetterlinge kann als symbolischer Ausdruck dafür gelten.

Weiter zu unserem Traum: Der Traumort *China* ist in diesem Zusammenhang sprichwörtlich zu verstehen – sprechen wir doch davon, daß uns etwas »chinesisch« vorkommt, wenn wir eine Sache nicht durchschauen. Undurchschaubarkeit ist ein weiteres Merkmal der unerlösten Versteckspiele: Wir verschließen uns vor dem Gegenüber und täuschen es. Das Schilf gibt da ein passendes Ambiente ab. In einer Schilflandschaft ist die Aussicht, beim Versteckspielen gefunden zu werden, sehr gering. Es ist offensichtlich: Hier wird nicht gespielt, um gefunden zu werden ...

Intelligenz und Listigkeit

Listigkeit ist die intellektuelle Fähigkeit, auch ohne Einsatz von Muskelkraft (WIDDER) oder materiellen Besitz (STIER) das zu bekommen, was man zur Gestaltung des eigenen Lebens beziehungsweise zur Weiterentwicklung benötigt. Nicht zufällig galt MERKUR als Gott der Händler, die ja eine gute Portion Verhandlungsgeschick und Verkaufstalent brauchen. Das negative Zerrbild ist der unehrliche Betrüger, der mit aller Raffinesse und Hinterlist – entgegen dem Strom des Lebens – handelt. Wo aber liegt die Grenze, wo ist der Unterschied zwischen legitimer List und zu verurteilender Hinterlist? Von außen läßt sich das nicht immer leicht beurteilen. Vielmehr ist es eine Frage der Ehrlichkeit zu sich selbst: Benutze ich eine List, um jemand anderen zu schädigen, oder gehe ich meinen Weg und tue, was getan werden muß? Schwierig, sich hier nicht selber zu belügen. Die Wahrheit ist vor allem in diesem Bereich keine statische Größe, sondern »situationsbezogen«. Was in einem Fall eine Lüge ist, kann in einem anderen Zusammenhang als notwendige »List« gewertet werden, etwa, um sich zu schützen und seinerseits nicht übers Ohr gehauen zu werden. Weitere Beispiele und ihre Bewertung sind Ihnen als Leser bestimmt schnell zur Hand.

Die erlöste merkurianische Schläue drückt sich ihrem Wesen gemäß *spielerisch, nichtanhaftend, nicht berechnend* und *spontan* aus. Das trifft beispielsweise zu für den mittelalterlichen Jahrmarktsgaukler, der seine Tricks einem staunenden Publikum vorführt. Niemand würde auf die Idee kommen, einen Zauberkünstler als Lügner und Betrüger zu bezeichnen, auch wenn es klar ist, daß sich die Vorstellung auf Tricks aufbaut. Wir dürfen schlau sein – vor allem, um Einseitigkeiten auszugleichen und der anderen (unterdrückten) Seite der Medaille zu ihrem Recht zu verhelfen. Versucht jemand, sich einseitig auf unsere Kosten zu bereichern, ist Listigkeit häufig ein adäquates Mittel, um das Gleichgewicht wiederherzustellen. Ein historisches Beispiel für eine »durch die Evolution bedingte List« ist die Invasion der alliierten Truppen in der Normandie im ZWILLINGE-Monat (6.6.1944). Die Kriegslist ist im Zusammenhang mit dem ZWILLINGE-Prinzip deshalb als ausgleichend zu bezeichnen, weil sie dazu diente, die Einseitigkeit der deutschen Vorherrschaft auf dem Kontinent aufzuheben. Mit den Alliierten drang der Gegenpol gewaltsam auf die Bühne.

Nachfolgend der Traum einer Seminarteilnehmerin im ZWILLINGE-Monat zum Thema Lebensschläue – sie hat ihn »Begegnung mit Joachim Fuchsberger« genannt:

»Ich stehe vor einem Schaufenster und schaue hinein. Drinnen steht mein Mann und probiert Anzüge an. Da kommt der Schauspieler und Showmaster Joachim Fuchsberger um die Ecke gebogen und auf mich zugelaufen. Ich sage zu ihm über das Verhalten meines Mannes: ›Das ist typisch für ihn, er tut es nur für sich. Das ist immer so, er gibt was anderes vor, aber er tut es dann doch nur für sich.‹ Dann wache ich auf.«

Die Träumerin lebt seit geraumer Zeit getrennt von ihrem Ehemann und beabsichtigt, sich scheiden zu lassen. Der Traum könnte unter anderem eine Warnung sein, sich dabei vom Gatten nicht übervorteilen zu lassen. Vor allem, weil sie nach eigenem Bekunden Skrupel hat, ihre Vorteile zu nutzen und ihre legitimen Ansprüche geltend zu machen. Nach langen Beziehungsjahren wird ihr jetzt allmählich bewußt, daß sie allzuhäufig auf ihre eigenen Interessen verzichtet hatte. Es war ihr überhaupt nicht aufgefallen, daß sie mit einer gewissen Portion »weiblicher Schläue« in ihrem Beziehungsleben besser gefahren wäre. Diese spielerische Komponente der ZWILLINGE, die vor allem in der Pubertätszeit ihren Höhepunkt findet, wenn die jugendlichen Männer und Frauen miteinander turteln und flirten, hat auch im späteren Ehealltag seine Berechtigung, soll dieser nicht in Routine erstarren. Es gehört einfach dazu, miteinander zu spielen, womit natürlich nicht die unbewußt ablaufenden Machtkämpfe gemeint sind. Im positiven Fall belebt ein spielerischer Umgang der Eheleute miteinander das Be-ziehungsleben – und ab und zu eine List zu gebrauchen, die dem anderen nicht schadet, aber sich selbst einen nötigen Freiraum verschafft, ist kein Zeichen von Hinterhältigkeit, sondern von kreativem Einsatz menschlicher Intelligenz.

Nehmen wir als Beispiel die Ehefrau, die ihren Mann wegen seiner Fähigkeiten lobt (im Umgang mit den Kindern, mit Verwaltungskram, Einkauf, Renovierungsarbeiten und so weiter) und ihn dadurch positiv bestärkt, die gepriesenen Tätigkeiten weiterhin gerne zu verrichten – während sie selbst darüber froh ist, dadurch eine Entlastung zu erfahren und Freiraum zur eigenen Entfaltung zu gewinnen. In der Ehe unserer Teilnehmerin hatte die weibliche List wenig Platz, und bei der Besprechung des Traumes wurde sie sich ihrer massiven Widerstände bewußt, die im Zusammenhang mit dem Thema »Legitimation der List« auftauchten. Für sie gab es zunächst keine positive Seite dieses Prinzips, das sie bislang nur als Hinterlist oder Hinterhältigkeit interpretiert und erlebt hat. Als hinterhältig erfährt sie auch ihren Mann, der sich seine Vorteile zu verschaffen weiß. Wegen Unaufrichtigkeit verließ sie dann auch ihren Freund, der ihr keinen reinen Wein über seine Absichten einschenkte. Wie ihre Lebenssituation zeigt, hat sie mit dem Thema »List« ein Problem, sonst würde es ihr in ihrer Welt nicht so häufig begegnen. Wäre sie darauf eingestellt, daß ihre Mitmenschen weniger Skrupel haben als sie, »listig« zu sein, und manche gar sehr gerissen sind, wenn es darum geht, »ihre Schäfchen ins trockene zu bringen«, dann würde sie sich nicht so leicht hereinlegen lassen. Machen wir uns dagegen bewußt, daß wir häufig auf gewitztes Vorgehen in unserer Umwelt treffen, wenn es darum geht, Vorteile zu sichern, sind wir gewappnet. Denn mit welchem Recht sollten wir uns die eigenen Vorteile – vorausgesetzt, es handelt sich auch tatsächlich um Vorteile für die eigene Entwicklung! – nehmen lassen?

Der geschilderte Traum im ZWILLINGE-Monat fordert die Träumerin auf, sich mit dem ZWILLINGE-Thema *List* auseinanderzusetzen. Sie soll die *andere Seite* der Medaille, den positiven Aspekt der Schläue, als intelligentes Verhalten erkennen und schätzen lernen. Als WIDDER-Geborene neigte sie bislang zu allzu großer Direktheit. Was an und für sich eine Stärke ist, wird jedoch dann zum Problem, wenn wir nicht unterscheiden können, bei welcher Gelegenheit es für *alle Beteiligten* günstiger ist, etwas durch die Blume zu sagen beziehungsweise spielerischer mit einer Situation umzugehen.

Kommen wir auf den Traum zurück. Der Traumregisseur bringt hier den bekannten deutschen Schauspieler und Quizmaster JOACHIM FUCHSBERGER aufs Parkett, der als Medium für die ZWILLINGE-Tugenden Schläue und Spürsinn steht. Die Träumerin merkte nach der Besprechung an:

»Durch Joachim Fuchsberger wurde ich auf eine Spur gelockt. Er spielte oft die Rolle des Kommissars in Filmen oder trat als Quizmaster auf. Beides erfordert eine gewisse Schläue. Und der Name des Schauspielers als Hinweis auf das Sinnbild des *schlauen Fuchses* spricht für sich. Warum taucht gerade er in dem Traum auf? Vermutlich ist es eine Aufforderung, selbst cleverer zu sein und sich nicht so leicht täuschen zu lassen. Mein Verhältnis zu dem Wort ›List‹ war bislang sehr negativ besetzt, und mir fielen dazu auch nur negative Bedeutungen ein wie Betrug, Hintergehen und Täuschen. Als ich, angeregt durch diesen Traum, über die Beziehung zu meinem Freund nachdachte, wurde mir klarer, was es damit auf sich hatte. Ihn erlebte ich als Inbegriff von Raffinesse und Listigkeit, mit dem ich nicht gerechnet hatte und deshalb auf seine Beteuerungen hereingefallen bin. Ich beschäftigte mich in den nächsten Tagen nach diesem Traum mit diesem Thema und wurde prompt auch in der Außenwelt ständig mit der Nase darauf gestoßen. Ein Bekannter erzählte mir zum Beispiel von einem ›listigen‹ Kollegen, der seine Firma ausgetrickst hatte, und mein Sohn las mir, ohne mein ›aktuelles Thema‹ zu kennen, eine Geschichte von einem Advokaten vor, der schlauer war als der Teufel selbst. Allmählich entdeckte ich, daß List nicht immer negativ sein muß, sondern auch mit Geschick und Diplomatie zu tun hat.«

In dem Maße, wie sich die Träumerin zugestehen kann, ihre Intelligenz für ihre Lebensbewältigung einzusetzen, wird sie auch den Mitmenschen ein gewisses listiges Verhalten zubilligen können. Ob sie sich natürlich immer darauf einläßt, steht auf einem anderen Blatt. Im Traum wird ihr durch ein Schaufenster der Blick auf ihren Mann zuteil, der verschiedene Anzüge anprobiert. Er verfügt also über ein Repertoire an Erscheinungsformen und wird je nach Situation sich ein bestimmtes (dafür günstiges) Kleidungsstück überstreifen. Die Kunst der Verkleidung – im Sinne des »Sich-Verstellen-Könnens« – ist eben ein Ausdruck angewandter List, wie »Kommissar Fuchsberger« aus seiner »langjährigen Dienstzeit« sicher bestätigen kann.

Die zentrale Entwicklungsphase der ZWILLINGE-Kraft

Ausgehend vom Sechsjahreszyklus der »Felderwanderung« (nach BRUNO und LUISE HUBER), befinden wir uns im Alter zwischen zwölf und achtzehn Jahren auf unserer symbolischen Wanderung durch den Häuserkreis (des Horoskopes) im ZWILLINGE-Haus (drittes Haus). Es ist die zentrale ZWILLINGE-Phase der menschlichen Entwicklung.

Der junge Mensch befindet sich jetzt in einem *Zwiespalt*. Einerseits wächst und will er aus der Kindheit heraus, andererseits fehlt ihm die Erfahrung des ausgereiften Menschen. Seelisch noch Kind und körperlich bereits erwachsen, erlebt der Pubertierende beides *gleichzeitig* – eine schwer auszuhaltende *Dualität*. Daraus resultieren schnelle Wechsel zwischen aktivem und passivem Verhalten, zwischen Gefühlskälte und Zuneigung. Wegen des jetzt einsetzenden Dranges nach allmählicher Loslösung vom Elternhaus befinden sich die Jugendlichen in einem starken Gegensatz zu ihren Eltern. Dieser Gegensatz will von beiden Seiten akzeptiert und ausgehalten werden. Auch die Eltern werden durch ihre in der ZWILLINGE-Phase befindlichen Kinder wieder stärker mit ihren noch ungelösten ZWILLINGE-Aufgaben konfrontiert.

Jetzt ist die Hauptzeit gekommen, in der es gilt, sich die eigene *Polarität* des Lebens bewußtzumachen und zu integrieren; Tugenden wie *Wertfreiheit, Objektivität* und *Neutralität* sind eng damit verbunden. Der junge Mensch verfügt noch nicht über stabile individuelle Werte und Weltbilder, weil er noch nicht genügend Erfahrungen gesammelt hat. Und um diese Erfahrungen zu sammeln, ist die ZWILLINGE-Eigenschaft der *Offenheit* gegenüber den verschiedenen Aspekten des Daseins besonders wichtig. SCHÜTZE-betonte Jugendliche beispielsweise tun sich deshalb schwerer in dieser Lebensphase, weil sie mit dem gegenläufigen Prinzip der Wertung und Bewertung viel stärker verbunden sind.

Der Jugendliche durchlebt in diesen Jahren die sogenannte *Pubertät*. Jetzt steht die *Zwei*-Geschlechtlichkeit dieser Welt absolut im Vordergrund des Interesses. Man könnte auch sagen, daß durch die Geschlechterpolarität überhaupt das *Interesse* für die *andere* Seite der Medaille, für den Gegensatz an sich, geweckt werden soll. Mitmenschen, welche diese Luftelement-betonte Periode nicht entsprechend ausleben und übermäßig zurückhaltend oder festgelegt sind (zum Beispiel bei starker Erdbetonung), werden die jetzt notwendigerweise zu integrierende Erfahrung des *spielerischen Austausches* und *Kennenlernens* des anderen Geschlechtes versäumen.

Aber nicht nur das – denn der junge Mann lernt jetzt seine »innere VENUS« (*Anima*) und die junge Frau ihren »inneren MARS« (*Animus*) in der Projektion auf das andere Geschlecht kennen. Die Sexualität spielt dabei zwar eine wichtige Rolle und »drängt« die Geschlechter zueinander, doch die Triebkraft ist nicht die wesentliche Lektion dieses Alters. Die Triebkraft hatte ihre Hauptphase in den ersten sechs Lebensjahren des Kindes (erstes Haus), während der die Grundlage für das weitere »Triebleben« geschaffen wurde. In der Pubertätszeit ist der junge Mensch dann mit den Auswirkungen der damals mehr oder minder erfolgreichen Integration der Triebkräfte konfrontiert. Während das Kleinkind noch ganz Trieb ist beziehungsweise sein kann, erlebt der Jugendliche die Polaritäten Trieb- und Verstandeskraft als Zwiespalt, den es zu integrieren gilt. Männer und Frauen, welche in reiferen Jahren in pubertäres, »backfischartiges« Verhalten zurückfallen, haben in der Regel die Pubertätszeit nicht genügend ausleben können und jetzt einen Nachholbedarf, der entsprechend dem reiferen Alter erfahren werden will.

Auch in den Träumen der Jugendlichen spiegeln sich während dieser Lebensphase die angesprochenen Themen wider. Vor allem den *Gegensatz* zwischen der noch nicht ausgereiften Ich-Identität und der mit Macht hereinbrechenden Triebkraft gilt es zu bewältigen. Die Jungen werden dabei vor allem mit dem weiblich-mütterlichen, die Mädchen mit dem männlich-väterlichen Prinzip konfrontiert. Traumbeispiele dazu sind etwa in »*Kinderträume verstehen*« von HANS HOPF aufgeführt.

Die ZWILLINGE-Phase ist die Hauptzeit des *Lernens* und der *schulischen Bildung*. Während in der STIER-Phase (sechstes bis zwölftes Lebensjahr) die Grundlagen – Lesen, Schreiben und Rechnen – vermittelt wurden, ist die nachfolgende ZWILLINGE-Stufe vielmehr eine Denkschule. Im eigentlichen Sinne geht es für den jungen Menschen jetzt darum, den Intellekt zu schulen, dessen *Beweglichkeit* zu trainieren, anstatt nur stur auswendig zu lernen. Der Heranwachsende, der sich jetzt in einer sensiblen Phase der Aufnahmebereitschaft beziehungsweise des geistigen Lernens befindet, ist besonders leicht zu interessieren. Vorausgesetzt natürlich, dieses Interesse wird nicht durch zu starre Lehrpläne oder fixe Vorstellungen der Lehrkörper verhindert. Jetzt wird die Grundlage dafür gelegt, ob in dem Jugendlichen ein interessierter und aufgeschlossener Erwachsener heranreift.

Vor allem während der ZWILLINGE-Zeit im Jahreslauf soll unser Bewußtsein im Alltag und Traum verstärkt auf diese Lebensphase gerichtet werden. Die Bewußtseinsfähigkeit in diesem Bereich ist jetzt besonders stark, so daß wir erkennen können, ob wir die Rätsel der Pubertät gelöst und integriert haben, oder ob wir überfällige Entwicklungsschritte nachholen müssen. Das folgende Traumbild eines Familienvaters vom 18.6.93,»Zwerg Nase«, sei beispielhaft dazu aufgeführt:

»Ich habe im Traum eine lange Nase, wie in dem Märchen von Zwerg Nase.«

Gerade bei solch kurzen Traumfragmenten erweist sich die Einbeziehung der Zeitqualität des Traumzeitpunktes als besonders hilfreich. Und als der Träumer bei der Besprechung hinzufügte, vor dem Einschlafen in dieser Nacht seit langem wieder einmal an seine Jugendliebe gedacht zu haben und ihm die Gefühle des Schmerzes, als sie ihn verlassen hatte, noch einmal zu Bewußtsein kamen, war klar, daß der Traum auf die damalige Zeit abzielte. Er war damals gerade 18 und die Freundin 16 Jahre alt, als die Freundschaft auseinanderging. Als STIER-Geborener muß es ihm besonders schwer gefallen sein, loszulassen und die Sicherheit einer festen Beziehung aufzugeben. Inzwischen sind einige Jahrzehnte vergangen, doch die Wunde, welche in dieser äußerst sensiblen Phase der Pubertät entstand, war noch nicht vollständig geheilt. Die damalige Trennung empfand der Träumer als undurchsichtig, was zu einer grundlegenden Verunsicherung in der weiteren Beziehung zum anderen Geschlecht führte. Und da er den Fehler bei sich selbst vermutete, verklärte er (unbewußt) die Frauen einseitig als zärtlich-versorgende Wesen; STIER-Tugenden wie Sicherheit, Versorgung, Ernährung projizierte er auf die Ehefrau. Die andere Seite der Medaille unterschlug er dabei, was ihn lange Zeit für den Gegenpol blind machte. So konnte und wollte er nicht wahrhaben, daß die Kehrseite des nahrungsspendenden weiblich-mütterlichen Archetypen im verschlingenden, verhexenden Aspekt des Unbewußten besteht. Lange spielte er das Spiel mit, ließ sich um den Preis des Versorgtseins

»verhexen« – im Sinne eines Verlustes seiner männlichen Autonomie. Verhext, wie Zwerg Nase in dem gleichnamigen Märchen. Doch hat dieses märchenhafte Bild zugleich noch eine für ihn positive, sprichwörtliche Bedeutung. Er beginnt jetzt – im Sinnbild der überdimensionalen Nase – ein Gespür zu entwickeln und »den Braten zu riechen«, das Spiel also zu durchschauen, das er um den Preis der inneren Selbstbestimmung mit der Frau gespielt hat.

Parallel zu seiner einseitigen Sichtweise der Frauen hatte er seine eigene weibliche Wesensseite nur halb akzeptieren können. Innen und Außen hängen in einem solchen Falle eng miteinander zusammen. Um sich von der Beeinflussung des magischen Aspekts des Unbewußten emanzipieren zu können, besteht der erste Schritt in einer Bewußtwerdung dieser Polarität. Individuation bedeutet in diesem Zusammenhang, die verhexten (= unerlösten) Gefühle, Gedanken und Verhaltensmuster durch Bewußtwerdung zu entzaubern.

Der ZWILLINGE-Archetyp bei C. G. JUNG

Der ZWILLINGE-Archetyp findet natürlich auch im Werk C.G. JUNGS seinen gebührenden Ausdruck, wenngleich dieser selbst keine astrologische Zuordnung seiner Erkenntnisse vornahm. Die ZWILLINGE-Ebene seines Werkes besteht vor allem darin, die Polarität der menschlichen Psyche erkannt und benannt zu haben. Mit dem Begriff *Animus* bezeichnete er die männliche Seite der Frau und mit *Anima* den weiblichen Aspekt des Mannes. Sowohl Mann als auch Frau tragen nach der JUNGschen Lehre jeweils männliche und weibliche Aspekte in sich.

In der Astrologie spiegelt sich diese Erkenntnis darin wider, daß beide Geschlechter sowohl männliche als auch weibliche Planetenkräfte im Horoskop konstelliert haben.

Jung erkannte die Polarität zwischen der männlichen und der weiblichen Seite auch in dem (scheinbaren) Gegensatz zwischen dem Bewußtsein (männliches Prinzip, Yang-Kraft) und dem Unbewußten (weibliche Seite, Yin-Energie). Vor allem in den Träumen und spontanen Phantasien sah er die Sprache des Unbewußten und stellte die Wichtigkeit der Kommunikation zwischen die-sen beiden Polen des Seins in den Vordergrund seiner Arbeit.

Dem vorherr-schenden einseitigen »Bewußtseinskult« erteilte er ebenso eine Absage wie dem unreflektierten Eintauchen ins Unbewußte.

Eine kurze Gegenüberstellung des Werkes von Jung und der energetischen Astrologie findet der interessierte Leser im Einführungsband »*Die Rätsel des Lebens*«.

Die Farben der ZWILLINGE

Es sind *luftige, leichte* Farben, deren Töne eher *pastellfarben* und von *heller, heiterer* Stimmung sind, vor allem *Hellgrün, Hellgelb, Hellblau.* Aber auch *freundlich-bunte* Farbkombinationen, die eine (oberflächliche) Atmosphäre der *Leichtigkeit* vermitteln. Die Hippiekleidung (»Flower-Power«) ist ein weiteres Beispiel für die Bandbreite einer ZWILLINGE-Farbgebung.

Ausdruck der Polarität beziehungsweise des Gegensatzkonfliktes ist häufig das gleichzeitige Auftreten der Farben Schwarz und Weiß. In negativer Hinsicht haben wir es hier mit der sprichwörtlichen Schwarzweißmalerei zu tun, wenn wir zu Einseitigkeiten neigen. Das folgende Traumbeispiel einer Seminarteilnehmerin läßt die positive Bedeutung von »Schwarzweiß« erkennen:

»Ich bin auf dem Karneval. Alle Anwesenden sind mit schwarzweißen Kostümen bekleidet, trotzdem wirkt die Gesellschaft bunt und lebendig. Es herrscht eine angenehme Ruhe, trotz pulsierender Bewegung. Jeder ist für sich, und doch herrscht ein Gefühl von Miteinander. Ich gehe auf eine Toilette. Nach der Toilettenbenutzung gehe ich zurück zum Karneval und wache mit erleichtertem Gefühl auf.«

In diesem Traum erlebt die Träumerin die Gegensätze nicht als Problem, sondern im harmonischen Neben- und Miteinander. Dadurch wirkt alles leicht und dennoch lebendig. Der Gang zur Traumtoilette zeigt, daß die Träumerin, eine STEINBOCK-Geborene, vom Ballast einer übergroßen »Erdschwere« (Ängste, Sorgen, Blockaden) loslassen konnte und dadurch zur Lebendigkeit des Lebens zurückgefunden hat. Vor allem durch die Integration der Gegensätze – im Traum durch die schwarzweißen Kostüme ausgedrückt – hat sie zur bunten Seite des Daseins (Karneval) zurückgefunden.

Menschen mit ZWILLINGE-Betonung wird eine entsprechende Farbgestaltung in ihrer Kleidung gerecht. Aber auch um die ZWILLINGE-Seite zu stärken, um uns lockerer, leichter zu fühlen und zu bewegen – etwa als Gegengewicht zu einem dominanten Erdelement –, kann es hilfreich sein, sich auf eine ZWILLINGE-Farbgebung in Kleidung oder Wohnungsdekoration einzulassen. Übermäßig luftbetonte Personen können durch die ZWILLINGE-Farben in ihrer Abgehobenheit und »Flippigkeit« noch bestärkt werden und sollten zur »Erdung« auch erdhafte Farbtöne zulassen.

Wählt ein Traum eine ZWILLINGE-Farbgebung, ist die Botschaft auf einen Zusammenhang mit ZWILLINGE-Eigenschaften hin zu überprüfen. Eine Traumszenerie, die in luftig-leichte Farben eingehüllt ist, setzt eben andere Akzente als ein in dunklen Tönen gemaltes Traumbild.

Körperentsprechungen und Krankheitsbilder

Sind wir nicht fähig oder bereit, die Lebensrätsel der ZWILLINGE-/MER-KUR-Energie innerhalb der Psyche zu lösen, schlägt sich diese Dissonanz früher oder später im Körper nieder. Das körperliche Leiden wird dabei zu einem *somatisierten Symbol* des eigentlichen seelisch-energetischen Problems. Auf der irdisch-stofflichen Ebene nimmt das ursprünglich gestaltlose energetische Wirken Form an. Zum einen drückt sich das in unserer Lebenssituation an sich aus und zum anderen auch innerhalb des physischen Körpers. Ein echtes inneres Gleichgewicht bewirkt (innerhalb der uns gesetzten Grenzen und Aufgaben) eine harmonische Lebenslage und einen – relativ – gesunden Körper. Dabei müssen wir natürlich berücksichtigen, daß hier auch karmische »Rückstände« eine Rolle spielen.

Krankheiten als Verkörperungen seelischer Blockaden sind die »Warnblinkanlage« der Psyche. Besser und wirkungsvoller, als diese Signale (Symptome) abzustellen, ist die Suche nach den Ursachen und deren Aufarbeitung. Damit soll jedoch keinem krampfhaften Körpersymbolismus das Wort geredet werden, dem jeder Schnupfen verdächtig ist! Nicht selten entscheidet sich die Seele dafür, eine energetische Lektion körperlich zu bearbeiten und zu lösen. Das Einbeziehen der psychischen Dimension dieser »Körpersprache« in die ärztliche Diagnose wäre jedoch eine wünschenswerte Erweiterung des Bewußtseinsfeldes, wenn es um Krankheit geht. Da sich blockierte Energien früher oder später im Körper niederschlagen, ist die Kenntnis der Zusammenhänge zwischen den einzelnen Körperregionen und -organen und den psychischen Energien eine große Hilfe.

Das Zeichen der ZWILLINGE nun ist das Prinzip des *Austausches* und der *Weiterleitung von Informationen.* Auf Körperebene erfüllt die *Lunge* die Aufgabe des *Luftaustausches.* Einerseits durch die Aufnahme und Weiterleitung der eingeatmeten, frischen Luft in die Blutbahn, andererseits durch Ausscheidung der verarbeiteten, verbrauchten Luft. In der chinesischen Mythologie galt die Lunge als Ursprung geheimer Gedanken ...

Durch den permanenten, lebenserhaltenden Vorgang des *Atmens* sind wir innig mit der grundlegenden Polarität des Lebens verbunden. Durch den Atemrhythmus erfahren wir auf Körperebene nahezu sekündlich, wie sich die Gegensätze des Lebens gegenseitig bedingen und ergänzen. Niemand ist in der Lage, ausschließlich ein- *oder* auszuatmen! Kann es hier eine Wertung geben, etwa daß das Einatmen besser wäre als die Gegenbewegung? Wohl kaum! Und doch werden wir bei genauer Beobachtung feststellen, daß uns eine der beiden Bewegungsrichtungen mehr liegt, besser fließt als die andere.

Das Leben definiert sich im Bereich der Atmung als rhythmischer Wechsel von Geben (Ausatmen – Yin) und Nehmen (Einatmen – Yang). Atemprobleme weisen daher häufig auf eine Störung der Polarität eben dieser Bereiche, Geben und Nehmen, hin. Fällt uns das Einatmen besonders schwer und ist die Atmung flach, sollten wir uns fragen, ob und in welchen Bereichen wir uns schwertun, aus der Fülle des Lebens zu schöpfen. Was hindert uns daran, zuzugreifen, Möglichkeiten zu ergreifen, das zu nehmen, was uns eigentlich zustünde?

Schwierigkeiten beim Ausatmen haben hingegen mit unserer Bereitschaft des Gebens und Hingebens zu tun. Was hält uns davon ab, alte Vorstellungen loszulassen und Dinge, die uns nicht mehr entsprechen, abzugeben? Haben wir Schwierigkeiten damit, unseren Teil zur Gemeinschaft beizutragen, etwas von uns herzugeben?

Die Atmung ist ein deutliches Symbol dafür, daß genug für alle da ist, daß wir aus der Fülle des Lebens beziehungsweise der Lebenskraft schöpfen dürfen. Wir sehen, daß wir nur dann überleben können, wenn wir uns auf das »Spiel des Lebens« einlassen. Es ist ein »Tauschspiel« und die Grundlage für ständige Erneuerung und Entgiftung. »Stillstand ist Tod!« – diese Lebensweisheit läßt sich besonders klar an der Atmung erkennen.

Atmen ist *Kontaktaufnahme* auf der Ebene des Luftelementes. Da alle Lebewesen der Erde die gleiche Luft atmen, stehen wir über die Atmung mit der

Außenwelt in Kontakt – insbesondere natürlich mit den Menschen, denen wir auch räumlich nahe sind und deren Atemluft wir automatisch teilen. Die Redewendung »Jemanden nicht riechen können« bezieht sich auf die Weigerung, sich auf einen anderen einzulassen beziehungsweise »dessen« Luft zu atmen. Atemstörungen weisen häufig auf *Kontaktprobleme* hin. Ist die Nase dicht, haben wir häufig auch in sprichwörtlicher Hinsicht »die Nase voll«. Wir drücken damit aus, daß wir »genug« haben und keine weiteren Umweltreize hereinlassen wollen. Das geschieht in der Regel dann, wenn mehr Informationen in uns eingedrungen sind, als wir verarbeiten konnten, und das Geben-Nehmen-Gleichgewicht gestört ist.

Für die *Weiterleitung* der aufgenommenen Reize sind die *Nerven* zuständig. Die Informationen werden über die Nervenbahnen – unser »neurologisches Straßennetz« – blitzschnell zum Gehirn transportiert, um dort registriert zu werden.

Krankheiten der Lungen beziehungsweise des Atembereiches (Luftröhre, Bronchien) sowie der Nerven (neurologische Krankheiten wie etwa Multiple Sklerose) sind also häufig ein Hinweis dafür, daß Austausch und Weiterleitung von Informationen blockiert, ins Stocken geraten oder überdreht sind.

Da das Zeichen ZWILLINGE das Denken und die Gedanken beinhaltet, ist auch unser »Denkapparat«, *das Gehirn,* hier einzuordnen. Die Teilung des Gehirnes in zwei Hälften entspricht dem ZWILLINGE-Prinzip der Polarität. Und während die rechte Gehirnhälfte der »Ort« für die ganzheitlich-intuitiven Geistesprozesse ist, besteht der »Job« der linken Hemisphäre in der »analytischen« Denkarbeit. Daß die beiden Hälften trotzdem miteinander in ständiger Wechselwirkung stehen, unterstreicht auf Körperebene die Bezogenheit der Pole aufeinander.

Probleme oder Krankheiten im Bereich des Denkvermögens oder überhaupt des Kopfes weisen daher häufig auf ein grundlegendes ZWILLINGE-Problem hin. Eine *Gehirnerschütterung* kann auf diese Weise zum Symbol für eine geistige Erschütterung werden. Ich selbst litt einmal in einem ZWILLINGE-Monat, als mir viele bedrückende Gedanken zu schaffen machten, unter einem besonders »schweren Kopf«. Ich hatte mir bei Yogaübungen drei Halswirbel ausgerenkt und empfand dadurch das Gewicht meines Kopfes um so deutlicher und massiver.

Die Therapie von ZWILLINGE-Krankheiten richtet sich zunächst danach, ob ein Übergewicht oder ein Mangel im ZWILLINGE-Bereich vorliegt. Bei Atemstörungen kann Atem- und Ozontherapie angezeigt sein. Bei hypernervösen Zeitgenossen empfiehlt sich eine Beschäftigung mit beruhigender und stabilisierender Wirkung, etwa manuelle Tätigkeit wie Töpfern oder Gartenarbeit. Vor allem ist auf genügend Schlaf und Zufuhr von frischer Luft zu achten. Bei einer Unterdrückung des Luftelementes ist es dagegen günstig, sich mit Menschen zu umgeben oder Situationen zu schaffen, die der locker-leichten Seite des Lebens entsprechen, zum Beispiel tanzen gehen, Gesprächskreise besuchen und so fort.

Bei allen medizinisch-therapeutischen Fragen empfiehlt es sich natürlich, zuerst einen erfahrenen Naturheilkundler oder homöopathisch arbeitenden Arzt zu konsultieren! Die Hinweise dieses Kapitels wollen dazu anregen, möglichst bewußt und eigenverantwortlich am Heilungsprozeß mitzuarbeiten; Näheres zum Gesundheitsthema im JUNGFRAU-Buch.

Wenn wir es in der Traumbotschaft mit den oben aufgeführten Körperentsprechungen oder Krankheitsbildern zu tun haben, ist damit meist ein ZWILLINGE-Thema angesprochen. Weist uns der Traum auf eine Erkrankung hin, kann es natürlich auch ratsam sein, dies von einem Fachmann untersuchen zu lassen. In der Regel wird die Traumregie jedoch damit auf ein entsprechendes psychisches Problem aufmerksam machen oder seine Handlung sprichwörtlich verstanden wissen wollen.

ZWILLINGE-Entsprechungen in der Bibel

Das Neue Testament
Die Gegensatzthematik wird vor allem von Christus selbst verkörpert. Sein Wesen und Wirken stand so sehr im Gegensatz zu den damals vorherrschenden Gewohnheiten, wie auch in unserer Gegenwart der Christusgeist eine archetypische Polarität zu den festgefahrenen Denk-, Glaubens- und Gewohnheitsstrukturen bildet. Damals wie heute tun sich die Menschen schwer, Gegensätze auszuhalten, und lehnen jene Mitmenschen ab, die so ganz anders sind, denken, handeln als die träge Masse. Damals wie heute werden deshalb Menschen, die durch ihr Wesen den verdrängten Gegenpol symbolisieren, angegriffen, verfolgt und bedroht.

Es gilt, den Schritt von dem »Eintopf« des Gleichartigen (STIER-Ebene) in die Vielfalt des Andersartigen (ZWILLINGE-Ebene) zu vollziehen, um für

Gegensätze offen zu sein und sich in der Auseinandersetzung damit weiterzuentwickeln. Welch große gesellschaftliche, religiöse und energetische Umwälzungen ein Gegensatz zu bringen vermag, wird vor allem durch das Wirken Christi deutlich.

Das innere Ringen des Saulus, der zum Paulus wird, ist ebenfalls ein Beispiel für den Gegensatzkonflikt des Menschen:»Denn ich tue nicht das Gute, das ich will, sondern das Böse, das ich nicht will. Wenn ich aber das tue, was ich nicht will, dann bin nicht mehr ich es, der so handelt, sondern die in mir wohnende Sünde. Ich stoße also auf das Gesetz, daß in mir das Böse vorhanden ist, obwohl ich das Gute tun will. Denn in meinem Innern freue ich mich am Gesetz Gottes, ich sehe aber ein anderes Gesetz in meinen Gliedern, das mit dem Gesetz meiner Vernunft im Streit liegt und mich gefangenhält im Gesetz der Sünde, von dem meine Glieder beherrscht werden.« (*Römer* 7, 19 – 23).

Der »Saulus-Paulus-Gegensatz« im Menschen ist dessen Gespaltenheit von Geist und Körper. Solange wir die Dualität von Geist und Leib verleugnen und eine Seite favorisieren, sind wir nur »halb«. Menschsein ist jedoch kein Entweder-Oder, sondern ein Sowohl-Als-auch – ein »geistiges Wesen mit einem Leibe bekleidet«. Etwas anderes ist es natürlich, wenn wir die Pole wechseln und die Seiten vertauschen. Die Körper-Geist-Polarität integriert zu haben bedeutet eben auch, beiden Aspekten ihren zugehörigen Platz anzuweisen. Der Geist entspricht dem Yang-Pol und hat daher die Dominanz über den Körper. Dieser gehört als »Gefäß zur Aufnahme des Geistes« der Yin-Seite an. Erst ein gutes Zusammenwirken zwischen Herr (Geist) und Diener (Leib) läßt das irdische Leben gelingen.

Weiterhin finden wir in der Polarität von Saulus-Paulus unseren Zwiespalt zwischen Zweifel und Glauben/Vertrauen widergespiegelt.

Das MERKUR-Prinzip des Götterboten ist ein weiteres Attribut des Christus, der vor allem auch deshalb in diese Welt kam, um zwischen der göttlichen und menschlichen Welt zu vermitteln und die versiegte Kommunikation zwischen diesen Ebenen wieder »in Gang zu bringen«. Ebenfalls als Götterboten sind in der christlichen Tradition die Engel bekannt.

Unter den zwölf Aposteln entspricht Thomas (aramaisch: ta-ma = Zwilling) dem ZWILLINGE-Archetypen.

Das Alte Testament

Das Paradebeispiel der Gegensatzproblematik finden wir in der Geschichte von Kain und Abel (*Genesis* 4, 1 – 16). Kain kann den Gegensatz zu seinem

Bruder, dessen Opfergaben vor Gott mehr Zustimmung finden als die eigenen, nicht aushalten. Er will durch den Mord an Abel den Gegensatz beseitigen, verschiebt durch seine Tat jedoch das Problem und gerät um so tiefer in den Konflikt mit Gott.

Bei der Lektüre dieser Geschichte neigen wir schnell dazu, Kain zu verurteilen. Damit werden wir aber dem ZWILLINGE-Prinzip der Polarität aller Erscheinungen nicht gerecht. Gut und Böse bedingen sich in unserer irdischen Welt gegenseitig. Gerade die einseitige Idealisierung des »Guten« bewirkt eine Dämonisierung der anderen Seite, die wir als das »Böse« stigmatisieren. Es ist der archetypische Gegensatz zwischen Licht und Dunkelheit, der hier angesprochen ist. Doch machen wir uns bewußt: Ohne Dunkelheit würden wir auch das Licht nicht als solches wahrnehmen können! Geht es dagegen um wirkliche Lösungen, werden wir diese nur »jenseits« der Polarität finden. Der Weg dorthin gleicht einer Gratwanderung auf dem »Rücken der Dualität«. Nicht selten rutschen wir dabei aus und fallen mal auf diese, mal auf jene Seite.

In *Sirach* 33, 14 – 15 lesen wir zu dem Gut-und-Böse-Konflikt: »Dem ›Bösen‹ ist das Gute entgegengesetzt und dem Tod das Leben, so auch dem Frommen der Sünder. Gleichermaßen betrachte alle Werke des Höchsten: immer sind es zwei, eines das Gegenteil vom andern.«

Ein weiterer bekannter biblischer *Gegensatz*, verbunden mit dem ZWILLINGE-Prinzip der *List*, begegnet uns in der Geschichte von David und Goliath. Der kleine David besiegt mit einer List beziehungsweise mit Hilfe seiner Intelligenz den körperlich weit überlegenen Riesen Goliath. Ein biblisches Symbol dafür, daß das Geistprinzip über dem Körperprinzip steht, daß der Geist über den Körper zu triumphieren vermag, Klugheit mächtiger ist als Körperstärke.

Daß die Anwendung einer List, um seinen Weg gehen zu können, nicht zwangsläufig dem Willen Gottes widerspricht, zeigt nicht nur die Geschichte von David und Goliath oder die biblische Redewendung »Seid klug wie die Schlangen und arglos wie die Tauben!« (*Matthäus* 10,16). Im Buch *Mose* (27, 1 – 40) werden wir Zeuge, wie Jakob mit einer List den Erstgeburtssegen von seinem alten Vater Isaak gewinnt, der nach damaliger Sitte dem Erstgeborenen Esau zugestanden wäre. Wir stellen mit Verwunderung fest, daß der alttestamentarische Gott diesen »Betrug« zuläßt und billigt, wo wir den moralischen Zeigefinger vermutet hätten. Eine Bestätigung dafür, daß es unter bestimmten Voraussetzungen legitim ist, durch Listigkeit seinen Weg durchzusetzen. Ob einem eine List zur Weiterentwicklung gereicht oder zum (karmischen) Verhängnis wird, das läßt sich natürlich nur für den individuellen Fall entscheiden. Ein wesentlicher Faktor dürfte in jedem Fall die Motivation des Betreffenden sein und inwieweit die List wirklich für das Fortkommen auf seinem Weg notwendig oder sogar von Gott – oder der Evolution – gewollt ist. Da die Grenze zwischen individuell legitimer List und betrügerisch-schädlichem Verhalten bei rein äußerer Beurteilung der Lage häufig nicht möglich ist, sind uns gerade hier die Träume wertvolle Ratgeber.

Jakob und Esau waren zudem Zwillingsbrüder. Esau, der Erstgeborene, wird als Jäger (WIDDER-Typ), Jakob dagegen als häuslicher (STIER-) Typ beschrieben. Der Segen, der hier auf Jakob übergeht, zeigt den Übergang des WIDDER- zum STIER-Zeitalter an, dessen Prophet Moses gewesen ist.

Die Götterboten des Alten Testaments sind vor allem die Propheten. Im 5.Buch *Mose* (*Deuteronomium* 5, 23 – 33) beispielsweise wird Moses als Vermittler zwischen Gott und den Menschen eingesetzt.

Menschen, die in der Aura einer christlichen Sozialisation aufgewachsen sind, finden in ihren Träumen nicht selten biblische Symbole wieder. Dabei spielt es keine Rolle, ob man dieser Religion postitiv gegenübersteht oder nicht, denn die biblischen »Sinnbilder« beruhen wie die Volksmärchen und Mythen auf archetypischer Grundlage. Biblische Traumbeispiele des ZWIL-LINGE-Prinzipes können Engelträume sein, wenn diese als Boten oder Vermittler zwischen unserer göttlichen Seite (dem kosmischen Unbewußten) und unserem Erden-Ich fungieren. Und auch Geschwisterträume sind nicht selten mit dem Gleichnis von Kain und Abel verquickt.

Mythen und Märchen

Die ZWILLINGE-Ebene findet sich in Mythen und Volksmärchen, deren Anliegen es ist, die grundlegende Polarität der Welt widerzuspiegeln und aufzuzeigen, daß beide Seiten sich gegenseitig bedingen. Dieses Bestreben kommt vor allem in den *Geschwister*mythen und -märchen zum Ausdruck, die wir in allen Kulturen finden – in der südosteuropäischen Volkstradition wurden sogar Gott und Satan als Brüder angesehen.

Im Griechischen ist die Geschichte von Kastor und Pollux einer der bekanntesten Geschwistermythen. Die beiden verkörpern das klassische Zwillingspaar – Kastor vertritt dabei die irdisch-sterbliche Seite mit all ihrer Lust und Sinnlichkeit, während Pollux göttlicher Abstammung ist und das unsterbliche Geistprinzip darstellt. Bei aller Gegensätzlichkeit sind die beiden Brüder doch unzertrennlich, und als der sterbliche Kastor in einem Kampf fällt, erreicht Pollux bei Göttervater Zeus, daß er wechselweise die Tage mit seinem Bruder in der Unterwelt und auf dem Göttersitz Olymp verbringen darf. Seitdem pendeln die beiden zwischen der Schatten- und der Lichtwelt – ein Symbol für die Akzeptanz des Gegensatzes.

Beispiele dazu aus anderen Kulturkreisen sind etwa der römische Mythos von dem Geschwisterpaar Romulus und Remus und der sumerische »*Gilgamesch*«-Mythos. Der mit dem Sonnengott verbundene Gilgamesch findet seinen Gegenpol in seinem Diener Enkidu, welcher mit dem Todesaspekt verbunden ist.

Die Geschwistermythen demonstrieren uns das Vorhandensein und die Notwendigkeit der Auseinandersetzung und Integration des Gegensatzes. Wie die klassischen Zwillingspaare tragen wir Menschen Sterbliches und Unsterbliches, zerstörerische und schöpferische Kräfte in uns. Wir erleben die zwei Seiten der Polarität oft als unversöhnlichen Widerspruch und neigen dazu, Wesensteile abzuspalten, die nicht in unser Weltbild passen. Das Resultat davon ist der Verlust der inneren Einheit. Aber wie alles zwei Seiten hat, gibt es auch hier etwas Gutes daran. Die Schmerzen und das Leid der Spaltung lassen in uns allmählich den Wunsch nach Wiederherstellung der Ganzheit erwachen.

Archetypisch gesehen ist die Aufspaltung der Welt in zwei grundlegende Pole (Subjekt und Objekt, Ich und Nicht-Ich), die Trennung von Innen und Außen die Voraussetzung für die Entwicklung von Individualität, von unterscheidendem Erkennen und bewußter Wahrnehmung. Astroenergetisch formuliert heißt das: Die ZWILLINGE sind Anlaß der Spaltung und gleichzeitig Impuls, sich weiterzuentwickeln und zur Einheit in den FISCHEN zurückzufinden.

Weitere Beispiele für die ZWILLINGE-Entsprechung finden wir in den Mythen und Märchen, deren Helden häufig durch den Gebrauch einer *List* ihre unlösbar scheinenden Aufgaben bewältigen. Denken wir an das Märchen vom »Tapferen Schneiderlein«, in dem ein kleines Männlein nur durch seinen Witz und seine Schlauheit gefährliche Riesen besiegt und die Königstochter

zur Frau bekommt. Der Fuchs ist ebenfalls ein märchenhaftes Symbol für
Listigkeit. In dem *Grimmschen Märchen* »Der Wolf und der Fuchs« beispiels-
weise wird gezeigt, wie der körperlich unterlegene Fuchs seinen Herrn, den
Wolf, durch Schläue loswird. Der Wolf stirbt und der Fuchs gewinnt seine
Freiheit. Wer wollte das dem Fuchs, der unter der Tyrannei Isegrims zu
leiden hatte, verdenken? Schließlich hatte der Wolf sich selbst durch seine
Gier und Dummheit ins Verderben gestürzt. In solchen Märchen werden wir
ermutigt, wo nötig, listig zu sein. Dabei zeigt sich, daß es hier nicht um das
»Spinnen von Intrigen« geht, sondern Intuition, Witz und spielerische
Leichtigkeit gefragt sind, um den kniffligen Situationen des Lebens zu
begegnen. Bei Komikern wie CHARLIE CHAPLIN finden wir dazu »moderne«
Entsprechungen.

Auch die archetypischen Probleme, die mit der Pubertät verbunden sind,
finden in den Märchen ihren Widerhall. Beispielsweise in der Geschichte
vom »Dornröschen«, das sich nicht zufällig gerade an ihrem 15. Geburtstag
mit der Spindel (hier als Phallussymbol zu deuten) sticht und in den berühmten
Dornröschenschlaf sinkt. Das Alter der Prinzessin verweist auf die ZWIL-
LINGE-Phase der Entwicklung und die damit verbundenen Schwierigkeiten.
Diese können – wie das Märchen optimistisch vermittelt – nach einer gewissen Zeit der Regression (der hundertjährige Schlaf als Symbol für vorüberge-
hendes Zurückfallen in die Unbewußtheit) durch das Erscheinen des Gegen-
poles (der Prinz) überwunden werden.

ZWILLINGE-Entsprechungen im *I Ging*

In dem altchinesischen Weisheits- und Orakelbuch *I Ging*, von dem HER-
MANN HESSE sagte, daß in ihm »ein System von Gleichnissen für die ganze
Welt aufgebaut ist«, finden wir eine Fülle von bildhaften Anregungen
zum Verständnis der Lebensrätsel. *I Ging* und Astrologie sind zwei »Ge-
rüste« mit unterschiedlicher Sprache, aber demselben Anliegen, nämlich
Hilfestellung zur Lösung der Lebensrätsel zu geben. Ordnen wir die jeweiligen Hexagramme und Passagen des *I Ging* den Tierkreiszeichen zu, er-
weitern wir durch die inspirierenden Gedanken des Orakels unser Verständnis für die astrologische Symbolik. Wenn nun nachfolgend einige

Beispiele aufgeführt sind, deren zentrale Botschaften um das ZWILLIN-GE-Rätsel kreisen, dann schließt das natürlich nicht aus, daß in den jeweiligen Zeichen auch Gedanken zu den anderen Prinzipien enthalten sind.

Nachfolgend einige *I-Ging*-Hexagramme, die als Orakelantwort zur Erhellung des ZWILLINGE-Rätsels beitragen und anzeigen, daß bestimmte Aspekte des ZWILLINGE-Prinzipes gerade im Mittelpunkt stehen.

Hexagramm Nummer 38: »*Der Gegensatz*«
Das *I Ging* unterscheidet hier zwischen der grundlegenden Polarität des Lebens und dem Gegensatz im Herzen, der die Menschen entzweit:
»Wenn die Menschen in Gegensatz und Entfremdung leben, so läßt sich ein großes gemeinsames Werk nicht ausführen. Die Gesinnungen gehen zu weit auseinander. Vor allem darf man nicht schroff vorgehen, wodurch der Gegensatz nur noch verschärft würde, sondern muß sich auf allmähliche Wirkungen im kleinen beschränken.« Die Existenz eines Konfliktes bedeutet nicht zwangsläufig eine Entzweiung. Die Kunst der Gegensatzbewältigung liegt in der Annahme der Streitpunkte und der Auseinandersetzung mit ihnen. Durch die gemeinsame Aufarbeitung und Überwindung des Gegensatzes werden die beteiligten Menschen einander nähergebracht und die Beziehungen auf eine höhere Ebene gestellt. Freilich ist nicht jeder unserer Widersacher zu dieser Auseinandersetzung bereit. Deshalb gibt das *I Gimg* hier Anweisungen, wie in solchem Fall vorzugehen ist.
Die *archetypische Notwendigkeit* des Gegensatzes formuliert das *I Ging* folgendermaßen:
»Der Gegensatz, der im allgemeinen als Hemmung erscheint, hat als polarer Gegensatz innerhalb eines umfassenden Ganzen auch seine guten und wichtigen Funktionen. Die Gegensätze zwischen Himmel und Erde, Geist und Natur, Mann und Weib bewirken durch ihren Ausgleich die Schöpfung und Fortpflanzung des Lebens. In der sichtbaren Welt der Dinge ermöglicht der Gegensatz eine Sonderung in Arten, durch die Ordnung in die Welt kommt.«

Hexagramm Nummer 44: »*Das Entgegenkommen*«
Hier ist vom richtigen Umgang mit der Polarität die Rede. So heißt es beispielsweise:
»Wenn Himmel und Erde einander entgegenkommen, so kommen alle Geschöpfe zu Gedeihen. Wenn Fürst und Gehilfe einander entgegenkom-

men, so kommt die Welt in Ordnung. Ein gegenseitiges Entgegenkommen der füreinander bestimmten und aufeinander angewiesenen Prinzipien ist nötig. Nur muß es frei sein von unreinen Nebengedanken, sonst ist es vom Übel.«

Im übertragenen Sinne ist damit das Zusammenspiel unserer himmlisch-geistigen und irdisch-körperlichen Wesensteile gemeint. Der Körper ist auf den Geist, der ihn belebt und durch ihn hindurchtönt, angewiesen, ebenso wie der Geist nur mittels eines geeigneten Körpers in dieser irdischen Welt wirken und Erfahrungen sammeln kann. Unrein sind unsere Gedanken dann, wenn wir an ihnen anhaften, »Hintergedanken« haben, anstatt jedem Gedanken gegenüber frei zu sein.

Weiter lesen wir an anderer Stelle: »Der Himmel ist den Dingen auf Erden fern, aber er bringt sie in Bewegung durch den Wind.«

Verstehen wir den Himmel als die Sphäre des Göttlichen (dem »Kosmischen Unbewußten«), dann entspricht dem Wind die Welt der Gedanken. Der Wind beziehungsweise die Gedanken fungieren in diesem Sinne als Götterboten. Die vorher erwähnten »unreinen Nebengedanken« stammen allerdings aus einer anderen, wesentlich »niedrigeren Ebene«.

Hexagramm Nummer 50: »Das Heitere, der See«
In diesem Zeichen ist das ZWILLINGE-Prinzip des *Austausches* und des *Wissens* behandelt. *I Ging* betont die Wichtigkeit der Besprechung und Kommunikation mit Gleichgesinnten und Freunden, um sich gegenseitig zu bereichern:

»Die Wissenschaft soll eine erfrischende und belebende Kraft sein. Das kann sie nur werden im belebenden Verkehr mit gleichgesinnten Freunden, mit denen man sich bespricht und übt in der Anwendung der Lebenswahrheiten. So wird das Wissen vielseitig und bekommt eine heitere Leichtigkeit ...«

Gleichzeitig würdigt *I Ging* das leichte, humorvolle und freundliche Wesen der ZWILLINGE, warnt gleichzeitig aber vor der Gefahr einer zu großen Oberflächlichkeit:

»Die fröhliche Stimmung wirkt ansteckend, darum hat sie Erfolg. Aber die Freude bedarf als Grundlage der Beständigkeit, damit sie nicht zu unbeherrschter Lustigkeit ausartet. Wahrheit und Stärke müssen im Herzen wohnen, während die Milde nach außen im Verkehr zutage tritt. Auf diese Weise nimmt man Gott und den Menschen gegenüber die rechte Stellung ein und erreicht etwas.«

Hexagramm Nummer 4: »*Die Jugendtorheit*«
In diesem Hexagramm gibt das Orakel Hinweise für die Beziehung zwischen dem Schüler (dem Lernenden) und dem Lehrer (womit häufig auch das Orakel selbst gemeint ist). Es klärt auf über die rechte Art und Weise der *Wissensvermittlung* und *Wissensaufnahme.*

Orakelbenutzer mit einem guten Zugang zu der altchinesischen Bilderwelt mögen vielleicht entdecken, daß Zahlen, die in einer Traumbotschaft genannt werden, Anspielungen auf *I-Ging*-Hexagramme enthalten und der jeweilige Text (im Sinne der Amplifikation) als Anreicherung des Traummateriales gelesen werden kann. Die oben genannten Hexagramme wären dann wieder im Sinne der ZWILLINGE-Thematik auf den Traum zu beziehen.

Die angeführten Zitate entstammen dem »*I Ging – Das Buch der Wandlungen*« in der Übersetzung von RICHARD WILHELM. Weitere Gedanken zur Kombination von Astrologie und *I Ging* sind im Einführungsband enthalten.

Redensarten, Sprichwörter und Zitate

Als Archetyp der Sprache und Rede steht das ZWILLINGE-Zeichen in engem Zusammenhang mit vielfältigen Sprachschöpfungen. Die *Redensarten* sind Wortbilder, die in oft drastischer Weise hauptsächlich die Schattenseiten beziehungsweise unerlösten Aspekte des Daseins ausdrücken.

Schwierigkeiten und Fähigkeiten im Umgang mit der ZWILLINGE-Energie spiegeln unter anderem folgende Redewendungen wider:

O »Etwas aus dem Ärmel schütteln« – spielend und mühelos etwas ausführen.

O »Sich ein Bild von etwas machen« – sich umfassend informieren.

O »Das Blatt hat sich gewendet« – die Verhältnisse haben sich umgekehrt.

O »Er redet wie ein Buch« – er läßt niemand zu Wort kommen; er ist redesüchtig.

O »Mehrere Eisen im Feuer haben« – vielseitig sein, gleichzeitig mehrere Möglichkeiten verfolgen.

O »Die Fahne nach dem Wind drehen« – unbeständig sein, seine Standpunkte häufig ändern.

○ »Federn in den Wind schütten« – etwas Sinnloses tun (in negativer Hinsicht).

○ »Wissen, wie der Hase läuft« – gut Bescheid über eine Sache wissen.

○ »Das Herz auf der Zunge tragen« – offenherzig alles ausplaudern.

○ »Sein Herz ausschütten« – sich aussprechen.

○ »Auf zwei Hochzeiten tanzen« – zwei verschiedene, sich eigentlich ausschließende Dinge gleichzeitig tun wollen.

○ »Ein neues Kleid mit einem alten Lappen flicken wollen« – zwei nicht zusammenpassende Dinge miteinander verbinden wollen (eine Polarität nicht akzeptieren).

○ »Luftschlösser bauen« – sich in unrealisierbaren Phantasien ergehen (eventuell Realitätsflucht).

○ »Den Mantel nach dem Wind kehren« – keine festen Grundsätze haben (in negativer Hinsicht Charakterlosigkeit).

○ »Den Schalk im Nacken haben« – ein Spaßvogel sein.

○ »Seine Nase in alles stecken« – neugierig sein (unerlöste Wißbegierde).

○ »Aus einem Saulus zu einem Paulus werden« – seine Meinung ins Gegenteil ändern (auch: von einem Extrem ins andere kommen).

○ »Ein zweischneidiges Schwert« – etwas, das sowohl Gutes als auch Schlechtes hat.

○ »Nach uns die Sintflut« – die Konsequenzen für die Zukunft kümmern uns nicht (unerlöste Seite der Sorglosigkeit, die in Verantwor-tungslosigkeit gipfelt).

○ »Es geht zu wie in einem Taubenschlag« – es ist ein ständiges Kommen und Gehen (starkes Kontakt- und Austausch-Bedürfnis, das zuweilen als Verdrängungsmechanismus eingesetzt wird).

○ »In einem Wolkenkuckucksheim leben« – ein welt- und wirklichkeitsfremdes Leben führen (Realitätsflucht).

Sprichwörter erheben – im Gegensatz zu den Redensarten – den moralisierenden Zeigefinger beziehungsweise drücken Tugenden und Erkenntnisse aus, wie mit dem Leben am besten zu verfahren ist. Zentrale ZWILLINGE-Themen enthalten unter anderem folgende Sprichwörter:

○ »Der Schlaue gewinnt« – eine Hymne auf die Intelligenz oder die Legitimität von listigem Verhalten zur Erreichung seiner Ziele.

○ »Nicht für die Schule, sondern für das Leben lernen wir« – Lernen als Lebensaufgabe.

○ »Die Gesunden und Kranken haben ungleiche Gedanken« – bestätigt die immense Einwirkung der Gedanken auf unsere Psyche und damit indirekt auf das Körperbefinden.

○ »Immer Arbeit, nie ein Spiel, wird dem Knaben Hans zuviel« – betont die Notwendigkeit des spielerischen Umganges mit dem Leben.

○ »Gegensätze ziehen sich an« – die Pole gehören zusammen, sind die zwei Seiten einer Medaille.

Die Sprachbilder der Redensarten und Sprichwörter begegnen uns nicht nur im alltäglichen Sprachgebrauch, sondern häufig auch in der Traumbotschaft. Erkennen wir einen sprichwörtlich zu verstehenden Trauminhalt, finden wir mit der Bedeutung des Sprachbildes auch die Traumbedeutung widergespiegelt. Ein Taubenschlag in der Traumbotschaft kann im Sinne der zuvor dargestellten Redensart auf ungesunde Kommunikationssucht oder gesellschaftliche Überaktivität hinweisen. Ein anderes Beispiel betrifft eine Teilnehmerin, die ihren Beruf zu ernst nahm, zu verkrampft an die Probleme heranging. Im Bild einer Wurst wurde ihr vom Traumregisseur nahegelegt, die Sache leichter, spielerischer, unverkrampfter anzugehen. Wir entdeckten in diesem Bild die Redensart »Das ist mir Wurscht« – als Aufforderung zu mehr Gleichgültigkeit und Gelassenheit. Diesen und weitere sprichwörtlich zu verstehende Träume findet der interessierte Leser im »*Bilderbuch der Träume*« ausführlich dargestellt.

Zu den *Zitaten* mit ZWILLINGE-Entsprechungen zählen zum Beispiel:

○ »Es gibt weder gut noch böse, erst das Denken macht es dazu.« (SHAKESPEARE)

○ »Ich denke, also bin ich.« (DESCARTES)

○ »Nicht wir geben den Gedanken Audienz, sondern die Gedanken geben uns Audienz.« (NIETZSCHE)

○ »Die Gedanken sind frei.« (CICERO)

○ »Zwar weiß ich viel, doch möcht ich alles wissen.« (Famulus Wagner in GOETHES »*Faust*«)

○ »Grau, teurer Freund, ist alle Theorie und grün des Lebens goldner Baum.« (Mephistopheles in GOETHES »*Faust*«)

○ »Auch das Denken schadet bisweilen der Gesundheit.« (ARISTOTELES)

○ »Ein wirklich eigener Gedanke ist immer noch so selten wie ein Goldstück im Rinnstein.« (CHR. MORGENSTERN)

○ »Dumme Gedanken hat jeder, aber der Weise verschweigt sie.« (WILHELM
   BUSCH)

○ »Gefährliche Gedanken sind gleich Giften, die man zuerst kaum wahr-
   nimmt am Geschmack, allein nach kurzer Wirkung auf das Blut gleich
   Schwefelminen glühn.« (SHAKESPEARE)

○ »Eng ist die Welt, und das Gehirn ist weit. Leicht beieinander wohnen die
   Gedanken, doch hart im Raume stoßen sich die Sachen.« (aus SCHILLERS
   »*Wallensteins Tod*«)

○ »Eigentlich weiß man nur, wenn man wenig weiß. Mit dem Wissen wächst
   der Zweifel.« (GOETHE)

○ »Wissen ist Macht.« (F. BACON).

○ »Zum Leben brauchts nicht just, daß man so tapfer ist, man kommt auch
   durch die Welt mit Schleichen und mit List.« (GOETHE)

○ »Es ist eine große Schlauheit, seine Schlauheit verbergen zu können.«
   (F. D. LA ROCHEFOUCAULD)

Und als dichterisches Paradestück zum Thema Wissensverherrlichung und
innerlich empfundener Polarität ein Auszug aus einem Dialog zwischen Faust
und Famulus Wagner in GOETHES Meisterwerk »*Faust*«:

WAGNER: Ich hatte selbst oft grillenhafte Stunden,
Doch solchen Trieb hab ich noch nie empfunden.
Man sieht sich leicht an Wald und Feldern satt;
Des Vogels Fittich werd ich nie beneiden.
Wie anders tragen uns die Geistesfreuden
Von Buch zu Buch, von Blatt zu Blatt!
Da werden Winternächte hold und schön,
Ein selig Leben wärmet alle Glieder,
Und ach! entrollst du gar ein würdig Pergamen,
So steigt der ganze Himmel zu dir nieder.

FAUST: Du bist dir nur des einen Triebs bewußt,
O lerne nie den andern kennen!
Zwei Seelen wohnen, ach! in meiner Brust,
Die eine will sich von der andern trennen;
Die eine hält in derber Liebeslust
Sich an die Welt mit klammernden Organen;

Die andre hebt gewaltsam sich vom Dust
Zu den Gefilden hoher Ahnen.
O gibt es Geister in der Luft,
Die zwischen Erd und Himmel herrschend weben,
So steiget nieder aus dem goldnen Duft
Und führt mich weg zu neuem, bunten Leben!

Andere Lebensbereiche mit ZWILLINGE-Entsprechung

Lebensbereiche, Orte, Länder

Dem labilen Luftzeichen entsprechen in erster Linie gedankliche oder *intellektuelle* Bereiche, die sich »im Kopf« abspielen. Im weiteren Sinne haben wir es hier mit dem *äußeren Luftraum* zu tun, den wir Menschen, im Gegensatz zu den Vögeln, nicht bewohnen, sondern höchstens per Flugzeug durchqueren. Erdbezogene Bereiche mit zentraler ZWILLINGE-Entsprechung sind zum Beispiel:

○ Orte der *Kommunikation*: Café, Kneipe, Kommunikationszentrum, Wohngemeinschaft als Kommunikationsgemeinschaft (keine reine Zweckgemeinschaft!), Kirmes;

○ Orte der *Jugend*: Disko, Jugendzentrum;

○ Orte des *Austausches*, der *Vermittlung* und des *Handels*: Läden (vor allem Buchhandlungen), Kaufhäuser, Märkte, Messen, Kontaktvermittlungsstellen;

○ Orte des *Lernens*, der *Wissens-* und *Informationsvermittlung*: Schule, Volkshochschule, Bildungsstätten, Gesprächskreise, Infozentren, Bibliothek, Lesehalle, Zeitungsredaktion, Sekretariat, Post, »auf der Straße« und unterwegs;

○ Orte des *Spielens*: Spielplatz, Spielzimmer, Spielhalle, Casino, Bolzplatz;

○ sowie unsere *Nachbarschaft* im allgemeinen.

Diese Bereiche sagen uns auch als Traumorte etwas über unseren Bezug zum ZWILLINGE-Archetypen beziehungsweise über unser *drittes Haus* aus. Müssen wir im Traum noch einmal die Schulbank drücken, haben wir in der Regel noch etwas zu lernen. Befinden wir uns auf einem bunten Markttreiben oder einer Kirmes, wird unsere Einstellung zu Austausch, Kommunikation und Lebensfreude deutlich. Das Kaufhaus oder der Markt symbolisiert meist auch die Vielfalt des Lebens und dessen Möglichkeiten.

Länder, in denen das ZWILLINGE-Prinzip wesentlichen, zentralen Anteil hat, sind, allgemein betrachtet, *liberale* Staaten oder Länder, bei denen die Gegensatzthematik in irgendeiner Weise im Mittelpunkt steht. Auch traditionelle *Handels*nationen oder Nationen mit *intellektueller* Betonung haben entsprechend Anteil am ZWILLINGE-Archetypen. Am Beispiel der Vereinigten Staaten von Amerika sei ein typisches ZWILLINGE-Land kurz vorgestellt. Am 24.5.1607, im ZWILLINGE-Monat, gründen Siedler der London Company mit Jamestown in Virginia die erste englische Dauersiedlung in Nordamerika; Existenzgrundlage ist der Tabakanbau (Tabak ist eine ZWILLINGE-Entsprechung: Rauchen – Luftelement).

Im »*dtv-Brockhaus*« lesen wir über die US-amerikanische Staatsform: »Bund und Länder verfügen über eigene, nach Sachgebieten abgegrenzte Kompetenzen und stehen gleichrangig nebeneinander. Das Kompetenzverhältnis ist jedoch nicht als Gegeneinander, sondern als Ergänzung zu kennzeichnen.« Das ZWILLINGE-Prinzip der Polarität finden wir hier in der *Gleichrangigkeit* von Bund und Ländern ausgedrückt.

JOHN F. KENNEDY, zweifellos einer der populärsten US-Präsidenten, war ein ZWILLINGE-Geborener (29.5.1917); sein »luftiges« Wesen hat dem Land sozusagen aus der Seele gesprochen. Der »Parade«-Außenminister der USA, HENRY KISSINGER, ist ebenfalls ein ZWILLINGE-Geborener (zu beiden Politikern siehe auch das erste Kapitel).

Das Gegensatzthema ist eine zentrale Angelegenheit dieses Landes. Was jetzt als politische Konstitution selbstverständlich ist, das mußten die Menschen in den Vereinigten Staaten erst mühsam und unter Schmerzen erkämpfen. Zunächst wurde die amerikanische Urbevölkerung durch die Gewalt der weißen Einwanderer unterdrückt und schließlich nahezu ausgerottet. Ihr Land wurde von weißen Soldaten und Siedlern geraubt, und die Schwarzen hielt man als rechtlose Sklaven. Und auch heute noch, nach Abschaffung der Sklaverei, dauert die Diskriminierung der Farbigen weiter an.

Indianer und Schwarze dienten als Projektionsfläche für den inneren *Gegenpol*, der beim modernen »Bleichgesicht« in dessen »Naturseite« bestand. So wurde das ZWILLINGE-Prinzip zunächst auf unerlöster Ebene gelebt. Anstatt die Polarität zwischen Weiß und Schwarz/Rot zu akzeptieren, gleichrangig nebeneinander zu stellen und *beiden Seiten* ihr Recht zu lassen, dominierte mit den »Weißen« der »domestizierte« Aspekt des Menschen (die Ratio).

Ein weiterer Gegensatz ist die Diskrepanz zwischen armer und reicher Bevölkerung. Natürlich finden wir diese Polarität in jedem Land, doch in den USA ist dieser Gegensatz wohl besonders ausgeprägt. Kein Wunder, daß die Kriminalität hier erschreckende Ausmaße angenommen hat. Die verdrängte Seite bahnt sich sozusagen über die Unterwelt ihren Weg ins Bewußtsein. Das ist eben das Gesetz der Polarität: Je krasser die Unterschiede sind, desto vehementer und »dunkler« muß sich die unterdrückte Seite zu Wort melden.

Nach dem Zweiten Weltkrieg, als sich zwei konzentrierte Supermächte bildeten, tat sich für die USA, als Machtblock der westlichen Welt, in den Sowjets ein neuer Gegensatz auf.

Die Lösung des US-amerikanischen Dilemmas liegt in der Bewältigung des ZWILLINGE-Prinzipes, also in der Akzeptanz und Integration der Polarität. Umgesetzt in unsere Lebensrealität würde das in etwa bedeuten, daß die Menschen ihre verdrängte »Indianer-Seite« annehmen und den natürlichen Lebensgrundlagen wieder den gleichen Stellenwert einräumen wie dem technischen Fortschritt.

Nachdem die USA ein Luftelement-Land ist, verwundert es nicht, hier den Ursprung der Wolkenkratzerarchitektur zu finden. Symbolisch gesehen sind die »Skyscraper« Ausdruck des Wunsches, die menschliche Einflußsphäre »bis in die Wolken auszudehnen«. Und viele Luft- und Raumfahrtpioniere beziehungsweise Pioniertaten stammen aus den USA.

Schließlich sei noch das ZWILLINGE-Prinzip der Information, der Kommunikation und des Lernens hervorgehoben. Ist es nicht so, daß die meisten Dinge unseres täglichen Lebens, von der Popmusik über Spielfilme, Moden, Lebens- und Denkweisen, Methoden und vieles andere aus den USA importiert werden? Und die vielen ZWILLINGEN entsprechende »Art des Speisens«, die Fast-food-Kultur (bei der es weniger um Qualität oder Ausgewogenheit der Nahrung geht), ist ebenfalls hier geboren und findet von hier aus seine weltweite Verbreitung.

Bereisen wir die USA im Traum, vertritt dieser Ort häufig die symbolische Bedeutung der »Neuen Welt« als *Gegenpol* zu veralteten, beschränkten Situationen, Verhaltensweisen oder Vorstellungen. Auf welchen Lebensbereich oder Lebenslage diese Aussage zutrifft, wird durch den weiteren Traumverlauf deutlich.

Weitere ZWILLINGE-betonte Länder – natürlich mit individuell unter-schiedlichen Entsprechungen – wären demnach unter anderem: Holland (liberal und intellektuell, hoher Anteil der Energiegewinnung durch Wind-kraftwerke), Türkei (traditionelles Händlerland, Gastfreundschaft ist vorran-gig, Gegensatz zwischen Türken und Kurden), Südafrika (zentraler Gegensatz-konflikt Weiß – Schwarz, und mitten im Begriff, eine Gleichwertigkeit bei-der Seiten herzustellen), Belgien (zweisprachiges Land, Gegensatz zwischen dem flämischen und wallonischen Landesteil, Neutralität während der beiden Weltkriege); ZWILLINGE-Seite der Schweiz: Inbegriff für Neutralität.

New York City ist das Paradebeispiel einer ZWILLINGE-Stadt, in der sich die Charaktermerkmale der USA konzentrieren.

Orte und Bereiche mit ZWILLINGE-Betonung wirken sich entsprechend auf ihre Bewohner aus. Zeitgenossen mit Luftelement-Übergewicht werden durch Orte mit intensiver ZWILLINGE-Schwingung magnetisch angezo-gen, während »luftarme« Mitmenschen solche Bereiche eher meiden. Letzte-re werden eine Stadt wie New York City wegen ihrer Unsicherheit und Hektik wohl kaum bereisen, während »Luft-Fans« all die Nachteile in Kauf nehmen, um die bunte Vielfältigkeit dieser Stadt zu entdecken. Andererseits ist es so, daß »Luftikusse« im Luft-Ambiente häufig in ihrer Oberflächlichkeit und Nervosität noch bestärkt werden und zum »Wolkenflug« noch leichter abheben. Dagegen ist solch »leichte Kost« für eingefleischte Erd- oder Feuerzeichen zuweilen eine hilfreiche Therapie, um die spielerisch-lockere Seite der Medaille zu entdecken. Jeder mag selbst entscheiden, wo er/sie hier steht!

Berufliche Entsprechungen

Wie alle Lebensbereiche haben auch die Berufe verschiedene Seiten. Es kann daher keinen »reinen« ZWILLINGE-Beruf geben. Dem geistigen Luft-Zeichen sind unsere irdischen Tätigkeiten zudem viel zu schwer, um das Prädikat »ZWILLINGE pur« zu verdienen. Nachfolgende Kriterien weisen vielmehr darauf hin, daß es sich um eine ZWILLINGE-betonte Tätigkeit handelt (die Beispiele gelten für Frauen wie Männer gleichermaßen):

○ überwiegend geistig-intellektuelle Tätigkeit;
○ wesentliche Bedeutung des Denkens, der Sprache und der Schrift (etwa als Schriftsteller, Autor, Redner, Vorleser, Journalist, Verleger, Buchhändler, Dolmetscher, Sekretär);
○ vielseitige, interessante Aufgaben;

○ Objektivität und Neutralität als wesentliche Qualitäten (zum Beispiel im Nachrichtenbereich oder bei einer Schiedsstelle);

○ Informationsvermittlung (vor allem als Reporter oder Journalist, wie der bekannte ZWILLINGE-geborene Journalist THEO SOMMER, 10.6.1930);

○ Botentätigkeit (Kurier, Postbote, Spediteur – irdische Entsprechung des Götterboten);

○ Witz und Humor (zum Beispiel Komiker, etwa die ZWILLINGE-Geborenen KARL VALENTIN, geb. 4.6.1882, und STAN LAUREL alias »Doof«, geb. 16.6.1890);

○ »Listigkeit« und Raffinesse (vor allem in der Werbung, mit Tricks arbeitende Künstler, Vertreter mit Verhandlungsgeschick – negativ: Trickverbrecher);

○ Leichtigkeit und Unterhaltung (Showmaster, Conferencier);

○ Austausch und Handel (Händler, Börsentätigkeit, Makler- oder Vermittlertätigkeit);

○ gegensätzliche Tätigkeit beziehungsweise Konfrontation mit der Polarität durch den Job;

○ Schüler/Student als »Beruf«;

○ »Berufsjugendliche« (wie Sozialarbeiter in der Jugendarbeit).

Häufig treffen für bestimmte Berufe mehrere dieser Kriterien zu, wenn es sich um eine bevorzugte ZWILLINGE-Tätigkeit handelt. Durch Angehörige der oben genannten Berufszweige werden wir im Alltag sowie in der Traumbotschaft mit der ZWILLINGE-Seite des Lebens konfrontiert. Natürlich üben ZWILLINGE-Geborene nicht nur ZWILLINGE-betonte Berufe aus, sondern stehen auch in anderen Tätigkeiten. Schließlich eignet sich nicht jeder zum Journalisten oder hat die Möglichkeit, als Nachrichtensprecher zu arbeiten. Ob das individuelle ZWILLINGE-Rätsel überhaupt auf der beruflichen Ebene gelebt werden soll, wird nicht zuletzt durch die Träume oder das Horoskop nahegebracht; beispielsweise wenn das ZWILLINGE-Zeichen mit den »Arbeits-« oder »Berufsprinzipien« (JUNGFRAU- oder STEINBOCK-Zeichen oder -Haus) verbunden ist. Welche Tätigkeit ZWILLINGE-Geborene auch wählen mögen – sehr wahrscheinlich werden einer oder mehrere der eben aufgeführten Kriterien dabei im Mittelpunkt stehen, wenn der Betreffende seinem Wesen gerecht werden will. Fühlen sich ZWILLINGE-Geborene mehr zu anderen, auch oppositionellen Tätigkeiten hingezogen, dann kann das als – unbewußte – Relativierung einer überstark empfundenen ZWILLINGE-Seite gewertet werden. Das zwiespältige Wesen vieler ZWILLINGE-betonten Mitmenschen verleitet diese zuweilen gerade zum genauen Gegenteil dessen, was man eigentlich erwarten würde. Auch extreme Berufswechsel sind denkbar.

Entsprechungen im Tierreich

In erster Linie handelt es sich hier um die Bewohner der Lüfte, vor allem die *Schmetterlinge* und *Vögel*. Im speziellen sind es die zarten *Singvögel*, die durch ihr Gezwitscher eine ZWILLINGE-Atmosphäre der Leichtigkeit und Beschwingtheit erzeugen. Im Traum verkörpern die Vögel zumeist die gedankliche Ebene. Die Vogelgattung gibt näheren Aufschluß über die Art der Gedanken. Ein Raubvogel beispielsweise wird eher aggressive Gedanken symbolisieren, während etwa eine Nachtigall von zarteren, geistigeren Sphären kündet. Eingesperrte Vögel weisen auf die Notwendigkeit hin, von geistigen Zwängen freizukommen. Wie die realen Luftbewohner wollen auch die Traumvögel als »Seelenvögel« ihre Freiheit genießen. Der erhabene, schwerelose Vogelflug vermittelt eine Ahnung von der Leichtigkeit und Erhabenheit unseres geistigen Wesens.

Wasservögel stellen eine Verbindung vom geistigen zum seelischen Bereich her. Vor allem der *Schwan* gilt als Mittler zwischen den Welten, wie beispielsweise im *Lohengrin*-Mythos ausgedrückt ist. Ganz anders die *Ente*, die durch ihr Gequake als Symbol für ZWILLINGE-Untugenden wie Oberflächlichkeit und Geschwätzigkeit, aber auch für Lustigkeit stehen kann; nicht zufällig ist die berühmteste Comicfigur der Welt, *Donald Duck*, eine Ente.

Vögel haben zuweilen auch die mythologische Bedeutung als Götterboten (vor allem der *Kranich*).

Die sprichwörtliche *Listigkeit* läßt den *Fuchs* als ZWILLINGE-Entsprechung erscheinen (»Schlau wie ein Fuchs«). Eine Teilnehmerin, die ein negatives Bild von List und Schläue hatte, träumte im ZWILLINGE-Monat folgendes kompensatorische Traumstück:

»Vor mir ist ein überdimensional großer Fuchs, größer als ich. Ich streichle sein weiches Fell. Es ist sehr angenehm, und er läßt es sich gerne gefallen. Er schaut mich dabei an.«

Durch die besondere Größe wurde die Bedeutung des Traumfuchses als Sinnbild der List noch hervorgehoben. Die Teilnehmerin hatte sich derzeit insbesonders mit diesem Thema beschäftigt, was im Traum seinen Niederschlag fand. In Realität hatte sie sich eine Katze angeschafft, deren Fell an das Fuchsfell erinnert.

Entsprechungen im Pflanzenreich
Es sind Pflanzen mit Luftwurzeln, Gewächse von leichtem, luftigem Wesen, also eher Sträucher als Bäume, vor allem *Holunder* (Polarität: weiße Blüte – schwarze Frucht) und *Flieder, Frühlingswiesenblumen,* vor allem die »Pusteblumen«, und Windblütler (Pflanzen, die durch den Wind bestäubt werden, Gräser zum Beispiel).

Bei Problemen im Bereich der ZWILLINGE können (vor allem bei einer starken Affinität zum Pflanzenbereich, etwa bei KREBS-/MOND-Betonung) entsprechende Pflanzen als Unterstützung des Heilprozesses angewandt werden. ZWILLINGE-betonte Heilpflanzen haben vor allem auflockernde, erleichternde, aber auch anregende Wirkung. Ist die MERKUR-/ZWILLIN-GE-Energie blockiert und drückt sich das durch Erkrankung der Atmungswege und -organe aus, kommen zum Beispiel *Veilchen, Wiesenschlüsselblume* oder *Lungenkraut* in Frage. Bei chronischem Desinteresse und Kontakt- oder Kommunikationsschwäche können anregende Pflanzen förderlich wirken. *Kaffee* beispielsweise wäre in bestimmten Grenzen eine mögliche Stimulanz. Nicht zufällig ist er das favorisierte Getränk, das wir bei der Kommunikation mit unseren Gästen (»Kaffeeklatsch«) trinken. Mehr noch als Kaffee entspricht *schwarzer Tee* dem ZWILLINGE-Prinzip. Sein *polares Wesen* erkennen wir darin, daß er anregend oder beruhigend wirken kann, je nachdem, wie lange er zieht. Bei überdrehter ZWILLINGE-Energie, wie Nervosität und Zerfahrenheit, sind die Heilpflanzen desjenigen Tierkreiszeichens anzuwenden, von dem ein Defizit besteht. Zur *Beruhigung* und *Erdung* kommen vor allem STIER-Entsprechungen in Frage: zum Beispiel *Baldrian, Walderdbeere* oder *Echter Lavendel.*

Dies ist als Anregung zu verstehen! Ausführliche Informationen zu diesen und weiteren Heilpflanzen sowie deren Anwendung sind einem guten Lexikon über Heilpflanzen zu entnehmen oder mit einem Naturheilkundler zu besprechen.

Mineralien
Metall: Das *Quecksilber* stellt seinen Bezug zu dem äußerst beweglichen ZWILLINGE-/MERKUR-Prinzip durch den Begriff selbst her. Er leitet sich von althochdeutsch *quecsilbar* ab, was soviel bedeutet wie *lebendiges* Silber. Seine Verbindungen wurden früher als Merkuro- oder Merkuri-Verbindungen bezeichnet. Bei den Alchimisten spielte das Quecksilber eine große Rolle. C.G.JUNG dazu:»Mercurius als Quecksilber eignet sich vorzüglich zur

Charakterisierung des ›liquiden‹, das heißt beweglichen Verstandes.« (»*Grund-werk*«, Band 5).

Edelsteine: *Beryll*; der Bezug dieses Minerals zum ZWILLINGE-Prinzip wird durch die sogenannte Berylliose, eine durch Berylliumverbindungen verursachte, berufsbedingte Erkrankung der *Lunge*, ersichtlich. Da nach dem ZWILLINGE-Prinzip der Polarität Gift und Arznei nur die zwei Seiten ein und derselben Medaille sind, mag das Tragen von Beryllschmuck zur Aktivierung und Stärkung der ZWILLINGE-/MERKUR-Energie beitragen. Vor allem, wenn jemand durch STEINBOCK- oder Erdelement-Betonung eine besondere Verbindung zum Mineralreich hat.

Speisen und Getränke
Hier steht die *Luft* als unser Hauptnahrungsmittel im Vordergrund. Schließ-lich ist es so, daß wir einige Tage ohne flüssige Nahrung, mehrere Wochen ohne feste Speise, jedoch nur wenige Minuten ohne die Atemluft auskom-men. Wenn es von jemandem heißt, daß er/sie hauptsächlich von Luft und Liebe lebt, dann handelt es sich garantiert um einen Zeitgenossen mit Betonung des Luftelementes im Horoskop.

Tabakgenuß durch Rauchen ist ebenfalls eine Entsprechung des Luft-zeichens ZWILLINGE. Häufig wird es als Kompensation benützt, etwa um einen Mangel an Leichtigkeit auszugleichen, oder als Kommunikationsersatz oder -stimulus. Wie schädlich das Rauchen ist, hängt nicht ausschließlich von der Menge der konsumierten Tabakwaren ab, sondern wird auch dadurch bestimmt, ob und wie stark wir damit ein inneres Defizit kompensieren und dadurch das eigentliche Problem aufrechterhalten. Dient uns die Qualmerei hauptsächlich dazu, ein energetisches Defizit im Luftelement zu überdecken, wird sich das früher oder später in einer Erkrankung der Atmungsorgane manifestieren. Entscheidend dabei ist die Feststellung, daß zwar das Rauchen die kausalen Bedingungen für die Krankheit geschaffen hat, die Ursachen jedoch im psychischen Bereich liegen. Rauchende Zeitgenossen, die frei von Problemen mit der Luftenergie sind, werden deshalb weit weniger zu ent-sprechenden Krankheitssymptomen neigen. Vor allem wird dann kaum eine Abhängigkeit vom Glimmstengel bestehen und sich der Nikotinkonsum in Grenzen halten.

Im Bereich der festen Nahrung ist dem ZWILLINGE-Zeichen die soge-nannte *leichte Kost* zuzuordnen, etwa Nudelgerichte oder Blattsalate. Dem ZWILLINGE-Prinzip als Luftzeichen liegt nicht viel an der physischen

Ebene. Das führt bei ZWILLINGE-betonten Mitmenschen dann leicht dazu, daß der Ernährungsbereich (STIER/JUNGFRAU) etwa zugunsten von *Fast food* vernachlässigt wird. Gerade aber für Menschen mit Luftelement-Übergewicht – die vor allem von solcher Art der Speisung angesprochen werden – benötigen als Ausgleich und Erdung eine geruhsamere Art des Essens sowie bekömmliche, nahrhafte Kost.

Das Polaritätsthema findet im Bereich der Nahrung seine Entsprechung auch durch Gerichte mit gegensätzlichen Zutaten, wie etwa bei süß-sauren Speisen.

Getränke mit Betonung im ZWILLINGE-Bereich sind, wie gesagt, vor allem Kaffee und schwarzer Tee mit kommunikativer und anregender Wirkung. Außerdem zählen *jugendbezogene* Drinks wie Limo und Cola, die man zusammen mit Freunden schlürft, dazu.

Literatur/Film

ZWILLINGE-betonte Inhalte haben in erster Linie Informationscharakter oder greifen ZWILLINGE-Themen wie *Jugend, Kommunikation* oder *Gegensatzproblematiken* auf. Ob ein Film, Buch oder Musikstück durch seine Machart die ZWILLINGE-Energie dann auch wirklich vermitteln kann, ist eine andere Frage. Hier entscheidet vor allem der Grad der *Leichtigkeit* und *Offenheit* darüber, wie sehr die ZWILLINGE-Energie angesprochen ist. Die ZWILLINGE-Ebene des Fernsehens entspricht diesem Aspekt der locker-leichten Unterhaltung. Komödien, Komik, Schwänke und Shows rangieren in diesem Bereich, dessen Bandbreite, wie bei allen Branchen, von seicht bis niveauvoll reicht. Zur Entspannung und Erleichterung kann das Konsumieren solcher Sendungen durchaus therapeutischen Wert haben. Vor allem in »schweren Zeiten«, wenn uns Lebensprüfungen heimsuchen, kann es ratsam sein, durch Anschalten mal abzuschalten. Im Übermaß genossen und als Problemverdrängung eingesetzt, entfaltet die »leichte TV-Kost« jedoch ihre Schattenseite. Realitätsentfremdung und Gefühlsabstumpfung sind nicht selten die Folgen davon.

Filme als Medium der ZWILLINGE-Energie haben auf den ersten Blick häufig etwas *Chaotisches*. Auf höherem Niveau beinhalten solche Werke das Anliegen, weniger die Ratio als vielmehr die Intuition und das Assoziationsvermögen des Zuschauers anzusprechen. Verstandeslogik sowie die üblichen Raum-Zeit-Strukturen sind hier häufig außer Kraft gesetzt, die Zeitebenen überschneiden sich, schwanken hin und her und verlieren ihre Eindeutigkeit.

Die Leichtigkeit und Unverbindlichkeit des Daseins spielen vor allem auch in den Hippiefilmen, die in den sechziger Jahren in den USA gedreht wurden, eine zentrale Rolle.

Zur Veranschaulichung des Polaritätsthemas eignet sich beispielsweise der Filmklassiker »*Die Zeitmaschine*« von H.G.WELLS. Wells läßt seinen Zeitreisenden in eine ferne Zukunft der Menschheit gelangen. Was er vorfindet, sind zwei gegensätzliche Rassen. Einerseits die Eloi, sanftmütige aber auch gleichgültige Wesen, die einseitig die Yin-Seite leben. Andererseits die Morlok, welche unter der Erde leben und die Schattenseite – den unterdrückten Yang-Pol – der Eloi verkörpern. Die Eloi sind den Morlok, die als grausame Bestien dargestellt werden, hilflos ausgeliefert. So ist der Film auch für das Individuum eine Warnung davor, die Polarität zu verleugnen und eine Seite der Medaille zu unterdrücken.

Im Gegensatz zu Film und Fernsehen, die unserem Gehirn fertige Bilder vorsetzen, vermag die Literatur um so mehr Vorstellungsvermögen und Phantasie zu beflügeln. Lesen ist in diesem Sinne eine gute Therapie bei einem – wie auch immer gearteten – Mangel an Denkvermögen. Es ist die »reinere« Art der ZWILLINGE-Energie-Übermittlung. Je nach MERKUR-Position im Horoskop variiert unsere Vorliebe für das Gedruckte und seine Inhalte.

ZWILLINGE-betonte Beispiele finden sich leicht bei ZWILLINGE-geborenen Schriftstellern – die Palette reicht von dem Werk eines THOMAS MANN bis hin zu den trivialen Romanen eines HEINZ G. KONSALIK. Zur Gegensatzproblematik bietet sich etwa der literarische Mythos »*Dr. Jekyll und Mr. Hyde*« von ROBERT L. STEVENSON an, der die Trieb-Geist-Polarität behandelt. Das Buch »*Harun und das Meer der Geschichten*« des ZWILLINGE-geborenen Schriftstellers SALMAN RUSHDIE ist ein Werk, das auf märchenhafte Weise das Problem der Dualität von Licht und Schatten, Gut und Böse darstellt. Ein Märchen für Kinder und Erwachsene, das dem Leser auf spannende Weise die ZWILLINGE-Weisheit vermittelt, die Polarität nicht als Widerspruch, sondern als Ergänzung, als Miteinander zu sehen. Sehr empfehlenswert für alle Mitmenschen, die zu Einseitigkeiten neigen; vor allem im ZWILLINGE-Monat eine »nahrhafte Kost«.

Musik

Es ist die »leichte Muse«, deren Skala von *Schlagermusik* bis hin zu den beschwingten *Strauß-Operetten* reicht. Die Fähigkeit des Luftelementes zur *Im-*

provisation und *Assoziation* findet in der Jazzmusik ihren treffenden Ausdruck, wenn die Musiker ohne feste Konzepte frei und intuitiv zusammenspielen (»Session-Charakter«). Mal gehen die Instrumente ihre eigenen Wege, dann begegnen sie sich wieder zu gemeinsamen Rhythmen und Melodien. Für Menschen mit wenig Luftelement und wenig ausgeprägtem Assoziationsvermögen mag diese Art der Musik chaotisch, unmelodiös und unzusammenhängend erscheinen. Nicht zufällig sind berühmte Jazzmusiker, die sozusagen als Repräsentanten des Jazz und dessen verschiedener Richtungen gelten, im ZWILLINGE-Monat geboren, etwa BENNY GOODMAN (30.5.1909), MILES DAVIS (25.5.1926) oder CHICK COREA (12.6.1941).

Gerade durch das Hören von ZWILLINGE-betonter Musik öffnen wir unsere Seele für die leichte, beschwingte Seite des Lebens. Und besonders bei Schwermut, übergroßem Ernst und Sorgensyndrom bietet sich diese Musik an.

Auch in die Traumhandlung kann ein Film, ein Buchtitel oder ein Musikstück eingeflochten sein. Entdecken wir die genannten Kriterien, ist möglicherweise ein ZWILLINGE-Thema damit angesprochen.

Erkennen wir ein Defizit an ZWILLINGE-Energie in unserem Leben oder findet gerade ein MERKUR-Transit statt, der die Integration dieses Archetypen fordert, kann die Beschäftigung mit diesem Prinzip über die genannten Medien hilfreich sein. Auf welchem Level man sich diese Energie »zuführen« will, hängt natürlich vom individuellen Geschmack ab. Da im Video- und Kabel-TV-Zeitalter eine große Auswahl an Filmen zu jeder Zeit verfügbar ist, kann man diese gezielt bei der therapeutischen Arbeit einsetzen. Es geht dabei nicht so sehr darum, ob der Film gefällt, als vielmehr darum, was er innerlich auslöst. Auf astroenergetischen Seminaren, in denen genügend Zeit vorhanden ist und die Erfahrungen auch aufgearbeitet werden können, bietet sich der Einsatz dieses Mediums an. Noch unproblematischer ist es, mit Musik zu arbeiten und die eigenen Reaktionen zu beobachten. Und wie wir alle sicher schon erlebt haben, kann das richtige Buch zur richtigen Zeit vieles in uns bewegen.

ZWILLINGE-Typen und ihre Charaktermerkmale

Allgemein verfügen ZWILLINGE über *sanguinisches* Temperament und sind oft »Ideen-Bummler«, Intellektuelle, »Schelme« oder »Hippies«. Die ZWILLINGE-Entsprechung des Hippietyps wird plastisch von TIMOTHY LEARY beschrieben: »... kleine Wildblumen, die fliegen. Hippies, die orientalischen wie die westlichen, stellen die freieste und farbigste aller Lebensformen dar. Sie sind sehr geschäftig. Sie müssen es sein, damit in den wenigen Jahren, die sie leben, alles erlebt werden kann« (aus: »*Was will die Frau*«).

Entwickelte Charaktere sind oft Persönlichkeiten, die über eine überdurchschnittliche *Objektivität* verfügen (Unparteiische); Freigeister; Frohnaturen und Lebenskünstler, niveauvolle Spaßmacher; Menschen, die über den Dingen stehen können, ohne den Bezug zur Realität dabei zu verlieren.

Unentwickelte ZWILLINGE-Typen sind oft Wolkenkuckucksheim-Bewohner, Klatschtante (oder -onkel), gespaltene oder zerrissene Persönlichkeit, »Klassenkaspar«, »Intelligenzbestie«, Theoretiker ohne Bezug zur Realität, gefühllose Intellektuelle.

Stimmungen, Wetterentsprechungen

Stimmung wie Wetter sind zweideutig. ZWILLINGE-Stimmungen sind leicht und unverbindlich, ebenso wie das ZWILLINGE-Wetter, das sich nicht festlegen mag. Wobei die echte Leichtigkeit dann entsteht, wenn wir die Dinge so zu nehmen vermögen, wie sie eben sind. Das luftige ZWILLINGE-Prinzip ist in der Lage, das Wetter wie die Gefühle (Entsprechungen des Wasserelementes) zu ignorieren – vor allem durch Rückzug in die Welt der Gedanken. Das hat natürlich auch seine zwei Seiten ...

Rituale

Rituale der Kommunikation und Kontaktaufnahme entsprechen dem ZWILLINGE-Zeichen, wie Händeschütteln, Grüßen, Small talk mit der Nachbarin, gesellige Abende, Spiele, Parties, Diskussionen. Vor allem im Orient verbreitet ist das Ritual des Feilschens oder Aushandelns des Warenpreises; da ist es nicht verwunderlich, daß die Neuregelung des deutschen Rabattgesetzes, welches künftig auch in deutschen Läden das Aushandeln des Preises erlaubt, in einem ZWILLINGE-Monat (1994) erfolgte. Und im weitesten Sinne könnten wir auch den Schulbesuch als jahrelanges Ritual der Wissensvermittlung oder Geistesschulung betrachten.

Zeitentsprechungen

Als ZWILLINGE-*Tageszeit* gilt die *fünfte* und *sechste* Stunde nach Sonnenaufgang. ZWILLINGE-Geborene sollten nachprüfen, ob sie in dieser Zeitspanne nicht besonders schöpferische Momente haben.

Bei den *Wochentagen* spielt der *Mittwoch* eine wichtigere Rolle. Im Französischen ist der Zusammenhang zum ZWILLINGE-MERKUR-Prinzip dieses Wochentages im Begriff *Mercredi* noch deutlich. Ereignisse, die an einem Mittwoch in Erscheinung treten, oder Träume, die diesen Wochentag in ihrer Botschaft benennen, stehen möglicherweise in Zusammenhang mit dem individuellen MERKUR-Thema.

Der ZWILLINGE-*Monat* beginnt im *Mai*. In der griechischen Mythologie ist *Maia* die Mutter des Hermes (= Merkur).

Das ZWILLINGE-*Zeitalter* wird 6000 – 4000 v. Chr. in der Jungsteinzeit angesiedelt: die Zeit der *Völkerwanderungen* in Europa; erster *Städtebau* in Mesopotamien.

3
ZWILLINGE-Symbole
in Alltag und Traum

Betrachten wir die Erscheinungen der Welt auf *Symbolebene*, so verlassen wir damit die Dimension der Eindeutigkeiten: Symbole sind in der Regel mehrdeutig! Bei den hier beispielhaft ausgewählten Sinnbildern stand deren ZWILLINGE-Aspekt im Vordergrund; die *zentrale* Bedeutung des Symboles liegt in diesem Tierkreiszeichen. Haben wir im Traum oder in unserer Alltagswirklichkeit mit bestimmten Symbolen zu tun, deuten wir diese im Rahmen der weiteren Traumhandlung, den Einfällen und Assoziationen des Betreffenden dazu sowie dessen aktueller Lebenssituation. Eine allgemeine Einführung in das Symbolverständnis finden Sie im Einführungsband »*Die Rätsel des Lebens*«.

Symbole der Dualität und des Gegensatzes

Das Yin-Yang-Zeichen symbolisiert gleichermaßen die grundlegende Polarität des irdischen Daseins wie auch die Einheit der Pole und ist daher sowohl ein ZWILLINGE- als auch ein FISCHE-Symbol – je nachdem, wie man darauf blickt. Häufig fällt es nicht so leicht, beide Prinzipien auseinanderzuhalten. Zu schnell sind wir dabei, die Einheit zu propagieren, wo doch zunächst die Dualität erfahren werden soll. Auch die Einheit kann es nur geben, wenn als Gegenpol die Nichteinheit existiert. Wir befinden uns gleichermaßen in der Dualität wie in der Einheit; nur eben auf verschiedenen Ebenen. Das Getrenntsein von der Welt erfahren wir durch unser Ichbewußtsein und die Verbundenheit mit dem Universum über das Unbewußte.

Dazu ein Traumbeispiel, »Die drei Delphine«, von einer Seminarteilnehmerin:

»Ich sehe drei Delphine, zwei davon sind an der Schwanzflosse wie mit Füßen aneinandergefesselt. Sie liegen mit dem dicken Oberkörper nach oben gereckt in einem Eimer. Deutlich spüre ich, daß sie sich nach oben aus dem Eimer herauswinden wollen, aber mit dieser Fessel ist das nicht möglich.

Interessant die runden Gesichter der zwei, die Augen sehen aus wie die Zeichen von Yin und Yang. Ein Wärter gibt den beiden Nahrung und streichelt ihnen ab und zu über den Kopf. Der dritte Delphin ist ausgeschlachtet. Ich kann nicht hinschauen, es sind nur noch Herz, Magen und Bauch auf dem ›Seziertisch‹.«

Das Traumbild der aneinandergebundenen Yin- und Yang-Delphine spiegelt ein Problem der Träumerin mit der Polarität des Lebens wider. Wie die Delphine ist sie gefangen. Worin? Wahrscheinlich in einer einseitigen Sichtweise der Dinge. Schließlich können sich Yin und Yang hier nicht entfalten, sondern sind eingebunden – gefesselt durch das Weltbild der Träumerin. Aber warum kommen in diesem Traum drei Tiere vor? Während die Zwei die Zahl der Polarität ist, der Zweiheit des Daseins, bedeutet die Drei die Synthese der Pole. Für sie scheint es jedoch zunächst darum zu gehen, die beiden lebendigen Delphine loszubinden, zu befreien. Bevor eine wirkliche individuelle Synthese stattfinden kann, ist die Akzeptanz und das Aushalten der Polarität nötig. Die Realisation der Drei folgt eben erst nach Integration der Erfahrungsebene der Zwei!

Praktisch gesehen legt der Traum unserer Teilnehmerin nahe, einmal in sich zu gehen und illusionsfrei zu prüfen, wo sie zu einseitigen Beurteilungen neigt, anstatt Pro und Kontra einer Angelegenheit zu berücksichtigen. Da sie ihren Gatten mit dem Wärter assoziierte, wird es wohl vor allem darum gehen, die Partnerschaft objektiv und von zwei Seiten zu betrachten.

Aber auch die Polarität Körper – Geist/Psyche bedarf der Beachtung. Schließlich sind vom Körper des dritten Delphins nur noch drei Teile übrig. Es sind Organe, die mit geistig-emotionalen (Herz) und seelisch-gefühlshaften (Magen, Bauch) Dimensionen verbunden sind. Der Rest des Körpers scheint unter den »Seziertisch« ihrer Wertungen gefallen zu sein. Dieser Traum im ZWILLINGE-Monat beleuchtet das grundlegende Problem der Träumerin mit der Polarität des Lebens. Ihr wird die Notwendigkeit vor Augen geführt, die Dualität zu akzeptieren, beide Seiten der Medaille nebeneinander stehenzulassen ...

Die Dualität des Daseins bedeutet nicht nur die Existenz zweier gegensätzlicher Pole. Jede Seite trägt wiederum keimhaft den Gegenpol in sich; die männliche Seite somit den weiblichen Aspekt und umgekehrt. Das universelle Yin-Yang-Symbol drückt das durch den schwarzen Keim im weißen Bereich und der Keimzelle des Weiß auf der schwarzen Seite aus.

Erscheint uns das Yin-Yang-Symbol im Traum, können wir das ge-träumte Bild mit dem realen vergleichen. Überwiegt eine der beiden Seiten von der Ausdehnung her, dann kommt damit wahrscheinlich ein Ungleichgewicht zwischen den Polen zum Ausdruck. Andererseits kann dieses Traumbild auch auf die individuelle Yin-Yang-Verteilung innerhalb dieser Inkarnation hinweisen. Anhand eines bestimmten Berechnungsmodus lassen sich die persönlichen Yin-Yang-Werte annähernd analysieren (siehe dazu auch die Darstellung der *Mandala-Elementen-Analyse* von HANS TAEGER im JUNGFRAU-Band).

Geschwister verkörpern auf zwischenmenschlicher Ebene den »klassischen Gegensatz«. Nicht zufällig erleben wir Bruder oder Schwester äußerst gegensätzlich zu uns selbst. Geschwisterträume sind daher häufig auch auf der Subjektstufe zu deuten und bringen dem Träumer die andere, bislang möglicherweise zurückgedrängte Seite nahe. Alles im Universum strebt nach Ausgleich! Wenden wir dieses grundlegende kosmische Prinzip auf die Familie an, dann verwundert es nicht, wenn Geschwister unbewußt Gegenpositionen einnehmen. Die Lebensaufgabe besteht dann darin, diese beim

anderen wahrgenommene – weil sich selbst nicht zugestandene! – Gegenseite
wieder zu integrieren.

Träume, in denen unsere Geschwister uns zur Hilfe kommen, sind daher
äußerst günstig zu beurteilen. Haben wir keine leiblichen Brüder oder
Schwestern, dann wird diese Rolle eben eine unbekannte oder andere geeig-
nete Person einnehmen. Träumen wir von real existierenden Geschwistern,
dann sollten wir unsere Gedanken um die Erfahrungen kreisen lassen, die wir
mit ihnen in Kindheit und Jugend gemacht haben. Fragen wir uns, wie wir
sie erlebt haben, welche Gegensätze sich zwischen uns aufgetan haben und
welche innerpsychischen Wesensseiten sie für uns repräsentieren. Anschließend
versuchen wir, diese seelischen Aspekte in uns nachzuspüren und dadurch
Kontakt aufzunehmen. Wir werden erleben, daß der innere Bruder oder die
innere Schwester uns viel zu sagen haben, wenn wir etwa einen solchen Traum
aufgreifen und diesen in unserer Phantasie weiterspinnen.

Neben den Geschwistern kann natürlich auch jedes andere *Gegenpaar* einen
Gegensatz symbolisieren. Katz und Maus, Hund und Katze, Schwarz und
Weiß, Mann und Frau, Engel und Teufel sind bekannte Gegenpaare, die,
wenn sie geträumt werden, auf ihre Bedeutung als Polaritäten zu untersuchen
sind. Der Traumkontext sowie die Einfälle des Träumers geben Aufschluß
darüber, ob der betreffende Gegensatz akzeptiert wird oder ob ein Ungleichgewicht besteht. Die Beantwortung folgender Fragen kann uns dabei helfen:
Welche Seite nimmt im Traum mehr Raum ein? Wie verhält sich das Traum-
Ich zu den Vertretern der Polarität? Zu welchem fühlt es sich mehr hingezogen? Wie ist deren Zustand, beziehungsweise in welcher Lage befinden
sich die jeweiligen Objekte? Wie sind die Gefühle des Träumers dazu?

Wird eine gerade zur Debatte stehende Polarität akzeptiert (zum Beispiel
zwischen den eigenen lichten und dunklen Seiten), wird sich das im Traum
entsprechend ausdrücken. Etwa in einem gleichberechtigten Nebeneinander
der Traumfiguren. Aber auch geometrische Anordnungen, wie ein *Schachbrett-
muster*, können den Träumer auf das Vorhandensein oder die Integration der
Gegenpole hinweisen.

Auf Zahlenebene ist die Zahl *Zwei* Ausdruck der Dualität. Wird diese
Zahl in der Traumbotschaft genannt, ist der Traum vor dem Hintergrund der
Dualität zu betrachten. Haben wir zum Beispiel für etwas 2 DM (oder 20,
200, 2000 ... – die Nullen haben hier meist keine Bedeutung) zu bezahlen, ist

häufig unser Energieeinsatz zur Integration oder Überwindung eines Gegensatzes gefordert.

Eine *Glocke* oder ein *Pendel* kann das Hin-und-her-Schwingen zwischen den Extremen beziehungsweise Polen symbolisieren. Wenn wir von der Entwicklung des Menschen reden, vergleichen wir diese häufig mit dem Bild eines schwingenden Pendels, um ein Ausufern in Extreme zu verdeutlichen. Die Form der Glocke stellt mythologisch gesehen das Himmelsgewölbe dar. Ihr Klingen und Läuten kann in dieser Hinsicht als Bestätigung oder auch Warnung aus höheren Regionen zu verstehen sein. Glocken erklingen bei uns sowohl zu fröhlichen Anlässen (Hochzeit, Taufe) als auch zu traurigen (Beerdigung). Kleine Glocken, die im Wind läuten (Glocken- oder Windspiele) bringen einen »Hauch zarter Geistigkeit« in unsere Welt.

Eine *Schaukel* kann wie das ausschlagende Pendel das Hin und Her beziehungsweise Auf und Ab des Lebens verkörpern. Beim Schaukeln wird auf spielerische Weise deutlich, daß sich die Gegensätze bedingen, daß die Aufwärtsbewegung automatisch die Abwärtsbewegung nach sich zieht, daß beide Bewegungsarten sich ergänzen und doch nur getrennt, nacheinander, empfunden werden können, wie Tag und Nacht und alle anderen Polaritäten. Dazu ein Traumbeispiel:

»Ich bin in einem Kaufhaus im Untergeschoß und befinde mich auf der Suche nach einem Geschenk, als ich registriere, daß ich dabei auf einem Schaukelpferd (das unseres Sohnes) ›reite‹. Durch die Schaukelbewegungen – auf und ab – bewege ich mich vorwärts. Der Kaufhausdirektor, der mich sieht und über meine Art der Fortbewegung verwundert ist, scheint nichts dagegen zu haben. Ich sage zu ihm, daß es dem Bodenbelag nichts schadet. Es gibt einen Mechanismus in dieser Abteilung, mit dem man die Warenregale wegklappen und wieder hervorholen kann. Aus irgendeinem Grund, möglicherweise um Energie zu sparen, wird dieser Mechanismus von den Verkäuferinnen betätigt, und mal werden die Sachen hervorgeholt, dann wieder weggeschlossen.«

Dieser Traum aus einem ZWILLINGE-Monat verquickt zwei ZWILLINGE-Entsprechungen in einem Bild. Das Schaukelpferd ist zum einen ein Kleinkindspielzeug und verweist den Träumer darauf, die *spielerische* Seite des Lebens mehr zu beachten, das Dasein nicht so bierernst zu nehmen. Und das Schaukeln ist ein Hinweis dafür, mit dem Auf und Ab des Lebens mitzuschwingen anstatt dagegen anzukämpfen. Der Traum wollte dem Teilnehmer in einer schwierigen Prüfungszeit (SATURN-Transit auf die Natal-SONNE) Mut machen, sich nicht gegen die Erfahrungen zu stemmen, sondern mitzugehen, das Hin und Her dieser Phase zu akzeptieren und dadurch vorwärtszukommen.

Das Schaukelpferd symbolisiert auf treffende Weise den engen Zusammenhang zwischen den ZWILLINGE-Entsprechungen der spielerischen Leichtigkeit und dem Akzeptieren der Polarität. Spielerisch leicht erfahren wir das Leben dann, wenn wir die Gegensätze zulassen und integrieren, anstatt uns auf eine Seite zu stellen. Sonst kämen ja auch keine Schaukelbewegungen zustande – Stillstand wäre die Folge! Statt dessen zeigt das Schaukeln, wie sehr sich die Pole bedingen, ergänzen und Bewegung erzeugen.

Ein weiterer Aspekt der Dualität findet sich in diesem Traum im Wegklappen und Hervorholen der Waren. So ist das Leben eben, daß es uns manchmal all seine Fülle präsentiert und dann wieder der Eindruck entsteht, alle Schätze dieser Welt bleiben uns vorenthalten. Auch hier brauchen wir nicht zu verzweifeln. Wie das mit der Polarität eben so ist, folgt auf jeden Höhepunkt eine Abwärtsbewegung, auf jeden Tiefpunkt automatisch ein erneuter Aufwind. Der Traum macht deutlich, daß es einfach zu energieaufwendig wäre, hätten wir permanent die Fülle des Lebens zur Auswahl.

Das Untergeschoß als Traumort legt nahe, daß sich diese Themen im Unbewußten abspielen und sich dort vorbereitet, was dann später ins Bewußtsein eintreten und integriert werden will ...

Auch das Bild einer *Welle* ist dazu geeignet, die Dualität des Lebens auszudrücken. Wer schon am Meer gewesen ist und das Wellenspiel am Ufer beobachtet hat, wird darin den Rhythmus beziehungsweise das Wechselspiel der Pole erkannt haben. *Ebbe* und *Flut* sind die zwei Seiten einer Medaille, die wir Leben nennen. Vergleichen wir die wechselnden Erfahrungen unseres Daseins mit den Gezeiten des Meeres, bringen wir vielleicht eine größere Akzeptanz für die Notwendigkeit beider Seiten auf. Flut, also Fülle, ist eben relativ und nur im Zusammenhang mit Ebbe beziehungsweise Leere als solche wahrzunehmen. Seien wir also nicht mutlos, wenn wir gerade eine Ebbephase durchmachen – die nächste Flut kommt bestimmt. Anklammern an eine der beiden Seiten muß ebenso vergeblich bleiben wie der Versuch, die Gezeiten aufzuhalten. Sie kommen mit Regelmäßigkeit und Notwendigkeit,

Das Spiel der Wellen lehrt uns noch eine weitere ZWILLINGE-Lektion:
Je stärker die Rückflußbewegung des Wassers, desto intensiver die Bran-
dung...

Symbole der Kommunikation
und des Austausches

Die allgegenwärtigen *Massenmedien* (Radio, Fernsehen, Zeitung) versorgen
beziehungsweise bombardieren uns nahezu pausenlos mit Informationen,
Nachrichten, Neuigkeiten und halten uns dadurch auf dem laufenden. Durch
sie ist die Welt »kleiner« geworden, näher zusammengerückt, da aus so gut
wie allen Teilen der Erde Bilder und Botschaften zu uns ins Wohnzimmer
dringen und drängen. Oberstes Gebot der *Nachrichten* ist das MERKUR-
Prinzip der Objektivität und Neutralität. Einseitige Darstellungen werden
dem Anspruch auf wertneutrale Informationsvermittlung nicht gerecht, sondern beeinflussen den Empfänger in eine bestimmte Richtung. Darstellungen von Situationen oder von Mitmenschen sollten umfassende Informationen, also alle verfügbaren und relevanten Daten und Gesichtspunkte enthalten, damit sich der Informationsempfänger sein eigenes Bild davon machen
kann. Die Schnelligkeit der Übermittlung von Bild und Ton bei Radio- und
Fernsehübertragungen ist ein modernes Beispiel für die blitzartige Geschwin-
digkeit der merkurianischen Ebene. Ebenso rasant versorgt uns Götterbote
MERKUR mit den inneren Nachrichten der *Gedanken.*
   Sitzen wir im Traum vor dem *Fernseher* oder im *Kino,* dann wird uns in der
Regel etwas gezeigt, das für uns von besonderer Bedeutung ist. Im Gegensatz
zur realen »Glotze« wird hier unser »individuelles Programm« gesendet, das
wir uns genau anschauen sollten, um uns ein klareres Bild von einer Situation,
einer Person oder von uns selbst machen zu können. Auch die Nachrichten,
welche das Traumradio sendet, sollten wir uns zu Herzen nehmen. Empfangs-
störungen sollten wir als Hinweis ansehen, daß wir möglicherweise für die
inneren Botschaften verschlossen sind und die Kommunikation zwischen
dem Unbewußten und dem Bewußtsein nicht richtig funktioniert.
   Eine Teilnehmerin hörte im Traum folgende Radiomeldung: »Die heimi-
sche Sportmannschaft kann mit M. einen spektakulären Neuzugang melden.« Durch dieses Traumstück in einem ZWILLINGE-Monat erhielt die
Träumerin eine wichtige Information aus »inneren Kanälen«. M. ist ein von

ihr bewunderter und verehrter Sportler aus einer anderen Stadt. Für die Träumerin ist er mittlerweile auf der Subjektstufe zur Symbolfigur ihres neu erwachten Animus avanciert. Sein »traumhafter« Wechsel in ihre Heimatstadt läßt sie wissen, daß die männlich-aktive (Trieb-)Seite nähergerückt ist.

Ein raumübergreifendes Kommunikationsmittel ist das *Telefon*. Im Traum hat das Telefonieren daher meist die Bedeutung einer (versuchten) Kontaktaufnahme, die sich auf reale Menschen beziehen kann (Objektstufe) oder auf die (notwendige) Kommunikation mit einer inneren Wesensseite (Subjektstufe) hinweist. Für die Deutung ist ausschlaggebend, mit wem ich telefoniere beziehungsweise telefonisch in Kontakt treten will und ob die Verbindung zustande kommt. Häufig passiert es ja, daß wir die Telefonnummer im Traum nicht finden können oder daß der Anschluß nicht klappt. Dann sollten wir uns aber fragen, ob hier eine Kommunikationsstörung vorliegt, die überwunden werden sollte, oder aber eine Verbindung nicht sinnvoll ist. Sind wir im Traum beispielsweise in einer Bedrängnis und wollen – ohne Erfolg – die Polizei anrufen, dann kann das bedeuten, daß wir eine bestimmte Angelegenheit selbst lösen sollen. Klappt hingegen die Verbindung zu engen Bezugspersonen nicht, liegt der Schluß nahe, daß es sich dabei um eine Blockade in dieser Beziehung handelt. Im sprichwörtlichen Sinne können wir uns dann fragen, ob die »Leitung« zum anderen blockiert ist oder ob wir etwa keinen »Draht« (mehr) zu dieser Person haben.

Telefon und Funkgerät sind gleichzeitig Sender und Empfänger. In der Traumbotschaft können diese daher auch auf ein Ungleichgewicht zwischen den beiden Polen *Senden* (aktive Seite) und *Empfangen* (passives Element) hinweisen. Etwa wenn wir nur reden (senden), aber nicht zuhören, was unser Gesprächspartner zu sagen hat.

Briefe sind Botschaften. Wenn die Traumseele uns auf den Botschaftscharakter der Träume oder eines bestimmten Traumes hinweisen will, kann dies durch das Traumbild eines zugestellten Briefes geschehen. Wenn wir es schaffen, die Traumbriefe zu lesen und deren Inhalt ins Wachbewußtsein herüberzuretten, können uns interessante Dinge klarwerden.

Die *Engel* werden hier in ihrer Eigenschaft als Götterboten betrachtet. Die Flügel sind Symbol ihres Luftelementes beziehungsweise ihrer Zugehörigkeit zur geistigen Dimension. Der biblische Traum des Jakob von der

Himmelsleiter ist ein Beispiel dafür, wie wir durch die Engel in Kontakt mit den lichten Höhen des reinen Geistes stehen (könnten). Indem die Engel über die (geistige) Himmelsleiter auf unsere irdische Ebene herabsteigen, übermitteln sie uns eine Ahnung von den göttlichen Sphären jenseits des begrenzten physischen Daseins – wenn wir dafür offen sind.

Die *Hand* ist ein vielschichtiges Symbol, dessen ZWILLINGE-Aspekt der römische Rhetoriker QUINTILIAN folgendermaßen ausdrückte: »Man könnte fast sagen, die Hände können sprechen! Benutzen wir sie nicht, um zu verlangen, zu versprechen, herbeizurufen, zu verabschieden, zu drohen, zu flehen, Widerwillen oder Furcht auszudrücken, zu bitten oder zu versagen?«
Um unsere Gedanken in Schriftform festzuhalten, bedürfen wir der Hand als Werkzeug. Ist die Hand im Traum verletzt oder behindert, kann das auf »*Handlungsschwäche*« oder Ausdrucks- und Kommunikationsprobleme hinweisen.

Stifte beziehungsweise die *Schreibmaschine* sind Mittel zum individuellen schriftlichen Ausdruck. Wollen wir unsere Gedanken »festhalten«, bedienen wir uns ihrer. Geht uns ein Stift im Traum verloren, ist uns möglicherweise ein Stück Selbstausdruck verlorengegangen oder unser Kommunikationsfluß mit der Welt ist in irgendeiner Weise behindert. Eine Teilnehmerin, die im Traum ihren roten Füller zurückerhielt, hatte eine Phase der Kommunikations- und Kontaktschwäche überwunden.

Buchstaben und *Worte* bilden die Grundlage unserer Sprache. Träumen wir von einem bestimmten Buchstaben oder Wort, sollten wir unsere Gedanken darum kreisen lassen oder auch ganz spontan aufschreiben, was uns dazu alles in den Sinn kommt, etwa lauter Worte, die mit dem geträumten Buchstaben anfangen. Der Buchstabe A als Beginn unseres Alphabetes markiert häufig einen neuen Start, während das Z auf ein Ende hinweisen kann. Ist uns ein geträumtes Wort unbekannt, lohnt sich meist der Blick in ein Lexikon. Auch wenn wir meinen, noch nie davon gehört zu haben, ist es durchaus möglich, daß der Traumregisseur dieses Wort aus seiner Requisitenkammer (des großen »Gedächtnisses des kollektiven Unbewußten«) zieht. Möglicherweise muß das Wort auch etwas modifiziert werden, um einen Sinn zu ergeben. Die spontanen Einfälle des Träumers sind hier besonders wichtig.

Der *Mund* gilt als Sprachrohr unserer Gedanken, Gefühle und Impulse. Als »Organ« unserer verbalen Sprache hat er, in Verbindung mit Zunge, Luftröhre und Kehlkopf, auch entsprechende symbolische Bedeutung. Ein verschlossener oder fehlender Mund im Traum mag auf Sprachlosigkeit hinweisen, kann aber auch als kompensatorischer Hinweis für eine »Klatschbase« dienen, sich im Reden und Tratschen einzuschränken.

Symbole des Lernens und Denkens

Träume im Zusammenhang mit der *Schule* sind häufig. Sie treten meist dann in unser Bewußtsein, wenn in unserer momentanen Lebenslage eine neue Lektion für uns angezeigt ist. Müssen wir nachsitzen oder eine Klasse wiederholen, haben wir anscheinend noch einiges dazuzulernen. Worum es geht, entnehmen wir dem weiteren Traumkontext und unserer aktuellen Lebenslage. Es handelt sich dabei weniger um theoretisches Wissen als vielmehr um allgemeinmenschliche Lebensthemen.

Träume von der Schule weisen aber auch häufig auf unsere eigene, meist längst vergangene Schulzeit hin. Vor allem, wenn wir aus dieser Zeit noch ungelöste Konflikte mit dem ZWILLINGE-Archetypen in uns tragen, werden wir in die Schule unserer Jugendzeit zurückgeschickt, um zu realisieren, wo es damals im argen lag, wo uns Lehrer, Mitschüler oder das Schulwesen insgesamt blockiert oder gefördert, angeregt oder gequält haben. Unerlöste ZWILLINGE-Entsprechungen wie mangelnde Objektivität, Interesselosigkeit oder blockierte geistige Beweglichkeit haben häufig ihre Wurzel in dieser Lebensphase ...

In spiritueller Hinsicht wird unser Erdendasein mit dem Aufenthalt in einer großen Schule dargestellt, in der wir unsere Lebenslektionen lernen und absolvieren.

Der ZWILLINGE-Aspekt der *Bücher* ist die Verkörperung des theoretischen Wissens und der Theorie an sich. Kopflastige Zeitgenossen dürfen sich nicht wundern, wenn ihnen im Traum die Bücher abhanden kommen, weggenommen werden oder sie dazu aufgefordert werden, unnötigen theoretischen Ballast abzuwerfen. Ein Beispiel ist der Traum »Fahrrad verkehrt«, der im Einführungsband gedeutet ist. In diesem Traum behinderte ein unter den Arm geklemmter Stapel Bücher den Träumer am Vorwärtskommen.

Eine Träumerin, welche sehr kopflastig an die Esoterik herangegangen war und theoretisches Wissen verherrlichte, fand sich im Traum in einem Buchladen wieder. Allerdings stellte sie fest, daß nur ihr Oberkörper anwesend war. Sie hatte schlichtweg die untere Hälfte – Symbol für den Gefühlsbereich – vergessen beziehungsweise verdrängt.

Mathematik oder *mathematische Formeln* sind Medium zur Förderung und zum Training des abstrakten Denkens. Im Traum können sie daher dazu auffordern, eine Angelegenheit von ihrer abstrakten, allgemeinen Seite her zu betrachten. Einem allzugroßen Theoretiker dagegen mag das Gegenteil nahegelegt werden. Formeln und Gleichungen sind – allgemein gesagt – Rätsel, die es zu lösen gilt. Sie können daher auch als Aufforderung und Hinweise verstanden werden, ein akutes Problem anzugehen.

Der *Kopf* – als Sitz des Gehirns und damit der Gedanken – symbolisiert im Traum häufig das Denken an sich. Kopflastige Zeitgenossen dürfen sich nicht wundern, wenn sie im Traum enthauptet werden. Im Gegensatz zu solchen Mitmenschen, die eher dazu neigen, »kopflos« zu handeln, ist es bei »verkopften« Typen zuweilen günstig, wenn diese mal vorübergehend »ihren Kopf verlieren«. Auch der Zustand des Haupthaares kann auf unseren Bezug zur intellektuell-geistigen Ebene hinweisen.

Der *Himmel* verkörpert – neben seiner FISCHE-Bedeutung als Symbol der Transzendenz und Einheit – das »luftige« Geist-Wesen der ZWILLINGE.

Symbole der Offenheit und Objektivität

Die *Tür* ist die Verbindungsstelle zwischen Innen- und Außenwelt und steht symbolisch als Scheidepunkt zwischen den Polen Yin und Yang. Eine *offene Tür* im Traum verkörpert – je nach Kontext – richtige oder falsch verstandene Offenheit (»Torheit«) des Träumers.

Das Wappen des ZWILLINGE-geborenen *Albrecht Dürer* ziert eine offene Türe; der Familienname »Dürer« kann unschwer mit »Türe« assoziiert werden. Und in der Tat war der geniale Maler des ausgehenden Mittelalters wie eine offene Türe, durch die sein Genius aus- und eingehen konnte. Bedenken wir zudem, daß unser Begriff *Tor* gleichermaßen für Pforte wie für Narr stehen kann, sehen wir den engen Zusammenhang zwischen Offenheit und Torheit. Letztere Eigenschaft, die wir häufig nur negativ bewerten, ist jedoch – bei gleichzeitig vorhandenem Realitätssinn – eine Qualität, aus der vor allem künstlerisch tätige Menschen schöpfen; eben eine *Tor*heit, deren »flexible Ratio« den Kreativitätsstrom nicht blockiert.

Als ein weiteres Beispiel für positive Torheit – als erlöste ZWILLINGE-Entsprechung – wäre Parzifal zu nennen, welcher als »reiner Tor« als einziger in der Lage ist, den kranken Gralskönig Amfortas zu erlösen.

Das *Objektiv* einer Kamera ist ein beliebtes Symbol, wenn es darum geht, daß wir eine Angelegenheit oder Mitmenschen objektiver betrachten sollten. Träumen wir von einem Weitwinkelobjektiv, ist eine Gesamtschau der Dinge gefordert, während Teleobjektive auf notwendige Detailbetrachtungen verweisen. Ist das Objektiv verschmutzt, ist unsere Objektivität getrübt.

Symbole der spielerischen Leichtigkeit und des Luftelementes

Ein wesentlicher Aspekt des vielschichtigen *Kind*-Symboles ist dessen *spielerische* Seite. Kind und Spiel bilden eine Einheit. Die Wiederentdeckung der spielerischen Seite im Erwachsenen kommt daher häufig der Rückbesinnung auf das innere (verdrängte) Kind gleich. Ausführlicher ist dieses Symbol im WIDDER- und im STIER-Band beschrieben.

Spiele und *Spielsachen* treten häufig als Symbole der spielerischen Seite des Lebens auf. Ob wir das Spiel des Lebens mitspielen oder das Spielen verlernt haben, lassen uns jene Träume wissen, die um Spiele oder Spielsachen kreisen. Dazu ein Traumbeispiel aus einem ZWILLINGE-Monat:

»In einem Bauernhof sehe ich auf einen Lindenbaum einen Spielzeugtraktor, der Loopings schlägt. Gleichzeitig geht der Bauer über den Hof und führt einen Ackergaul am Zügel.«

In einer bäuerlichen Großfamilie aufgewachsen, mußte der Träumer schon frühzeitig als Kind bei der Bestellung der Landwirtschaft mithelfen. Die

spielerische Seite des Lebens kam dadurch zu kurz. Im Traum ist der Spielzeugtraktor für den Träumer unerreichbar hoch auf einem Baum. Er überschlägt
sich, wie sich der Träumer als Kind gefühlt haben muß, wenn er neben seinen
schulischen Verpflichtungen regelmäßig zu Arbeiten am elterlichen Hof
herangezogen wurde. In dem Ackergaul, der im Traum vorgeführt wird,
spiegelt sich wider, wieviel er in seinem Leben zu »ackern« hatte, und als
STIER-Geborener neigte er dazu, sich damit zu identifizieren. Der Spielzeugtraktor will dem Träumer signalisieren, die Arbeit *spielerischer* zu bewältigen,
anstatt sich zu »überschlagen«. Andererseits läßt sich vermuten, daß »Bewegung« in diesen Lebensbereich gekommen ist, vor allem seit der Teilnehmer
begonnen hat, sich durch die Träume besser kennenzulernen. Er arbeitet
daran, einseitiges Verhalten abzubauen und der vernachlässigten Seite – hier
dem spielerische Aspekt des Lebens – mehr Raum zu geben.

Häufig sind es auch *Ballspiele*, die das »Spielerische« an sich meinen. Ein
Auszug aus meinem »Sommercamptraum« – geträumt in einem ZWILLIN-
GE-Monat – soll das unterstreichen:

»Ich bin auf dem Weg zu einem buddhistischen Sommercamp. Es scheint
auf einer Insel zu sein, in einem großen, halbverwilderten Gebäudekomplex,
der recht geheimnisvoll wirkt. Um zu den Veranstaltungen – den Belehrungen und Meditationen mit Meistern aus Asien – zu gelangen, muß man sich
ins Innere des Häuserkomplexes begeben ... Es ist nicht leicht, den richtigen
Eingang des Hauses zu finden. Während das bei einigen schnell und leicht zu
gehen scheint, sind ich und andere schon umständlicher zu Gange ... Schließlich nehme ich meinem Mut zusammen und lasse mich in einen Tunnel
gleiten. Es ist ein Gefühl, endlos in die Tiefe zu sinken ... Endlich gelange ich
ins Freie, und die Gegend hat jetzt schon viel mehr Ähnlichkeit mit dem
Veranstaltungsort. Er befindet sich neben einem Fußballplatz, wo gerade ein
Spiel ausgetragen wird. Für mich ist das ein krasser Gegensatz zu den
geistigen Veranstaltungen, die gleich nebenan stattfinden. Plötzlich habe
auch ich einen Fußball vor meinen Füßen und spiele mit Kindern, die mir
versuchen den Ball abzujagen. Dann wache ich auf.«

Dieser Traum markiert einen wichtigen Anfangspunkt meiner eigenen Traum-
arbeit. Er spiegelte ein damals grundlegendes Lebensthema wider, nämlich
meinen Zwiespalt zwischen der spirituellen und der spielerischen Seite des
Lebens. Als SCHÜTZE-Geborener neigte ich im Übermaß dazu, nach der
Sinnhaftigkeit aller Dinge und Handlungen zu fragen. Spiritualität war lange
Zeit etwas, das nichts mit dem Alltagsleben gemein hatte.

Dieser Traum rückte meine damalige einseitige Einstellung zurecht. Nach umständlicher Suche auf dem Weg zu den geistigen Belehrungen finde ich mich statt dessen auf einem Fußballplatz wieder. Die Traumseele unterstrich damit die Notwendigkeit, spielerischer an die Selbsterfahrung beziehungsweise an den »spirituellen Trip« heranzugehen. Statt Meditation war Fußballspielen angesagt. In symbolischer Hinsicht eben ein Ausdruck davon, daß ohne die Entwicklung einer unverkrampften, lockeren, spielerischen Geisteshaltung auch geistige Disziplinen und Übungen keine segensreiche Wirkung zu entfalten vermögen.

Eine ausführlichere Darstellung und Deutung dieses Traumes findet der interessierte Leser in dem Buch »*Aus Träumen lernen*« von HILDEGARD SCHWARZ.

Das *Kartenspiel* dürfte die populärste Spielart der Erwachsen sein. Können wir akzeptieren, wie die Karten fallen, oder ärgern wir uns, wenn wir ver-lieren? Als Glückspiel verstanden, weist es auf die enge Verbindung zwischen der spielerischen Daseinsebene und dem Glücksempfinden hin.

Die *Feder* steht für Leichtigkeit, Freiheit; in mythologischer Hinsicht symbolisiert das Tragen von Federschmuck, die Kraft, das Wissen und die transzendente Erkenntnis der Vögel zu besitzen. Das Finden von Federn im Traum ist von daher häufig als Zugewinn dieser Qualitäten zu verstehen. Entweder sollen wir das Leben leichter nehmen (»leicht wie eine Feder«), oder wir erfahren eine Bestätigung in dieser Hinsicht.

Fliegen im Traum bedeutet in positiver Hinsicht die Befreiung von den irdischen Beschränkungen (Materie, Ratio, Schwerkraft). Befinden wir uns mit oder ohne *Fluggerät* (Flugzeug, Ballon oder ähnliches) in den Lüften, stehen wir »über den irdischen Dingen«. Indem wir die »Vogelperspektive« einnehmen, gewinnen wir einen Überblick über unsere Lage und vermögen diese *objektiver* zu sehen. Ist unser Abheben jedoch eine Flucht »vom Boden der Tatsachen«, sollten wir zu unserer Lebensrealität zurückkehren. Die Aufarbeitung des betreffenden Problems wäre dann die Grundlage für »befreites Fliegen«, ohne Landungsängste.

Vögel symbolisieren häufig die Gedanken, die frei am Himmel (des Geistes) schweben; Näheres dazu im zweiten Kapitel, »Entsprechungen im Tierreich«.

Der *Drache* stellt ein Symbol mit gegensätzlicher Bedeutung dar: Im Westen verkörpert er häufig das Chthonische, »Böse« (SKORPION), im Orient jedoch die gütige himmlische Macht (Luftelement beziehungsweise ZWILLINGE). In China war der Drache als Sohn des Himmels das Zeichen des Kaisers. Die folgende Abbildung – das von der Künstlerin ELVIRA WALSCH nachempfundene ZWILLINGE-Zeichen – rückt das Drachensymbol als Verkörperung dieses Luftelementes und seiner Kraft in den Vordergrund.

Blasinstrumente, und hier vor allem die *Flöte*, sind »Gefäße«, durch die das Luftelement (der Geist) hindurchtönt. Zarte Flötenklänge vermitteln Leichtigkeit, ein schwebendes Gefühl.

Der *Tanz* beziehungsweise *Tanzen* hat neben seinem rituellen Charakter vor allem auch Bedeutung als symbolische Imitation des »göttlichen Spieles der Schöpfung«. Im Traum zu tanzen hat fast immer positive Bedeutung und verbindet den Träumer mit der rhythmisch-spielerischen Dimension des Lebens.

Wind, Rauch und *Gas* sind Ausdrucksweisen des Luftelementes. Je nach deren Erscheinung im Traum sind wir mit der erlösten oder unerlösten Seite dieses Elementes konfrontiert. Stehen die Segel unseres Traumschiffes gut im Wind, mag das auf eine geistige Beflügelung hinweisen. Stecken wir dagegen in einer Flaute fest, ist das möglicherweise ein Ausdruck mangelnder Anregungen oder geistiger Trägheit. Benutzen wir Helium, um per Traumballon aufzusteigen und die Schwerkraft zu überwinden, ist damit häufig eine Erleichterung gemeint. Ist dagegen Giftgas im Spiel, sollten wir darauf achten, die Seele nicht durch das Hereinlassen von »giftigen« Gedanken zu verschmutzen. Der Konsum von Rauchwaren, das Rauchen im Traum, kann von der Bedeutung der Friedenspfeife bis hin zu dem berüchtigten »blauen Dunst«, den wir uns vormachen, reichen.

Wind oder Luft sind häufig ein Symbol für den *Geist*, der weht, wie er will und wohin er will – unberechenbar, unkontrollierbar, spontan.

Ein *Wanderer* bedeutet, unterwegs zu sein, jedoch nicht im zielgerichteten Sinne, wie das etwa beim Pilger der Fall ist. So steht der Wanderer für den *Weg* an sich, für das *Hier und Jetzt* der Gegenwart, für Freiheit und Ungebundenheit.

4
Was bedeuten alltägliche und historische Ereignisse im ZWILLINGE-Monat (21.5. – 21.6.) wirklich?

Um die *zentrale* Bedeutung von Situationen und Geschehnissen zu erkennen und Hintergründe leichter zu durchschauen, blicken wir auf den Zeitpunkt, wann diese *erstmals* in Erscheinung getreten sind. Für den bestimmten Geburtsmoment eines jeden Ereignisses können wir ein sogenanntes Ereignishoroskop erstellen, das uns die Wesensart des Geschehens besser erkennen läßt. Für unsere Zwecke genügt es, die SONNEN-Position im Tierkreis (das »Sternzeichen« des Ereignisses) heranzuziehen, um die Situation in ihrer *Ganzheit* und das *zentrale* Thema des Geschehens zu erfassen. Wir deuten die Ereignisse vor dem Hintergrund des Tierkreiszeichens, das die SONNE zu deren »Geburt« gerade durchwanderte. Die SONNE *beleuchtet* und *durchleuchtet* in besonderem Maße die Thematiken, die mit diesem Sternzeichen zusammenhängen. Nicht zufällig läßt der Volksmund in einer Redensart verlauten: »Die Sonne bringt es an den Tag.« Das *Zentralgestirn* unseres Sonnensystems verkörpert die zentralen Lebensthemen, die dem Tierkreiszeichen angehören, das die Sonne gerade »transitiert« (durchwandert).

Es ergeben sich nun zwei verschiedene Blickwinkel der astroenergetischen Betrachtung von Ereignissen. Zum einen haben – wie eben dargestellt – alle Ereignisse, die in der ZWILLINGE-Phase des Jahres *neu* geboren werden, schwerpunktmäßig ZWILLINGE-Qualitäten, die mehr oder minder erlöst oder unerlöst vor den unterschiedlichsten Kulissen ausagiert werden. Zum anderen beleuchtet in dieser Zeit des Jahres die SONNE auch alle bereits laufenden, schon vorher existierenden Aktivitäten (wie auch uns selbst) vom Standpunkt des ZWILLINGE aus. Wir können diese Zeit nutzen, um der Lösung unseres individuellen ZWILLINGE-Rätsels einen Schritt näher zu kommen.

Bei zukünftigen Aktivitäten, auf die wir zeitlich einen gewissen Einfluß haben (etwa bei einem Reisebeginn), können wir uns fragen, ob unsere Wünsche und Vorstellungen innerhalb des ZWILLINGE-Monats realisierbar sind, das heißt, ob die gewählte *Zeitqualität* unseren eigentlichen Bedürfnissen gerecht wird. Es kommt eben darauf an, was wir wollen! Legen wir Wert auf Kommunikation und Unverbindlichkeit oder wollen wir neue Kontakte knüpfen, ist die ZWILLINGE-Energie dafür gut geeignet. Andererseits muß sich der ZWILLINGE-Archetyp nicht zwangsläufig in der hier genannten Weise auswirken, denn, wie der Leser gesehen hat, verfügt jeder Archetyp über eine breite Palette von Ausdrucksmöglichkeiten und -ebenen, die entsprechend den weiteren Horoskopkonstellationen Gestalt annehmen.

Wollen wir uns beruflich verändern oder ein Geschäft eröffnen, und wir können den Zeitpunkt mitbestimmen, sollten wir wie beim Urlaub die Zeitqualität berücksichtigen. In der Regel wird es jedoch so sein, daß eben gerade zu dem Zeitpunkt ein Job für uns zu haben ist oder eine Partnerschaft in unser Leben tritt, dessen Zeitqualität unserem Lebensthema und unserer Aufgabenstellung entspricht. Das *gegenwärtige* oder *nachträgliche* astroenergetische »Eintauchen« in den Sinn der Ereignisse ist der »Zukunftsvorhersage-Mentalität« vorzuziehen! Vor allem, wenn es uns darum geht, das Geschehen bewußter zu erfassen und unseren individuellen Bezug zu dem jeweiligen Lebensrätsel zu erkennen.

Diese Buchreihe hat es sich nicht zur Aufgabe gemacht, »Hobbymagier« auszubilden, sondern Anregungen zu geben, wie wir die Herausforderungen des Lebens annehmen und die energetischen Abläufe – die auch mit der Astrologie nicht zu verhindern sind! – besser verstehen können. Aber auch wenn uns die Entscheidung (scheinbar) freigestellt ist, wie wir bestimmte Erfahrungen machen wollen (etwa im Urlaub), werden unsere unbewußten Denk- und Verhaltensmuster eine bestimmendere Rolle einnehmen, als uns vielleicht lieb ist. Erst wenn wir unsere eingespurten Gewohnheiten erkennen, kommen wir in die glückliche Lage, im Rahmen unserer schicksalhaft gesetzten Grenzen wirklich frei zu entscheiden!

Die nachfolgenden Anregungen zur Deutung von möglichen Ereignissen im ZWILLINGE-Monat sollen Anstöße sein, die eigenen Aufgaben und Kulissen im ZWILLINGE-Monat zu entdecken. Werden wir den Anforderungen des ZWILLINGE-Archetypen gerecht, verhindern wir, daß sich dessen unerlöste Ebene, beispielsweise »Abheben vom Boden der Tatsachen« oder innere Zerrissenheit, einschleicht.

Welche der beispielhaft genannten Themen für den Leser von individueller Relevanz sind, kann dieser nur selbst herausfinden! Es sei hier noch einmal darauf hingewiesen, daß dieses Kapitel dem Leser das eigene Rätsellösen nicht abnehmen oder ersparen kann oder will – das wäre »Spielverderberei« und würde auch nicht funktionieren! Vielmehr soll dadurch überhaupt ein Bewußtsein für die Rätsel des Lebens geschaffen werden.

Die Ereignisse des Alltags

Initiation in eine neue Partnerschaft oder Eheschließung im ZWILLINGE-Monat
Da in der Regel Kennenlernen und Heiraten in unterschiedlichen Monaten, also »unter verschiedenen Sternen« stattfinden, sind die beiden Größen »Beziehung« und »Ehe« jeweils von einem anderen Blickwinkel aus zu betrachten. Während die Partnerschaft an sich zum Beispiel sehr lebendig, abwechslungsreich und »fetzig« sein kann (Kennenlernen im WIDDER-Monat), bringt eine spätere Eheschließung im ZWILLINGE-Monat eine leichtere Note in das Zusammenleben.

Die nachfolgend genannten Themen können von *zentraler* Bedeutung für eine Beziehungs- oder Ehe-Initiation im ZWILLINGE-Monat sein und variieren von Partnerschaft zu Partnerschaft.

Die Beziehung/Ehe hat dann – wertfrei gesagt! – etwas *Unverbindliches*, Flatterhaftes und Unbeständiges. Die Betreffenden mögen zwar auf einer oberflächlichen Ebene gut miteinander auskommen, tiefere oder bodenständige Belange sind jedoch von sekundärer Bedeutung. Gelingt es den Partnern, ihr Beziehungssternzeichen auf einem höheren Niveau zu leben, dann ist ein freundschaftliches, partnerschaftliches Miteinander realisierbar. *Kommunikation* ist ein wesentliches Element der Partnerschaft. Die Beteiligten haben die Chance und Aufgabe, miteinander reden zu lernen. Dabei geht es natürlich nicht nur um Small talk, sondern vor allem auch um die Belange der Beziehung. Weiterhin spielt die *Polarität* eine zentrale Rolle, was die Partner möglicherweise als Hin und Her zwischen Extrempunkten (Ansichten, Gefühlen, Handlungen) erleben. Weitere Punkte kann der interessierte Leser aus den Darstellungen im ersten und zweiten Kapitel selbst ableiten.

Urlaubsentsprechungen im ZWILLINGE-Monat
Welchen Schwerpunkt unser individueller ZWILLINGE-Monat-Urlaub haben wird, müssen wir natürlich selbst herausfinden, möglicherweise erst »vor Ort«! Dem ZWILLINGE-Archetypen entsprechen aber vor allem folgende Urlaubsarten:

○ Reisen in ZWILLINGE-betonte Länder oder Städte (siehe zweites Kapitel);
○ Urlaub zum Kennenlernen, Flirturlaub;
○ Urlaub im Ferienklub;
○ Bildungsurlaub (möglichst freizügig);
○ Flitterwochen (möglichst unbeschwert);
○ Reisen in fremde Länder und Kulturen, die im Gegensatz zu den vertrauten Gewohnheiten, Ansichten und dem eigenen Weltbild stehen;
○ unkonventioneller Urlaub;
○ Reisen ohne festgelegtes Ziel, »immer der Nase nach« (in Trampmanier);
○ Urlaub als Möglichkeit, aus der Routine des Alltags auszubrechen, Erleichterung von den Zwängen der Pflichterfüllung zu finden, einfach nur »da sein« zu können (»ganz entspannt im Hier und Jetzt«).

Beginnen wir eine Urlaubsreise im ZWILLINGE-Monat, werden ein oder mehrere ZWILLINGE-Aspekte zentrale Bedeutung für diese Unternehmung haben. Berücksichtigen wir von vornherein diesen Archetypen in unseren Überlegungen und Planungen, dann muß dieser sich nicht »durch die Hintertür« (etwa durch einen Gegensatz, der unser Wohlbefinden trübt) einschleichen. Wie in jedem Lebensbereich ist es auch hier der Fall, daß sich die Archetypen mit zwingender Notwendigkeit auswirken – und wenn wir das von vornherein einbeziehen, sind wir vor unangenehmen Überraschungen sicherer. Andererseits ist es ja auch eine Entsprechung, die etwas über unser aktuelles Innenleben aussagt, wenn wir gerade in der ZWILLINGE-Zeit verreisen.

Einen Arbeitsurlaub würde ich nicht unbedingt in diese Zeit des Jahres legen, außer es handelt sich mehr um eine spielerische oder schriftstellerische Tätigkeit.

Berufliche Veränderungen oder Neubeginn im ZWILLINGE-Monat
Die erdhafte Ebene der Arbeit und Berufstätigkeit ist von dem Wesen des Luftzeichens ZWILLINGE sehr verschieden, was natürlich nicht heißt, daß

im ZWILLINGE-Monat keine Jobs begonnen werden. Starten wir mit einer neuen Tätigkeit im ZWILLINGE-Monat, wird der ZWILLINGE-Archetyp dabei für uns auf irgendeine Weise im *Mittelpunkt* stehen (auch wenn das in der Stellenausschreibung nicht so deutlich herausgekommen ist):

○ Wir sind mit ZWILLINGE-betonten Kollegen oder Vorgesetzten konfrontiert;

○ die Tätigkeit wird im ZWILLINGE-Ambiente ausgeübt (siehe auch zweites Kapitel);

○ ZWILLINGE-Qualitäten oder -Tugenden sind gefordert, wie Offenheit, (geistige) Beweglichkeit, Neutralität und Objektivität, Kommunikationsfreude und andere ZWILLINGE-Entsprechungen;

○ es handelt sich in erster Linie um eine geistig-intellektuelle (theoretische) Tätigkeit;

○ der Job steht mehr oder weniger in einem Gegensatz zu unserer bis-herigen Arbeit oder unseren bisherigen Gewohnheiten;

○ Kollegen, Vorgesetzte oder Kunden können in einem Gegensatz zu uns stehen (der uns fördern oder behindern kann);

○ die Tätigkeit oder das Tätigkeitsfeld ist wenig festgelegt und so fort.

Wer im ZWILLINGE-Monat einen neuen Job beginnt oder sich beruflich verändert, wird einen oder mehrere der oben genannten Punkte als *zentralen* Faktor in der neuen Tätigkeit erkennen. Wer *andere* Schwerpunkte in seinem Beruf sucht oder anstrebt, etwa größtmögliche Sicherheit oder Intimität, wird das in einem Job, der im ZWILLINGE-Monat beginnt, sehr wahrscheinlich nicht finden. Andererseits kann es für diesen Zeitgenossen auch bedeuten, daß er gerade die »luftige« Seite der beruflichen Ebene erkunden muß, beispielsweise um eingespurte Ressentiments zu überwinden und sich mit einer bislang vernachlässigten Seite auseinanderzusetzen. Diese seelische Tatsache könnte sich jetzt in einer Arbeitssituation widerspiegeln, die ihn dazu herausfordert.

Um keiner pauschalen und damit falschen Deutung zu unterliegen, sind gerade in Zeiten neuer beruflicher Weichenstellungen die Träume hilfreiche Wegweiser.

Gründung von Geschäften und Organisationen im ZWILLINGE-Monat
Die Vorhaben und Organisationen, die im ZWILLINGE-Monat gestartet oder gegründet werden, sind in *erster Linie* Ausdrucksformen des ZWILLIN-

GE-Archetypen, egal, ob das nun auf deren Fahnen geschrieben steht oder nicht (es zählt ja nicht der Schein, sondern das Sein!). Das Paradebeispiel eines im ZWILLINGE-Monat geschlossenen Vertrages ist der »Vertrag von Tordesillas« vom 7.6.1494, in dem Spanien und Portugal die Welt in zwei Hälften aufteilen. Die beiden damaligen europäischen Großmächte erklären darin ihre Absicht, »... durch den Ozean eine gerade Linie von Pol zu Pol zu ziehen, nämlich vom arktischen zum antarktischen Pol, das heißt von Norden nach Süden ... «. Damit sollte ein für allemal klargestellt werden, welche Bereiche Spanien und welche Portugal zufallen – die Zementierung der Polarität schlechthin.

Geschäftsbeziehungen und Verträge, die in diesem Monat geschlossen werden, sind besonders auf ihre Gegensätzlichkeit hin zu überprüfen. Da das Luftelement völlig unverbindlich ist, sollte man gerade jetzt auf Verbindlichkeit achten, wenn einem das wichtig ist. Andererseits muß man sich vorsehen, nicht selbst in »jugendlichem Leichtsinn« (der in dieser Zeit des Jahres Hochkonjunktur hat) etwas zu unterschreiben, zu dem man bei kritischer Prüfung nicht fähig oder bereit ist. Im Kopf spielt sich eben so manches viel leichter durch, als es dann die irdische Realität ist.

Historische Vertragsabschlüsse in der ZWILLINGE-Zeit sind unter anderem:

○ 11.6.1889: Handelsvertrag zwischen dem Deutschen Reich und Japan;

○ 18.6.1887: Rußland und das Deutsche Reich versprechen sich im Kriegsfall die *Neutralität* (Rückversicherungsvertrag);

○ 18.6.1979: Unterzeichnung des SALT-II-Abkommens über die Begrenzung der strategischen Atomwaffen von US-Präsident JIMMY CARTER und dem sowjetischen Staats- und Parteichef LEONID BRESCHNEW: *Bilateraler* Vertrag zur Friedenssicherung und Meilenstein auf dem Weg zu einer *Entspannung* zwischen den beiden Machtblöcken (eine Polarität, die im Ostblock und Westen ihre äußere Entsprechung gefunden hatte).

Werden Läden in diesem Zeitraum eröffnet, steht das ZWILLINGE-Prinzip in irgendeiner Weise im Vordergrund. Natürlich werden jetzt nicht nur Buchläden oder Spielwarengeschäfte eröffnet – genauso sperrt beispielsweise eine Bäckerei (STIER-Entsprechung) im ZWILLINGE-Monat zum erstenmal ihre Ladentüre auf. Die zentrale »energetische Botschaft« wird dennoch vom ZWILLINGE-Archetypen geprägt sein, etwa durch ein integriertes Stehcafe, das sich zu einem beliebten Treffpunkt entwickelt, oder durch die Auswahl des Sortimentes (etwa wenn gegensätzliche Dinge verkauft werden, wie Brötchen und Duschbrausen). Vielleicht ist auch der Besitzer beziehungsweise Träger oder die Mitarbeiter ZWILLINGE-betont, was sich dann im Geschäftsalltag auswirkt.

Anschaffungen im ZWILLINGE-Monat

Auch Gegenstände, die man im ZWILLINGE-Monat erwirbt (sehen wir mal von den üblichen Haushaltswaren ab), bringen auf ihre Weise als »materielle Medien« die ZWILLINGE-Energie mit ins Haus. Sachen, die man in dieser Zeit des Jahres erwirbt, können beispielsweise Ausdruck des Wunsches sein, eine größere Leichtigkeit ins Haus zu bringen, etwa durch Möbel in Leichtbauweise oder eine entsprechende andere Einrichtung. Die jetzt eingebrachten Dinge mögen in irgendeiner Weise im Gegensatz zu den bereits vorhandenen Sachen stehen (»Kontrastprogramm«). Vielleicht haben wir durch den Einkauf die Verkäuferin oder den Händler gleich mit in die Wohnung gebracht, weil wir uns verliebt haben oder einfach Interesse füreinander entwickeln konnten.

Anhand der vielen Beispiele in diesem Buch mag der Leser selbst nachvollziehen, welche ZWILLINGE-Entsprechung er/sie im individuellen Falle findet.

Wohnungsbezug im ZWILLINGE-Monat

Beziehen wir in diesem Zeitraum eine neue Wohnung oder ein Haus, haben die ZWILLINGE grundlegend die »Finger« mit im Spiel. Initiationsmoment kann die Unterzeichnung des Mietvertrages, häufiger der offizielle erste Tag im neuen Heim sein (durch bewußtes Hinspüren nachvollziehbar; der Initiationsmoment ist geprägt von intensiver Energetik – siehe zu diesem Thema auch den WIDDER-Band!). Die ZWILLINGE konfrontieren uns möglicherweise

○ mit einer kommunikationsfreudigen oder stark gegensätzlichen Nachbarschaft (negativ: Tratsch und Klatsch);

○ mit einem Umfeld, das viel Kontaktmöglichkeiten beinhaltet, zum Beispiel in einer Wohngemeinschaft (»Wohnung der offenen Tür«);

○ mit einem ZWILLINGE-Ambiente (siehe zweites Kapitel, »Orte«);

○ mit offenen, wenig festgelegten Wohnstrukturen;

○ mit Formen, die unseren bisherigen Ge-Wohn-heiten widersprechen;

○ mit einer unverbindlichen Wohnsituation (vor allem bei Mietvertragsunterzeichnung im ZWILLINGE-Monat) und ähnliches mehr.

Auch diese Angaben wollen lediglich dazu anregen, sein eigenes ZWILLIN-
GE-Thema herauszufinden, und erschöpfen sich in keiner Weise in diesen
Exempeln.

Historische Ereignisse und Zeitgeschehen

Die nachfolgende Unterteilung ist lediglich als eine Orientierungshilfe zu
verstehen; rubrikübergreifend können natürlich gleichzeitig mehrere ZWIL-
LINGE-Aspekte zutreffen. Allgemeine Erläuterungen zur astroenergetischen
Betrachtung historischer Ereignisse finden Sie im Einführungsband *»Die
Rätsel des Lebens«*.

Ereignisse, die im ZWILLINGE-Monat ihren Anfang genommen haben,
sind häufig nicht so eindeutig zu bestimmen. Kein Wunder, geht es doch bei
diesem Archetypen gerade um die Polarität, um »Zweideutigkeiten«, um ein
»Sowohl-Als-auch«. Da die Dualität ein wesentliches Kriterium der ZWIL-
LINGE ist, sind wir in dem Zeitraum, wenn die SONNE dieses Zeichen
durchzieht, oft mit der »anderen«, bislang verdrängten Seite der Medaille
konfrontiert. Wie auch immer – bei *Anfängen* im ZWILLINGE-Monat stehen ZWILLINGE-Eigenschaften wie Wertfreiheit, Relativität der Gegensätze, Objektivität und Leichtigkeit im Vordergrund des Geschehens und
wollen ins Bewußtsein treten. Tun sie das nicht, läßt das auf eine unerlöste
Situation schließen. Der ZWILLINGE-Archetyp will nicht die Vereinigung
der Gegensätze, sondern das Erkennen und Annehmen dieser Gegensätze, um
die eigene Perspektive dadurch bewußter zu bestimmen.

Zentrales Thema: Dualität, Gegensätze

○ 23.5. 1949: Vom Parlamentarischen Rat wird das Grundgesetz für die
ursprünglich provisorisch gedachte Bundesrepublik Deutschland verkün-
det. Die ZWILLINGE-Bedeutung dieses Aktes liegt in der Tatsache, daß
(für einige Jahrzehnte) *zwei* deutsche Staaten (BRD und DDR) nebeneinander existierten.

○ 23.5.1618: Der »Prager Fenstersturz« – zwei kaiserliche Statthalter wurden von Teilnehmern eines Protestantentages in den Burggraben geworfen
– löst den Dreißigjährigen Krieg aus. Die *Dualität* der Konfessionen ist
Ausgangspunkt dieses jahrzehntelangen leidvollen Kriegszustandes.

Der Reformation folgte die Gegenreformation, woraus auf der einen Seite die protestantische Union und auf der anderen Seite die katholische Liga hervorgingen. Anstatt beide Seiten nebeneinander existieren zu lassen, lieferten sich die Anhänger der beiden Glaubensrichtungen grausame Kämpfe und Martyrien mit zweifelhaften Erfolgen und Niederlagen auf beiden Seiten – ein Hin und Her! Vor dem Hintergrund des *liberalen Luftzeichens* verwundert es nicht, daß sich letztlich die damals freiheitlichere Glaubensform des Protestantismus behaupten konnte.

○ 22.5.1455: Beginn der »Rosenkriege« in England (bis 1485) zwischen den Häusern Lancaster (rote Rose) und York (weiße Rose).
Kriege, die im ZWILLINGE-Monat beginnen, resultieren häufig aus einem Aufeinanderprallen von Gegensätzen. Wird nicht erkannt und akzeptiert, daß sich die Pole gegenseitig bedingen, und die jeweils andere Seite für das Übel verantwortlich gemacht, scheint Gewalt meist unvermeidlich.

○ 6.6.1944: Mit der Landung der alliierten Truppen in der Normandie wurde den deutschen Besatzern die »andere Seite der Medaille« (die Macht der Gegenseite) demonstriert. Die bislang zurückgedrängte und unterdrückte Gegenseite bahnte sich nun mit Gewalt ihren Weg. Es handelte sich zudem um einen Überraschungsangriff, um eine *List*. Die deutsche Militärführung erwartete zwar die Invasion, kannte jedoch Zeitpunkt und Landegebiet nicht. Vor dem Hintergrund des ZWILLIN-GE-Archetypen war keine eindeutige Einschätzung der Lage möglich; der Zeitpunkt für ein Manöver war günstig. Der Trick bestand nun darin, die Deutschen auf eine bestimmte Seite festzulegen – die dann glaubten, daß von Calais aus die Invasion stattfinden werde – und von der anderen Seite überraschend zuzuschlagen.

○ 2.6.1919: Gründung der Zeitschrift »*Dada*« durch den österreichischen Maler RAOUL HAUSMANN in Berlin, darin Veröffentlichung des »*Dadaistischen Manifestes*«. Die Kunstrichtung des Dadaismus versteht sich als Antikunst, als Protest gegen die Gewohnheiten. Dada bringt einen *Gegenpol* in die vorherrschende Geisteshaltung. Durch die Mittel des Schockierens, durch Witz, Skandal und Ironie treten die Dadaisten bewußt in Opposition zu den herrschenden Gewohnheitsstrukturen. Die zentrale ZWILLINGE-Bedeutung dieses Ereignisses (der Geburt des Dadaismus) drückt sich im »*Dadaistischen Manifest*« mit folgenden Worten aus: »Dadaist sein heißt, sich von den Dingen werfen lassen, gegen jede Sedimentbildung sein. Man sagt ja zu einem Leben, das durch Verneinung höher wird. Jasagen – Neinsagen: das gewaltige Hokuspokus des Daseins beschwingt die Nerven des echten Dadaisten – so liebt er, so jagt er, so radelt er – halb Pantagruel, halb Franziskus, und lacht und lacht.« Der Tatsache, daß ZWILLINGE-betonte Erscheinungen jenseits der Erdschwere des Ernstes und der Notwendigkeiten stehen, wird das Zitat des führenden Dadaisten HUGO BALL gerecht, der Dada als »Narrenspiel aus dem Nichts, in das alle höheren Fragen verwickelt sind«, bezeichnet. Ein *Spiel mit den Gegensätzen*, das nichts aussagt, aber doch alles meint. Für die Logik unseres Verstandes müssen solche Sätze unverständlich bleiben und Widerstände auslösen, führen sie doch gerade eine dominante Ratio ad absurdum, indem sie ihr vorführen, daß ihr die eigentlichen Erkenntnisse des Lebens verborgen bleiben müssen ...

○ 12.6.1964: Abschluß des Vertrages über Freundschaft, Zusammenarbeit und gegenseitigen Beistand zwischen der DDR und der UdSSR. Dieser Vertrag hat *zwei Seiten*. Einerseits garantieren die Sowjets die Unantastbarkeit der DDR-Staatsgrenzen, andererseits ist der ostdeutsche Staat fest im Griff des »Großen Bruders«. Der deutsch-deutsche Gegensatz wird dadurch erhärtet.

○ 16.6.1963: Die sowjetische Kosmonautin WALENTINA TERESCHKOWA, startet als erste Frau in den Weltraum und bildet einen *Gegenpol* zu der von der Männerwelt beherrschten Technik.

○ 16.6.1976: In Südafrika brechen in der überwiegend von Schwarzen bewohnten Arbeitervorstadt Soweto wochenlange blutige Unruhen gegen das Apartheidregime aus. Der *Gegensatz* zwischen Schwarz und Weiß wird mit Gewalt ins Bewußtsein der Weltöffentlichkeit gebracht. Vor allem die extrem *gegensätzliche* Behandlung beider Bevölkerungsgruppen durch die Rassentrennung ist Ursache des Konfliktes.

○ 15.6.1883: Der Deutsche Reichstag billigt das Gesetz zur Krankenversicherung; damit beginnt die Sozialgesetzgebung unter Reichskanzler BISMARCK. Vor dem Hintergrund der ZWILLINGE betrachtet, geht es dabei zentral um die Verbesserung der Lebensgrundlagen der bislang vernachlässigten Arbeiterklasse.

○ 17.6.1953: Arbeiterrebellion in der DDR, welche den Gegensatz der Bevölkerung zum Regime deutlich zum Ausdruck bringt. Da keine Opposition geduldet wird – also der ZWILLINGE-Archetyp nicht gelebt werden darf –, walzen sowjetische Panzer den Aufstand brutal und blutig nieder. Die Führungen der DDR und der UdSSR demonstrieren damit die Nichtakzeptanz von Gegensätzen; das Volk hat sich mit dem Regime zu identifizieren.

○ 18.6.1815: An diesem Tag erfährt der siegesgewohnte französische Kaiser und Feldherr NAPOLEON die *Kehrseite* der Medaille und wird von britischen und preußischen Truppen bei Waterloo vernichtend geschlagen; die besetzten Gebiete werden befreit und erhalten ihre Souveränität zurück.

○ 20.6.1789: »Versailler Ballhausschwur«: Die Abgeordneten des Dritten Standes (Handwerker, Bürger und Bauern) in Frankreich ignorieren den Auflösungsbefehl der Krone und wollen als *Opposition* (Gegenkraft) zur herrschenden Klasse bis zur Verabschiedung einer Verfassung bestehen bleiben.

○ 28.5.1982: JOHANNES PAUL II. besucht als erster Papst nach der Kirchen-*spaltung* (1534) Großbritannien. Vor dem Hintergrund des ZWILLINGE-Monats wird dadurch die *Polarität* der Kirche von England und der römisch-katholischen Kirche in den Mittelpunkt des Interesses gerückt. Der Besuch ist als Akzeptanz des Gegensatzes, des Andersseins, zu verstehen.

○ 29.5.1953: Erstbezwingung des Mount Everest durch den Neuseeländer EDMUND HILLARY und den nepalesischen Sherpa TENZING NORGAY. Typisch für die ZWILLINGE-Energie: Es sind *zwei* Personen aus *unterschiedlichen Kulturkreisen*, die gemeinsam das Ziel erreicht haben. Ein gutes Beispiel dafür, wie der Gegensatz zwischen den Völkern und Kulturen nicht als Gegeneinander, sondern als Ergänzung zur Erreichung eines gemeinsamen Zieles benutzt werden kann. Die Zusammenarbeit auf dem Weg zum Gipfel und die *freundschaftlichen* Gefühle zwischen beiden Bergsteigern schilderte Sir EDMUND HILLARY folgendermaßen: »Ich beschloß, an der Westseite des Grats entlangzuklettern. Während Tenzing mich sicherte, begann ich, Stufen ins Eis zu schlagen ... Wir kamen gut voran, bis wir eine zwölf Meter hohe Felssperre erreichten, in der es keine Griffe und Halte gab. Wir wären niemals darüber hinweggekommen, hätten wir nicht am rechten Rand eine kleine Rinne entdeckt, die zwischen dem Felsen und einer Eiswächte verlief. Tenzing stieß den Schaft seines Eispickels in den Schnee und sicherte mich ... ich zwängte mich in die Rinne und erzwang den Weg hinaus. Dann zog ich Tenzing nach. Ohne weitere Unterbrechung gingen wir auf dem Grat voran. Wir schlugen unseren Stufenweg um große Schneebuckel und überhängende Eiswächten herum und erreichten den Gipfel. Er war fast eine Überraschung: Ein fester Schneekegel formt einen vollkommenen Gipfel, auf dem mehrere Menschen stehen können ... Tenzing breitete seine Arme aus und fiel mir glücklich um den Hals. Wir blickten auf die Welt hinab, die wie eine Karte zu unseren Füßen lag.« Die Schilderung Hillarys vermittelt den Eindruck, daß der Berg die beiden Abenteurer auf seinem Gipfel freundschaftlich empfing. Keine Enge erwartete sie dort oben, sondern ein Plateau, das mehreren Menschen Platz bietet. Im übertragenen Sinne ist es die Bewußtseinsebene der ZWILLIN-GE, welche alle Aspekte des Daseins wertfrei nebeneinander stehen lassen kann. Die *Vogelperspektive*, aus der die beiden Bergsteiger die Welt von oben sehen konnten, ist der Blickwinkel der Luftzeichen, die »über den Dingen« stehen – also auch in positiver Hinsicht, über den künstlich zwischen den Menschen errichteten Grenzen ...

○ 25.5.1963: Die unabhängigen Staaten Afrikas – mit Ausnahme Südafrikas – gründen die OAU (Organisation für Afrikanische Einheit). Daß es sich nicht um eine wirkliche Einheit (= FISCHE) handelt, sondern daß die neugegründete Organisation den *Gegensatz* zum Apartheidstaat Südafrika um so mehr ins Bewußtsein hebt, wird astroenergetisch durch die ZWILLINGE-Entsprechung unterstrichen.

○ ZWILLINGE-Monat 1991: Ringen um die künftige gesamtdeutsche Hauptstadt zwischen Befürwortern der ehemaligen Reichshauptstadt Berlin und der Nachkriegshauptstadt der Bundesrepublik, Bonn. Dieser *Gegensatz* spiegelt sich auch in dem Ergebnis der entscheidenden Abstimmung am 20.6.91 (kurz vor dem SONNEN-Wechsel in den KREBS) im Deutschen Bundestag wider: 338 Abgeordnete sprechen sich für Berlin, 320 für Bonn aus. Bonn soll allerdings einige wichtige Organe behalten, wie den Sitz der Länderkammer, und einen *Gegenpol* zu Berlin bilden.

○ ZWILLINGE-Monat 1993: Das deutsche Verfassungsgericht trifft seine Entscheidung zum § 218 und stellt fest, daß Abtreibungen einerseits zwar rechtswidrig sind, andererseits aber innerhalb einer bestimmten Zeitspanne nach der Empfängnis straffrei bleiben. Verbot bei gleichzeitiger Straffreiheit erscheint zwar *paradox*, entspricht jedoch dem ZWIL-LINGE-Prinzip der *Gleichzeitigkeit* und des *Nebeneinanders* der Gegensätze.

○ ZWILLINGE-Monat 1993: Brandanschlag auf das Haus einer türkischen Familie in der deutschen Stadt Solingen: Fünf Tote sind zu beklagen.

Dieses Ereignis beherrscht tagelang die Schlagzeilen der Medien, während andere ebenso abscheuliche Verbrechen an Ausländern in anderen Monaten bei weitem kein so großes Medienecho finden. Die Beerdigung wird live vom deutschen Fernsehen (ARD) übertragen. Es rückt die *Polarität* Inländer – Ausländer in den Mittelpunkt des Geschehens und zeigt, daß so manche Zeitgenossen in einer Schwarzweißmalerei gefangen sind, wobei den Ausländern, häufig den Türken, der *Schwarze Peter* zugeschoben wird, um selbst die *weiße Weste* hervorzukehren. Die Täter waren *Jugendliche*, die sich in der ZWILLINGE-Entwicklungsphase befanden (siehe zweites Kapitel). Die andere Seite dieses schrecklichen Ereignisses: Der Konflikt wird stärker wahrgenommen, und es entsteht ein starker Impuls, die Ausländer (den Gegenpol, die andere Seite) besser zu integrieren; die *doppelte* Staatsbürgerschaft (ZWILLINGE) kommt dadurch wieder ins Gespräch.

○ ZWILLINGE-Monat 1993: In der Türkei und in Kanada wird jeweils *erstmals* eine Frau zur Regierungschefin gewählt. Der bislang unterdrückte Yin-Pol – die andere Seite – erhält Gewicht, tritt in den Vordergrund.

○ ZWILLINGE-Monat 1993: Im bosnischen Bürgerkrieg bekämpfen sich jetzt auch die einstigen Verbündeten Moslems und Kroaten. Die einstigen Waffengefährten geraten in *Gegensatz* zueinander und können diesen nicht ertragen. Dadurch wird die bisher geltende einseitige Sichtweise korrigiert, die die Serben bislang als die alleinigen Bösewichte stigmatisierte. Jetzt wird deutlich, daß auch die vormals »nur Guten« ihre dunklen Seiten haben.

○ 19.6.1812: Die USA erklären Großbritannien den Krieg; Ursache sind *Handelsinteressen*. Die grundlegenden *Gegensätze* zwischen beiden Ländern werden mit kriegerischen Mitteln ausgefochten.

Zentrales Thema: Kommunikation, Sprache, Information, Wissen, Denken, Austausch
○ ZWILLINGE-Monat 1918: Die Bildungspolitiker des Deutschen Reichs wollen künftig das Frauenschulwesen besonders fördern. Durch eine bessere Frauenbildung erhofft man sich, daß im Notfall mehr Frauen die Männer am Arbeitsplatz ersetzen können (Erster Weltkrieg!). Die weibliche Seite der Polarität erhält dadurch mehr Gewicht.

○ 1.6.1794: An diesem Tag tritt in Preußen das »Allgemeine Landrecht« in Kraft. Es ist wesentlich von den Gedanken der Aufklärung geprägt. Das

Volk soll über seine Rechte und Pflichten umfassend *informiert* werden. Es wird festgestellt, »daß das Ganze in einer zusammenhängenden Ordnung, in der Sprache der Nation und dergestalt allgemeinverständlich vorgetragen werde, daß ein jeder Einwohner des Staates ... die Gesetze, nach welchen er seine Handlungen einrichten und beurteilen lassen soll, selbst lesen, verstehen und in vorkommenden Fällen sich nach den Vorschriften derselben gehörig achten könnte.« (Aus dem Publikationspatent der ersten Fassung).

○ 24.5.1844: SAMUEL MORSE, US-amerikanischer Erfinder und Maler, übermittelt das erste Morsetelegramm der Welt zwischen Baltimore und Washington. Ein Meilenstein auf dem Weg zu einer globalen, grenzenlosen *Kommunikation*.

○ 22.5.1972: RICHARD NIXON trifft als erster US-Präsident in Moskau zu einem Staatsbesuch ein. Die beiden Blöcke (Westen und Osten) *reden* miteinander; Voraussetzung für ein *friedliches Nebeneinander* der Gegensätze. Damit betritt der Gegenspieler, die Verkörperung der anderen, vielfach verteufelten Seite, das politische Parkett und gelangt ins *Bewußtsein* der Öffentlichkeit.

○ 27.5.1703: Gründung der Stadt St. Petersburg durch den russischen Zaren PETER I. Besonderes Merkmal dieser Stadt sind *zwei unterschiedliche Namen*: zuerst St. Petersburg, im Kommunismus auf Leningrad umgetauft, nach dem Zerfall der Sowjetunion und des kommunistischen Regimes wieder Umbenennung auf den ursprünglichen Namen. Durch die beiden Bezeichnungen wird der Gegensatz zwischen den verschiedenen Regimen deutlich hervorgehoben.

○ 14. 6.1942: Die 13jährige ANNE FRANK (ZWILLINGE-Geborene vom 12.6.1929) beginnt mit der Führung eines Tagebuches, das als eines der erschütterndsten Dokumente aus der Zeit der NS-Herrschaft in die Geschichte eingeht: »*Tagebuch der Anne Frank*«.

○ ZWILLINGE-Monat 1992: Umweltgipfel in Rio – die drängenden Umweltprobleme und ihre Lösungsmöglichkeiten sollen von allen Ländern in Angriff genommen werden. Die *eigentliche, zentrale* Bedeutung dieses Ereignisses im ZWILLINGE-Monat besteht in der *Kontaktaufnahme* und dem *Miteinanderreden* der Staatsoberhäupter dieser Welt. Das labile Luftzeichen ZWILLINGE hat also keinen Bezug zu verbindlichen Verträgen, und so gehen die Beschlüsse dieser Konferenz auch kaum über wohlmeinende Erklärungen hinaus. Weiterhin wird der Konflikt zwischen *kurz-*

fristigen gegenwartsbezogenen (hauptsächlich finanziellen und wirtschaftlichen) Interessen und den Erfordernissen eines zukunftsorientierten Umweltschutzes deutlich. In diesem Gegensatz von gegenwärtigen Interessen und Zukunftsperspektiven finden wir das *Polaritätsprinzip* der ZWILLINGE widergespiegelt. Und da sich die ZWILLINGE auf der »Hier-und-Jetzt-Seite« der Medaille befinden, werden Ereignisse im ZWILLINGE-Monat kaum zukunftsorientierte Beschlüsse mit sich bringen. Das Hin- und Herpendeln der ZWILLINGE-Energie zwischen den verschiedenen Interessenslagen ist jedoch eine wesentliche Voraussetzung, um zum »anderen Ufer« des gegenüberliegenden SCHÜTZE-Archetypen, also zur *Synthese*, zu gelangen.

○ ZWILLINGE-Monat 1994: Im bosnischen Bürgerkrieg schließen sich die vormals verfeindeten Parteien, die bosnischen Kroaten und Moslems, zu einer Föderation zusammen. Beide Seiten sollen *gleichberechtigt nebeneinander* stehen. Bei der turnusmäßigen Besetzung der Spitzenämter in Staat und Regierung soll ebenfalls keine Seite zu kurz kommen. Ist ein Kroate Präsident, kann nur ein Bosnier (Moslem) Regierungschef sein, und jeder Minister hat einen Stellvertreter aus den Reihen der anderen Nationalität.

○ 20.6.1948: Beginn der Währungsreform in den deutschen Westzonen; jeder Einwohner kann 40 Reichsmark im Verhältnis 1:1 in Deutsche Mark *umtauschen*.

Zentrales Thema: Massenmedien, Film

○ 12.6.1963: Das Filmereignis der Superlative: Premiere des Hollywoodstreifens »Cleopatra«, der bislang längste, teuerste, aufwendigste Film der Kinogeschichte; ZWILLINGE-Thema ist hier die Polarität von Mann und Frau in Gestalt von Cäsar und Cleopatra.

○ ZWILLINGE-Monat 1994: Eine ungewöhnliche Geburtshilfe erfuhr ein Ehepaar in Bangkok, das auf dem Weg zur Entbindung mit dem Taxi in einem Stau steckengeblieben war. In der Tageszeitung stand zu lesen: »Als die Wehen einsetzten, bat der Fahrer per Funk eine Radiostation um Rat, die wiederum einen Arzt ans Mikrofon holte. Das ›Geburtsdrama‹ konnten Tausende Radiohörer live miterleben ... «

Zentrales Thema: Leichtigkeit, Fliegen

○ 15.6.1919: Landung der britischen Flugpioniere JOHN ALCOCK und AR-

THUR BROWN in Clifden/Irland nach dem *ersten* Nonstopflug über den Nordatlantik von Neufundland aus.

○ 21.5.1927: Der *erste* Nonstopflug über den Atlantischen Ozean von New York aus. Nach 33,5 Stunden landet der US-Amerikaner CHARLES LINDBERGH in Paris.

○ 18.6.1928: Die US-Amerikanerin AMELIA EARHART überfliegt als *erste* Frau der Welt (in 26 Stunden) den Atlantik; ihr Flugzeug trug bezeichnenderweise den Namen »Friendship« (Freundschaft).

Einige Anregungen zur Eigenbeobachtung im ZWILLINGE-Monat

Zunächst ein Fragenkatalog, der dazu anregen soll, das eigene ZWILLINGE-Rätsel zu erfassen. Die Fragen werden um so deutlichere Antworten herauslocken, je näher sie sich auf unsere aktuelle Lebenswirklichkeit beziehen. Sie können natürlich auch auf jede andere Zeit bezogen werden – der ZWILLINGE-Monat ist dafür die günstigste Zeit, da hier die *Bewußtwerdungsimpulse* durch das SONNEN-Prinzip gefördert werden.

Polarität, Gegensatz

In welchem Bereich befinde ich mich in einem inneren oder äußeren Gegensatz oder Zwiespalt und bin hin- und hergerissen? Realisiere ich den Gegensatz? Kann ich ihn akzeptieren und aushalten oder bin ich in meinen Wertungen gefangen? Wo werde ich mit der anderen Seite der Medaille (der von mir bislang ungelebten) konfrontiert? Wie gehe ich damit um? Kämpfe ich dagegen an? Erkenne ich, daß durch die Gegensätze die jeweiligen Seiten erst Konturen bekommen und dadurch an Wert gewinnen?

Kommunikation, Austausch

Fällt es mir leicht oder schwer, mich mit meinen Mitmenschen auszutauschen? Auf welche Art der Kommunikation bin ich fixiert? Steht derzeit ein klärendes Gespräch an, das Erleichterung bringen könnte? Bin ich eine »Klatschtante«? Habe ich Freude an der zwischenmenschlichen Begegnung? Was oder wer erregt derzeit besonders meine Aufmerksamkeit? Bin ich grundsätzlich ein »interessierter Mensch«, offen für die Impulse und Informationen des Lebens (des Alltags, der Träume und so weiter)? Kann ich mir die nötigen Informationen holen, die ich brauche? Weiß ich, wo ich sie bekommen kann? Worüber will mich meine derzeitige Lebenslage »informieren«? Erkenne ich, daß das Leben auf vielfältige Weise mit mir spricht, daß Leben ein fortwährender Prozeß physisch-seelisch-geistiger Kommunikation ist?

Denken, Gedanken

Worum kreisen meine Gedanken? Ist mir klar, daß die Gedanken »eigenständige geistige Wesen« sind, die im Bewußtsein auftauchen und wieder verschwinden, wenn wir sie nicht festhalten? Bevorzuge ich eine bestimmte Art von Gedanken oder Informationen, an die ich mich klammere, mit denen ich mich identifiziere und damit gegensätzliche Gedankengänge ausschließe? Neige ich zu einseitiger Sichtweise der Dinge, sehe das Leben zu schwarz oder zu rosarot? Woher kommen meine Gedanken, was ist die Wurzel meiner individuellen Denk-Art? Worüber sollte ich mir Informationen beschaffen, um mehr darüber zu wissen, um besser im Bilde zu sein?

Die nachfolgenden Beispiele wollen den Leser anregen, eigene Beobachtungen anzustellen. Es geht dabei keineswegs um besonders spektakuläre Angelegenheiten, denn gerade in den kleinen, unscheinbaren Alltagserlebnissen finden wir die Lebensrätsel verborgen. So kann die Begegnung mit einem Mitmenschen zu einer astroenergetischen Demonstration avancieren, wenn wir nur aufmerksam genug beobachten, was da *eigentlich* (energetisch gesehen) vor sich geht.

Beobachtungen von Seminarteilnehmern im ZWILLINGE-Monat:

»Ich war im Urlaub, habe vor allem mit den Kindern *gespielt* und Freizeitparks besucht. Habe die *Gewohnheit*, nicht im Meer zu baden, *überwunden* und mich in diesem Urlaub das erste Mal hineingewagt. Am Strand fühlte ich mich wie ein *Teenager*, als ich Herzchen mit dem Namen meiner Flamme und mir in den Sand malte. Mir fielen um so mehr die verliebten Pärchen auf, weil ich selbst nicht mit dem Mann zusammensein konnte, in den ich verliebt bin. Fast jede Nacht stellten sich schwere Träume ein, die ich nur widerstrebend wahrnahm, weil es mir im Urlaub doch ausschließlich gut gehen sollte. Als während dieser Tage plötzlich mein kleiner Sohn beim Spielen verschwunden war, reagierte ich mit panischen *Gedanken.* Wie meine Eltern früher bei mir, stellte ich mir nur das Schlimmste vor, was geschehen sein könnte. Alles war plötzlich mit einer dunklen, bleiernen Schwere überzogen. Als ich ihn später bei der nächsten Polizeistation zurückerhielt, erschien mir das Leben urplötzlich wieder leicht und lebenswert. Ich hätte jeden, dem ich begegnete, umarmen können. Die Erleichterung nach diesem Schock war um so eindrucksvoller, je düsterer und schwerer das Gefühl zuvor war.«

Die STEINBOCK-Geborene erfuhr hier durch die Auflösung ihrer massiven Ängste als Gegenseite der Erdschwere, die Leichtigkeit des Daseins. Zudem wurde ihr die Art und Weise ihres Denkens – die Konzentration auf negative Gedanken – um so bewußter.

»Ich habe den Eindruck, daß mein Mann ein *Versteckspiel* mit mir treibt. Er scheint mir etwas zu verheimlichen. Mir wird um so bewußter, wie schlecht die *Kommunikation* zwischen uns ist.«

Die Teilnehmerin hat ihren MERKUR im Erdzeichen STEINBOCK, was in unerlöstem Zustand auf innere *Kommunikationsblockaden* hinweisen kann, die sich dann im Umgang miteinander entsprechend manifestieren.

»Ich entdeckte mit Schrecken, wie abhängig, ja fast süchtig ich nach einem Partner beziehungsweise *Gegenüber* bin. Da ich zur Zeit ohne Beziehung bin, wird mir der Mangel besonders deutlich.«

Eine STIER-Geborene berichtet: »Ich fand den ZWILLINGE-Monat furchtbar. Ich bin nicht zur Ruhe gekommen, habe schlecht geschlafen und mich nur an Traumfetzen erinnert, in denen es hauptsächlich um zarte *platonische Teenagerliebe* ging. Ich *schreibe* meinen bisherigen Lebenslauf auf, was viel hochbringt, mich aber auch *erleichtert.* Eine Flugreise, die ich in diesem Monat antrat, hat beim Runterblicken aus dem Flugzeugfenster Panik in mir ausgelöst (Fallangst), und ich wurde ohnmächtig.«

Hier werden die Schwierigkeiten der erdbetonten Zeitgenossen mit dem Luftelement deutlich. Die Teilnehmerin fand Erleichterung, als sie durch das Schreiben eine ZWILLINGE-Entsprechung in ihr Dasein brachte.

»Während es mir im STIER-Monat existenziell schlecht ging wegen einer Beziehungskrise, fühle ich mich im ZWILLINGE-Monat wesentlich *leichter.* Ich hatte viele *Begegnungen* und *Kontakte,* fast zuviel, wie ich im nachhinein feststelle. Meine Arbeit auf einem Bauernhof brachte mich mit dem *Gegenpol* des Lebens, dem Tod, in Berührung, als ein Stier notgeschlachtet werden mußte und ich später auch noch kranke Küken erschlagen mußte. In meiner Wohnung schaffe ich mir einen lichten *Schreibplatz,* an dem ich künftig meine

Gedanken und Träume niederschreiben will. Bisher saß ich dazu immer in einer dunklen Ecke. Mir ist beim vielen *Nachdenken* in diesen Tagen klar geworden, daß ich mich in meinem Leben immer viel zu viel habe belehren lassen. Meine Träume haben sich hauptsächlich in den *oberen Etagen* von Häusern abgespielt.«

»Dieser Monat war vollgepackt mit Ereignissen. Meine Schwiegermutter, eine ZWILLINGE-Geborene, kam pünktlich zum SONNEN-Wechsel in das ZWILLINGE-Zeichen für eine Woche zu Besuch. Dieser Besuch stand im Mittelpunkt meiner Gedanken. Ihre *Gleichgültigkeit* allem gegenüber machte mich schier wahnsinnig. Ständig änderte sie ihre Meinung. Erst verneint sie auf meine Frage, ob sie was essen will, nur um kurz darauf dann doch etwas zu wollen. Ich gehe mit ihr auf die Bank, weil sie Geld abheben will, doch dort überlegt sie es sich anders. Wieder zu Hause, fällt ihr ein, zur Bank gehen zu wollen, und so weiter.«

Über die Schwiegermutter als Medium wird die Teilnehmerin mit ihrer ZWILLINGE-Thematik konfrontiert. Als LÖWE-Geborene fällt es ihr zunächst schwer, das »Hin-und-her-Pendeln« des ZWILLINGE-Prinzipes ihrer Mitmenschen nachzuvollziehen.

»In diesem Monat wird mir um so bewußter, daß ich *zwei* Nationalitäten in mir trage, halb deutsch (von Mutterseite) und halb türkisch (von Vaterseite). Diese *Zwiespältigkeit*, die damit für mich verbunden ist, empfinde ich stark. Die »türkische Seite«, die ich bislang vernachlässigt habe und die für mich Natürlichkeit bedeutet, will ich wieder mehr kultivieren. Ich reise außerdem noch im ZWILLINGE-Monat in die Türkei.«

»Eine gute Freundin, mit der ich mich bislang prächtig verstanden habe, zeigt mir plötzlich ihr »*anderes Gesicht*«, greift mich an und wirft mir grundlos vor, ich würde ihr etwas verheimlichen. Von dieser Seite habe ich die Beziehung bislang noch nicht erlebt.«

»Ich frage mich, warum ich immer alles so schwer und ernst nehme und auf Herausforderungen oft mit psychosomatischen Störungen reagiere. Was hindert mich nur daran, das Leben leichter zu nehmen?«

Die Teilnehmerin hat ihren MERKUR in der JUNGFRAU, was in unerlöstem Zustand auf überkritisches und daher krank machendes Denken hinweisen kann.

»Ich erlebe gerade *vertauschte Rollen*. Mein Mann und ich haben für ein paar Wochen im ZWILLINGE-Monat jeweils die Position des Partners eingenommen. Ich gehe vorübergehend zur Arbeit, und er versorgt den Haushalt und unsere Kinder. Jetzt erfahren wir beide am eigenen Leib, wie es dem anderen in den letzten Jahren in seiner Rolle zumute gewesen sein muß.«

Die KREBS-Geborene wird von den ZWILLINGEN mit der anderen Seite der Medaille, dem STEINBOCK, konfrontiert. Hat sie die letzten Jahre durch ihre Mutterschaft vor allem die KREBS-Seite (Familie, Mutter, Intimität, Gefühlsbereich) gelebt, erfuhr sie in diesem Monat deren Gegenseite (Beruf, Öffentlichkeit, Distanz). Dadurch war es ihr möglich, ihre Lebenslage aus einem neuen Blickwinkel heraus zu betrachten und neu wertzuschätzen.

»Ich erlebe, wie plötzlich ein Bedürfnis in mir erwacht, mich mit meinen Kollegen auch über Belangloses zu unterhalten – bislang hatte ich wenig Verlangen danach. Jetzt aber, wo ich stärker mit ihnen beruflich zu tun habe und dadurch mehr von ihnen erfahre, werden sie auch *interessanter* für mich. Ich lerne die *andere* (private) *Seite* von ihnen kennen, während mir bislang nur ihre berufliche ›Maske‹ begegnete.«

»Ich steckte in einen inneren *Zwiespalt*. Eine Bekannte von mir, die von einem Mann schwanger ist, der sie mittlerweile verlassen hat, wollte mir die Entscheidung, ob Abtreibung oder nicht, aufdrängen. Ich war mit der Frage nach Leben oder Tod konfrontiert. Diese *Polarität* hat mich sehr beschäftigt.«

Eine Teilnehmerin konnte sich (zumindest vorübergehend) damit aussöhnen, zwei Männer zu lieben. Bislang fühlte sie sich hin- und hergerissen zwischen ihren Verehrern, meinte, sich entscheiden zu müssen. Im ZWILLINGE-Monat konnte sie diese *Polarität* akzeptieren und zulassen.

Ein Klient erfuhr die *Erleichterung* des Luftzeichens ZWILLINGE dadurch, daß seine Schuldner ihre schon überfälligen Rechnungen endlich beglichen.

Auch ich erinnere mich an einige deutliche ZWILLINGE-Entsprechungen in verschiedenen ZWILLINGE-Monaten:

Ich kaufte mir in dieser Zeit einen Laptop, um *beweglicher* mit meiner Schreibarbeit zu sein. Der Kauf dieses Gerätes bedingte, daß ich mir noch einen zweiten Baustein (einen neuen Desktop) anschaffen mußte, da mein bisheriger Computer mit dem neuen Apparat nicht zu verbinden war.

Ich begann, mit meiner Frau regelmäßig *Zwiegespräche* zu führen (siehe dazu fünftes Kapitel), die sich als ein wesentlicher Faktor unserer Beziehung erweisen sollten (ZWILLINGE-Aszendent im Compositehoroskop!).

Vertragsabschluß mit dem Ariston Verlag für »*Das Bilderbuch der Träume*«; neben dem ZWILLINGE-Thema *Schreiben/Bücher* steht als weiterer Aspekt das *Polaritäts*thema im Vordergrund: Ich hatte dieses Buch zusammen mit einer Frau (meiner Traumtherapeutin) geschrieben. Außerdem ist ein zentrales Anliegen des Buches, einen neuen, *spielerischen Zugang* zu den Träumen durch das Herausfinden von *Sprachbildern* (sprichwörtlichen Redensarten) in der Traumbotschaft zu ermöglichen.

Diese Beispiele wollen nicht als »Beweise« für das Funktionieren der *Energetischen Astrologie* mißverstanden werden. Ihr subjektiver Charakter macht zudem deutlich, daß jeder nur für sich selbst herausfinden kann, wie es sich damit verhält. Ich möchte jeden dazu ermutigen und einladen, in dem Erlebnisfeld mitzuforschen, das bislang noch am wenigsten bekannt ist: die menschliche Psyche. Durch das Führen eines astroenergetischen Tagebuches oder Traumtagebuches, mit integrierten astroenergetischen Eigenbeobachtungen, schreibt jeder sein individuelles Astrologie- und Traumbuch selbst.

5
Die kreative Umsetzung des ZWILLINGE-Rätsels

Übungen im ZWILLINGE-Monat beschäftigen sich vornehmlich mit der ZWILLINGE-/MERKUR-Energie, da die Zeitqualität – in der äußeren und inneren Natur – diese Themen geradezu herausfordert. Je näher wir uns mit unserer Aufmerksamkeit und unseren Aktivitäten am »Nerv der Zeit« befinden, desto effektiver und ergiebiger werden unsere Resultate sein. Es ist eben – im übertragenen Sinne – wesentlich aufwendiger, im Sommer statt im Winter Ski laufen zu wollen. Anpassung an die Möglichkeiten und Erfordernisse der Zeit erleichtern uns das Leben und verhindern, daß wir unsere Energie für unwesentliche Dinge verschleudern.

Wichtig bei der kreativen Umsetzung unserer Lebensrätsel ist die *Freude am Tun*; jegliche Art von Leistungsdruck und Perfektionismus sollte vermieden werden. Beim Malen oder Schreiben geht es nicht darum, mit seinen Werken berühmt zu werden oder diese vor Kunstkritikern zu behaupten. Sehen wir unsere kreative Auseinandersetzung mit den Tierkreisarchetypen und Träumen als *schöpferische Selbsterfahrung*, deren Resultate uns in erster Linie ganz persönlich ansprechen, dann vermeiden wir den Streß, anderen damit imponieren zu müssen.

Die Übungen in diesem und den anderen Kapiteln wollen in erster Linie dazu anregen, durch die kreative Auseinandersetzung mit der ZWILLINGE-Kraft dieses Lebensrätsel in der Außen- und in der Innenwelt besser kennen und verstehen zu lernen und Kontakt zu unserer ZWILLINGE-Seite (MERKUR) aufzunehmen. Sie sind vor allem angezeigt, wenn wir das Leben zu schwer nehmen und zu unbeweglich sind, also ein Defizit an ZWILLINGE-Energie haben. Wenn wir spüren oder durch Träume vermittelt bekommen, daß wir ZWILLINGE-Rätsel zu lösen haben, können solche Übungen dafür als »Entwicklungskatalysatoren« eingesetzt werden. Auch eine übertriebene, einseitige Identifikation mit dem Luftzeichen kann uns durch verschiedene Formen der Selbsterfahrung bewußt und dadurch relativiert werden.

Annäherung durch Imagination

Das Setting: Die innere Bereitschaft, normale psychische Stabilität und Belastbarkeit, ein geeigneter Ort (in der Wohnung oder draußen in der Natur), an dem man für die Dauer der Imagination ungestört ist (Telefon und Klingel sollte man abstellen) sowie ein Thema, über das imaginiert werden soll, sind nötig.

Je nach Vorliebe imaginieren Sie liegend oder sitzend; die Kunst dabei ist es, die Bewußtseinsschwelle zu senken, damit die inneren Bilder ins Bewußtsein dringen können, ohne dabei jedoch einzuschlafen.

Energetisch sensible Zeitpunkte für ZWILLINGE-Imaginationen sind jeweils die ZWILLINGE-Monate oder wenn der transitierende MOND in *Konjunktion* oder *Opposition* mit unserem MERKUR (im Geburtshoroskop) steht – was je einmal im Monat der Fall ist.

Imaginationen wirken wie Träume sehr stark auf die Gefühle ein, da sie dem seelischen Bereich angehören. Vor allem bei kopflastigen Menschen, die Probleme mit der Traumerinnerung haben oder bei denen ein analytisches Vorgehen keine Resultate bringt, ist die Aktivierung eines Imaginationsprozesses oft sehr förderlich (wenn erst die Widerstände überwunden sind!).

Imaginationen des Fliegens, Schwebens, der Schwerelosigkeit

Entspannung; immer leichter werden, wie eine Feder, abheben vom Boden, die Schwerkraft der Erde überwinden und je nach Vorliebe wie ein Vogel oder im Flugzeug, im Ballon oder mit eigenen Flügeln durch die Lüfte schweben und die Vogelperspektive einnehmen.

Es ist häufig günstig, die Art des Abhebens und Fliegens sowie des Fluggefährtes offenzulassen, weil die individuellen Assoziationen dazu bereits einiges über den Betreffenden aussagen.

Es macht eben einen Unterschied, ob jemand wie ein Vogel direkt in den Lüften schwebt, in einem Ballon abhebt oder gar mit einer Rakete loszischt. Wie die betreffenden Erlebnisse zu bewerten sind, hängt natürlich vom Gesamtkontext, den Gefühlen, spontanen Einfällen und der Lebenssituation des einzelnen ab.

Teilnehmererlebnisse zu dieser Imagination:

»Ich befinde mich in einem Kettenkarussell, das sich gemütlich im Kreis dreht.«

Die STEINBOCK-Betonung (neben der SONNE auch MERKUR in diesem Zeichen) hält diese Teilnehmerin am Boden fest. Ihr Denken vollzieht sich in festgelegten Bahnen (Kettenkarussell), sie ist angehängt an den Ketten der Ratio, die sie nicht aufsteigen lassen in den Bereich der »freien Gedankenwelt«. Sie ist die Sicherheit gewohnt, die ihr die Begrenzung der Erdschwere bietet, dreht sich dabei im Kreis, kommt nicht weiter. Andererseits kommt nun Schwung in die Angelegenheit.

Eine Teilnehmerin mit WASSERMANN-SONNE und -Aszendent berichtet:

»Ich habe eine Schwere im Kopfbereich gespürt und konnte mich nicht loslassen. In der Phantasie bin ich zuerst in rasantem Tempo in den Weltraum hochgeschnellt, von wo aus ich mich aber gleich wieder selbst zurückgeholt habe. Auch in der Realität achte ich mittlerweile sehr darauf, nicht so stark abzuheben, wie ich das früher tat, als ich oft in Gedanken abschweifte.«

Die Teilnehmerin muß lernen, beide Seiten der Medaille zu integrieren und am jeweils richtigen Platz zu leben.

Eine STIER-Geborene hat ihre eigene Methode, nach oben zu kommen:

»Ich klettere eine Eiche hoch bis zur Krone. Wenige Zentimeter über den Baumkronen schwebe ich ein Tal entlang und finde es sehr schön so. Um die Vogelperspektive zu erreichen, versuche ich noch höher zu steigen, was mir sehr schwer fällt. Als ich in Gedanken mich den Wolken nähere, innere ich mich an ein reales Erlebnis in einem Flugzeug. Ich fühlte mich dabei sehr eingeengt und unwohl, den sicheren Boden verlassen zu haben und mich jetzt in der Luft zu befinden.«

Wir sehen hier wieder die Schwierigkeit von erdbezogenen Mitmenschen, über das Irdisch-Körperliche hinauszugelangen. Für unsere Teilnehmerin, die neben ihrer STIER-SONNE auch noch den Aszendenten in dem fixen Erdzeichen hat, gilt es schon als Fortschritt, daß es ihr überhaupt gelingt, die Erdanziehungskraft zu überwinden.

»Ich flattere etwa 100 m hoch über meinem Haus und meinem Garten und sehe mich als kleines Weiblein dort unten werkeln und mich bemühen. Ich empfinde dieses Bild von hier oben aus witzig und lächerlich zugleich und habe Schwierigkeiten, bei Beendigung der Übung wieder auf den Boden zurückzukehren.«

Die Teilnehmerin, eine WIDDER-Frau, hat ein ungewöhnliches Dasein gewählt und lebt ziemlich spartanisch. Die wenigen Mittel, die sie zum Leben braucht, verdient sie zum Teil durch harte Arbeit. Die Vogelperspektive, also der Abstand, aus der sie ihre Existenz in der Imagination betrachtet, stellt die Frage an sie, ob sie mit diesem Leben tatsächlich zufrieden ist. Schließlich hegt sie einen Widerwillen, auf den Boden ihrer Lebenswirklichkeit zurück-zukehren.

»Ich hebe ab wie ein kleiner Spatz und verwandle mich während des Fluges in die liebenswerte Figur des ›Onkel Popov‹, die von dem Kinderbuchautor JANOSCH geschaffen wurde und die in seinen Geschichten fliegen kann.«

Die Teilnehmerin projiziert ihr gefühlsbetontes, zartes KREBS-Wesen auf eine Kinderbuchfigur. Ihr Abheben führt sie in eine heile Kinder- und Märchenwelt.

»Ich brauchte zu lange zum Entspannen, und als die Übung zu Ende ging, dachte ich, daß ich jetzt noch schnell rauf in die Lüfte muß, um die Aufgabe zu erfüllen.«

Der WIDDER-Geborene hat Schwierigkeiten damit, das eigene Wollen zurückzustellen und die unwillkürlichen inneren Bilder kommen zu lassen. Für ihn scheint es eher eine Pflichterfüllung denn ein Vergnügen zu sein, die Freiheit des Fliegens zu erleben.

Eine SCHÜTZE-Geborene sieht sich mit einem Ballon über den Boden gleiten. Der Flug fühlt sich für sie »selbstverständlich« an, während ihr das Landen Schwierigkeiten bereitet und ihr Körper mit Beklemmungsgefühlen darauf reagiert. Als aufschlußreich stellte sich die überflogene Gegend heraus. Es handelte sich um zwei Orte, mit denen sie unerfüllte Liebe verbindet. Einer davon reicht in die Vergangenheit, der andere ist gegenwartsbezogen. Ihre massive Körperreaktion während der Imagination weist darauf hin, daß hier noch Blockaden liegen, die aufgearbeitet werden wollen, damit sie wieder »auf den Boden der (seelischen) Tatsachen« zurückkehren kann. Das Feuerzeichen SCHÜTZE verleitet häufig dazu, Verdrängungen durch Flucht in »Höhenregi-onen«, meist Idealvorstellungen, aufrechtzuerhalten.

In diesem Fall erschwert die unverarbeitete Enttäuschung einer Jugend-liebe das Eingehen von Liebesbeziehungen in der Gegenwart. Zentraler ZWIL-LINGE-Impuls dieser Imagination war das »Heraufholen« von Erlebnissen und Gefühlen der *Jugendzeit* während der ZWILLINGE-Entwicklungsphase (etwa von 12 bis 18 Jahre).

Bruder-Schwester-Imagination

Hierzu kann ein Traum Anstoß geben, etwa wenn in einer schwierigen Situation unser Bruder oder unsere Schwester hilfreich erscheint, die Traumerinnerung jedoch vorzeitig abbricht und der Traum keine Lösung hat. Wir gehen dann zurück in die Traumhandlung und konzentrieren uns vor allem auf Bruder oder Schwester, wenn wir die Handlung in unserer Imagination weiterspinnen. Haben wir keine realen Geschwister, kann es interessant sein, sich in imaginäre Geschwister einzufühlen.

Imaginationen zur Polarität

Sie bieten sich vor allem an, wenn wir in irgendeiner Weise sehr stark von einer Sache gefesselt sind oder einen extremen Standpunkt einnehmen. Je nach Angelegenheit nehmen wir die Gegenseite ein und versuchen imaginär diese andere Seite der Medaille zu erfassen. Das wird vermutlich zunächst unsere Widerstände hervorrufen – schließlich kommt es ja nicht von ungefähr, wenn wir polarisieren. Beurteilen wir etwa einen Mitmenschen ausschließlich negativ und können kein gutes Haar an ihm oder ihr lassen, dann könnten wir einmal versuchen, uns dessen positive Seiten in der Phantasie auszumalen. Sind wir dagegen von etwas total eingenommen, und die Begeisterung hat unseren klaren Blick getrübt, kann das freie Assoziieren darüber auch dessen Kehrseite ans Tageslicht bringen.

Führen wir im ZWILLINGE-Monat Imaginationen durch (auch zu den Lebensrätseln der anderen Tierkreiszeichen!), oder assoziieren wir spontane Bilder zu Themen, die uns gerade beschäftigen, macht es Sinn, die Ergebnisse vor dem Hintergrund des ZWILLINGE-Archetypen zu betrachten. Wie bei den Träumen und dem Alltagsgeschehen in dieser Zeit, kommt dem ZWILLINGE-Archetyp auch in den Imaginationen zentrale Bedeutung zu. Wir gehen dabei wie bei der astroenergetischen Traumdeutung (siehe dazu auch den Einführungsband) vor.

Imaginationen haben wie die Träume häufig eine starke Rückwirkung auf die Gefühlsebene, da sie dieser Dimension angehören und entspringen. Vor allem bei kopflastigen Mitmenschen, die Probleme mit der Traumerinnerung haben oder bei denen ein analytisches Vorgehen keine Resultate bringt, ist die Aktivierung eines Imaginationsprozesses oft sehr förderlich, soll aber auf keinen Fall erzwungen werden.

Meditationen

Wenn wir über die ZWILLINGE-/MERKUR-Energie meditieren wollen, dann bieten sich dafür folgende Gegenstände der Konzentration an, auf die wir unsere Aufmerksamkeit richten können:

○ die musikalische Umsetzung der ZWILLINGE- beziehungsweise MER-KUR-Kraft (siehe zweites Kapitel unter »Musik«);

○ das Sigel der ZWILLINGE und des MERKUR (siehe dazu auch das erste Kapitel);

○ eine bildhafte Darstellung des ZWILLINGE-Symbols oder des Götterboten MERKUR;

○ den realen Planeten Merkur (zur Einstimmung zum Beispiel in einem Astronomiebuch Fotos betrachten oder die astronomische Planetenbeschreibung lesen);

○ das astrologische Konstellationsbild unseres MERKUR im Geburtshoroskop;

○ die MERKUR-Schwingung (beispielsweise über die MERKUR-Stimmgabel von »Die Kosmische Oktave«);

○ ein Bild oder Foto, das ein ZWILLINGE-Thema abbildet (etwa die Darstellung von Gegensätzen oder Vögel, die schwerelos am Himmel gleiten);

○ ein selbstgemaltes Bild über die ZWILLINGE-Energie oder ein spontan gemaltes Bild im ZWILLINGE-Monat;

○ unsere Gedanken; Beobachtung der freischwebenden Gedanken, ohne an etwas hängenzubleiben, um zu sehen, was da so vor sich geht;

○ unser Atem als inniger Bezug zum Luftelement und zur Polarität (Ein- und Ausatmen).

Für ZWILLINGE-Meditationen eignet sich besonders der *Neumond* und der *Vollmond* in den ZWILLINGEN (in den meisten Kalendern vermerkt), der Zeichenwechsel der SONNE von STIER in ZWILLINGE (einmal pro Jahr) und der Wechsel des MONDES von STIER in ZWILLINGE (einmal pro Monat – die Zeitpunkte dafür sind über Ephemeriden zu berechnen oder dem Astrokalender zu entnehmen), die Konjunktion der verschiedenen Planeten mit dem MERKUR im Geburtshoroskop. Siehe dazu auch das Transite-Kapitel im Einführungsband.

Die Vorbereitung oder das Setting zur Meditation sollte wie beim Imaginieren durchgeführt werden (siehe Seite 138). Es ist darauf zu achten, die Übungen in entspannter Atmosphäre durchzuführen, nicht zu *übertreiben* (Grundsatz: Nicht mehr, als mir guttut!), nicht mit Störungen zu »kämpfen«, – sondern von Geräuschen und Gedanken immer wieder loszulassen und den Gegenstand der Meditiaton oder Imagination ganz unbefangen auf sich wirken zu lassen. Wahrnehmen ohne zu interpretieren, zu werten oder zu analysieren ist die Grundlage meditativer Übungen. Durch die Konzentration auf die ZWILLINGE-Energie in der meditativen Schau nehmen wir Kontakt zu dieser Wesensseite (MERKUR) in uns auf. Unsere Erlebnisse können wir *anschließend* als Selbsterfahrung werten; im Seminar beziehen wir diese Wahrnehmungen in die Arbeit mit ein.

Affirmationen

Folgende Affirmationen bieten sich als positive ZWILLINGE-»Mantras« an, die wir meditativ nachempfinden können. Stellt sich einer dieser hilfreichen »Zaubersprüche« als besonders wichtig für uns heraus, wiederholen wir diesen laut oder im Geiste, so oft wir daran denken – wir verbinden uns dadurch mit seiner segensreichen Wirkung. Nach einer gewissen Zeit der bewußten Intonation der Affirmation wird diese sozusagen »in Fleisch und Blut« übergegangen sein und auf unbewußter Ebene ihre Botschaft vermitteln.

○ Ich akzeptiere die Gegensätze, die sich in meinem Leben zeigen.
○ Ich habe den Mut, die andere Seite der Medaille zu betrachten.
○ Alles Negative hat auch seine gute Seite.
○ Ich nehme das Leben leicht und bewahre meinen Realitätssinn.
○ Ich entscheide darüber, welche Gedanken ich in mich hereinlasse.
○ Ich bin meinen Gedanken gegenüber frei.
○ Mein Leben ist mehr als mein Körper und meine Gedanken.
○ Mein Denken ist Dankbarkeit.
○ Ich darf das Leben spielerischer nehmen.
○ Der Weg ist das Ziel.
○ Ich bin ganz entspannt im Hier und Jetzt.
○ Ich öffne mich den unterschiedlichen Seiten des Lebens.

○ Ich bleibe im Austausch mit meinen Mitmenschen ich selbst.
○ Es ist, wie es ist.
○ Ich kann die Dinge nehmen, wie sie sind.

Diese Aussagen sind je nach Situation zu modifizieren; weitere Affirmationen lassen sich aus dem Inhalt dieses Buches nach Bedarf selbst ableiten.

Dramatische Umsetzung, Rollenspiele, Spiele, Übungen

Anstoß für eine bewegte Umsetzung kann ein Traum sein, der ein Problem mit dem ZWILLINGE-Zeichen erkennen läßt. Wurde etwa im Traum ersichtlich, daß der Träumer in einem Gegensatz gefangen ist, läßt sich daraus eine kleine Szene entwickeln. Dabei sind für die »dramaturgische« Ausgestaltung die spontanen Einfälle der Mitspieler einzubeziehen. Man sollte allerdings die Wirkung dieser äußerlich zuweilen unscheinbaren Übungen auf die Psyche nicht unterschätzen. Für jemanden, der gerade auf diesen Bereich sensibilisiert ist, können solche symbolischen Handlungen eine Ermutigung sein, in dieser Richtung weiterzuarbeiten.

Zur *Gegensatz*thematik bietet es sich an, sich in die andere Seite, den Gegenpol, hineinzuversetzen; einmal genau das Gegenteil vom Gewohnten zu denken oder zu tun, sich in Menschen einzufühlen, die man als gegensätzlich zum eigenen Wesen empfindet, in einer Diskussion mal die Rollen zu vertauschen und mit den Argumenten des Gegenübers zu sprechen.

Gerade bei der Bearbeitung von Gegensätzen eignet sich die *Dialogmethode*. Indem wir nacheinander die gegensätzlichen Positionen einnehmen, verleihen wir dem Zwiespalt oder (inneren wie äußeren) Konflikt Gestalt und lernen, beide Seiten zu verstehen. Angestaute Emotionen können wieder frei fließen, wenn im spontanen Dialog mit einem Widersacher der Sprung von der rationalen zur emotionalen Ebene gelingt. Ganz nach ZWILLINGE-Manier räumen wir bei der Durchführung eines solchen Dialoges beiden Seiten den Platz ein, den sie brauchen. Äußerlich geschieht das dadurch, daß wir zwei Stühle gegenüberstellen, auf denen der Kandidat wechselweise Platz nimmt. Zunächst spielt dieser sich selbst, nimmt seine eigene Position ein und vermittelt diese dem *imaginierten* Gegenüber (auf dem anderen Stuhl). Anschließend, wenn ihm nichts mehr einfällt oder die Gegenseite sich in ihm zu Wort meldet, begibt er sich auf den gegenüberliegenden Platz. Er oder sie versetzt sich auch innerlich in den Gegenspieler – das kann der Ehepartner, eine Kollegin, der Nachbar, ein Kind oder sonst jemand sein, eben jemand, mit dem man in einem Gegensatz steht – und läßt diesen verbal und emotional reagieren. Die Positionen sollten mehrmals wechseln, damit auch wirklich die emotionale Ebene erreicht wird.

Anfangs kann es auch hilfreich sein, wenn zunächst andere Mitspieler die Rolle der Gegenposition(en) einnehmen, um den Dialog in Gang zu bringen. Als Beispiel dazu sei der Auszug aus einem Dialog genannt, der im Seminar durchgespielt wurde. Er entstand aufgrund des folgenden Traumes:

»Mein Mann liegt seitlich auf dem Boden und hat seinen Kopf in die rechte Hand gestützt. Er wirkt ganz entspannt, obwohl sich an seinem Körper eine kleine weiße Schlange mit schwarzen Flecken befindet. Sie ist sehr lebendig und beweglich und wuselt an ihm hoch. Ich denke mir: ›Hoffentlich ist sie nicht giftig‹, mein Mann hingegen ist von der Schlange nicht irritiert. Dann sehe ich die Schlange flach und ausgestreckt auf dem Boden liegen. Sie wirkt jetzt leblos. Ich sehe, wie eine männliche Hand nach ihr greift, die Schlange am Kopf packt und sie umdreht. Ich kann jetzt ihren Bauch sehen und erkenne, daß es nur die leere Schlangenhaut ist und die Schlange weg ist. Ich bin erleichtert und denke beim Aufwachen: ›Wo mag sie jetzt wohl sein‹?«

Die Deutung dieses Traumes im FISCHE-Monat findet die interessierte Leserschaft im FISCHE-Band. Da die Träumerin emotional und gefühlsmäßig sehr stark von diesem Traum angerührt wurde, erschien ein »Phantasie«-Dialog zwischen ihr, der Schlange und ihrem Gatten aufschlußreich. Zur Erleichterung übernahmen zunächst zwei andere Teilnehmer die Rollen der Schlange und des Gatten. Grundsätzlich hätte sie natürlich auch alle drei Positionen abwechselnd selbst darstellen können, was am Anfang allerdings für viele schwierig ist. Ein kurzer Auszug aus dem spontan geführten Dialog:

Teilnehmerin: Was willst du hier, Schlange!

Schlange: Weiß noch nicht.

Teilnehmerin: Du machst mir angst. Ich fürchte mich davor, daß du mich und meinen Mann beißen und töten könntest. Geh weg in die Natur, laß uns zufrieden!

Schlange: Hier ist es auch natürlich. So schön warm!

Mann: Schau an, da bewegt sich was.

Bei diesem Satz mußte der Mitspieler, der die Rolle des Gatten innehatte, unwillkürlich lachen, was die Träumerin unversehens zum Weinen brachte. In dieser kleinen Szene wurde ihr schlagartig klar, was sich auch in ihrem Ehealltag permanent abspielte und was ihr zu schaffen machte. Während sie sich um sein Wohl und das der Familie sorgte, meist mehr als notwendig, hatte er eine bequeme Haltung eingenommen. Die Körperhaltung im Traum ist in dieser Hinsicht ein Symbol seiner inneren Einstellung. Jetzt bricht aus ihr heraus, was sie zu lange schon zurückhielt, aufstaute, vor allem die Wut, sich benutzt und zuwenig anerkannt zu fühlen, dem anderen Verantwortung abzunehmen und sich selbst damit zu plagen. Und andererseits wird ihr nahegelegt, auch zuweilen eine solche bequeme Position einzunehmen, es sich vor allem selbst gutgehen zu lassen.

Es ist gerade der Sinn der Dialoge und Rollenspiele, daß unterdrückte Gefühle befreit werden und dadurch ein Erkenntnisprozeß in Gang kommt, der über das bloße Wissen um eine Situation hinausreicht, da er die Gefühls-dimension mit einschließt und »Bewegung« in die Sache bringt. Andere Aspekte zu dieser Methode und Beispiele dazu finden sich in weiteren Tierkreisbänden.

Eine einfach durchzuführende Übung zum ZWILLINGE-Aspekt der Polari-tät ist das »Pro-und-Kontra-Spiel«. Vor allem in Entscheidungssituationen bietet sich diese Übung an. Der Ehepartner oder – im Seminar – die Gruppen-teilnehmer nehmen den gegenteiligen Standpunkt von einem selbst ein – jeder hat die Aufgabe, zunächst seine Seite zu vertreten, alle Argumente, aber auch Gefühle und innere Regungen, zuzulassen. Nicht zu früh Kompromisse suchen oder auf die Gegenseite einschwenken! Anschließend werden die Seiten gewechselt, und der umgekehrte Standpunkt ist zu vertreten. Am Ende der Übung versuchen die Beteiligten, in sich hineinzuspüren, wo sie jetzt hinsichtlich des behandelten Themas stehen, wie sich jeder fühlt, welche Erkenntnisse sich eingestellt haben.

Eine Teilnehmerin stand beispielsweise in dem Zwiespalt »Berufstätigkeit kontra Kindererziehung«, dem sie im ZWILLINGE-Monat besonders deut-lich erlebte. Durch die Pro-und-Kontra-Übung, in der Gruppenteilnehmer mit einbezogen wurden, bekam sie ein Gefühl dafür, daß sich die beiden Seiten nicht unbedingt ausschließen müssen. Ihr wurde bewußt, daß Nähe und Distanz sich durchaus ergänzen und beide Aspekte des Daseins nötig sind. Gerade bei einem Zuviel an Nähe, also wenn wir im Übermaß mit einem Menschen zusammen sind oder unsere Aufmerksamkeit nur um ihn/sie kreist, wird die Gegenseite unwillkürlich aktiviert, und wir entfremden uns voneinander, anstatt uns wirklich näherzukommen. Schaffen wir es dagegen, eine gewisse innere wie äußere Distanz freiwillig einzuhalten, werden wir die Gegenwart unseres Gegenüber erst wirklich zu schätzen wissen.

Zu dem zentralen ZWILLINGE-Thema der *Kommunikation* bieten sich die von MICHAEL LUKAS MOELLER konzipierten »Zwiegespräche« an, die er in seinem Buch »*Die Wahrheit beginnt zu zweit – Das Paar im Gespräch*« vorstellt. Diese Gesprächsmethode, die auch ich in meiner Partnerschaft praktiziere, ist für Paare und Beziehungen sehr zu empfehlen.

Zur ZWILLINGE-Entsprechung des *Denkens* bietet sich die Übung an, einmal ganz bewußt den Versuch zu unternehmen, *nicht* zu denken. Das Ergebnis wird vermutlich zu der Erkenntnis führen, daß ein Bienenschwarm von Gedanken permanent in unserem Kopf herumschwirrt und uns häufig in Unruhe und Verwirrung versetzt. Ein wesentliches Anliegen der meisten Meditationsformen besteht daher in der Fähigkeit, seine Gedanken loszulassen, anstatt sich wie bisher davon betören und betäuben zu lassen.

Übungen dieser Art haben gezeigt, daß es für manche Mitmenschen gar nicht so selbstverständlich ist, Gedanken als solche zu identifizieren und etwa innere Bilder (Formen des Unbewußten) von der Bewußtseinsfunktion zu unterscheiden. Je weniger uns bewußt ist, wann und was wir denken, desto geringer ist die Freiheit den Gedanken gegenüber.

Um die individuelle Denkart (MERKUR-Stellung im Horoskop) herauszufinden, bietet sich vor allem die Beobachtung unseres Denkens und unseres Umgangs mit den Gedanken an. Solche Übungen sollten sich aber in vertretbarem Rahmen bewegen und keinesfalls paranoide Reaktionen fördern – »Denkknoten« haben die meisten von uns sowieso schon genug!

»*Positives Denken*« ist eine esoterisch-psychologische Modeerscheinung unserer Zeit, die – wie alles in dieser polaren Welt! – ihre positiven und negativen Seiten hat. Positiv am »positiven Denken« ist der Impuls, die Anhaftung an der negativen Seite des Daseins zu erkennen und abzubauen. Es ist in jedem Falle eine gute Übung, den negativen Einschätzungen und Bewertungen seiner Lage die zweifellos ebenfalls vorhandenen »guten« Aspekte gegenüberzustellen. Es bietet sich an, die beiden Seiten der Medaille aufzulisten und nebeneinander auf einen Zettel zu schreiben. Zu dieser Übung gehört natürlich als Voraussetzung eine gewissen Offenheit und Ehrlichkeit sich selbst und der Welt gegenüber. Und solche Übungen fördern das Vermögen, eine gewisse wertfreie, objektive Sichtweise der Dinge zu erlangen.

Die Gefahr beim »positiven Denken« liegt darin, die zweifelsohne vorhandene negative Seite zu verdrängen und zu verschönen, wo es nichts zu verschönen gibt. Es kann auch nicht darum gehen, sich künftig von »negativen Informationen« abzuschotten, wenngleich eine Reduzierung des Konsums von »Horrormeldungen« (permanent vermittelt durch unsere Massenmedien) der Seele sicher entgegenkommt. Es gilt eben auch hier das Gesetz der Polarität: die negativen Seiten nicht zu verdrängen, aber durch das Erkennen der positiven Aspekte sich davon zu emanzipieren!

Eine weitere einfache Übung ist das »*Was denkst du gerade*«-Spiel. Wenn es nicht zwanghaft betrieben und in unpassenden Momenten gespielt wird, kann es zur Bewußtwerdung unseres Denkens und unserer Gedanken beitragen. Voraussetzung dafür ist wie bei allen Übungen Freiwilligkeit und Ehrlichkeit sich selbst gegenüber.

Weitere Übungen mit ZWILLINGE-Entsprechung sind beispielsweise *Denksportaufgaben*, vor allem *Schach*, wenn es als Training für geistige Beweglichkeit verstanden wird. Spiele überhaupt können Medium dafür sein, die spielerische Seite des Daseins wiederzuentdecken, wenn wir auch wirklich spielerisch damit umgehen und nicht etwa aus Pflichterfüllung unseren Kindern gegenüber. Während das letztere Verhalten nichts Spielerisches mehr an sich hat, kann ein Mensch mit erlöster ZWILLINGE-Seite sein gesamtes Dasein in spielerisch-leichter Weise entfalten. Obwohl dieses Kapitel zum eigenen Ausprobieren anregen soll, ist gerade bei der Durchführung von Rollenspielen und Übungen ein erfahrener Kursleiter oft unerläßlich. Vor allem mit der Seele der Mitmenschen sollten wir nicht leichtfertig nach unserem Gutdünken verfahren und uns eine ehrliche Antwort auf die unerläßliche Frage geben, ob wir in der Lage sind, das »Versuchskaninchen« notfalls auch aufzufangen!

Die Umsetzung in Geschichten, Gedichte, Märchen

Sowohl eine ZWILLINGE-Betonung als auch eine Blockade des MERKUR kann eine schreibende Umsetzung dieses Lebensrätsels herausfordern. Je nach Neigung und Bedürfnis kann es befreiend sein, die Phantasien oder Träume schreibend auszumalen, weiterzuspinnen und ihnen dadurch eine Ausdrucksmöglichkeit zu verleihen, die auf *physischer* Ebene (derzeit) nicht möglich ist. Wir können in einer Geschichte oder märchenhaften Handlung unserer Phantasie freien Lauf lassen und bei der Meisterung unserer Probleme mit dem ZWILLINGE-Prinzip einsetzen. Da die Seele auf unsere Phantasieprodukte ebenso reagiert wie auf die Alltagswirklichkeit, haben wir mit dem Schreiben eine Möglichkeit, innere Prozesse zu begleiten und zu unterstützen. Vor allem bieten sich unsere Träume dazu an, eigene Geschichten zu verfassen; literarische Qualitäten sind dabei absolut nebensächlich – Hauptsache ist unsere innere Beteiligung an dem, was wir schreibend produzieren.

Nachfolgend das Beispiel eines WASSERMANN-Geborenen, der seine inneren Konflikte in Gedichtform verarbeitet:

Immer wieder (vom 19.1.93)

Mir ist so sehr
ich weiß nicht wie,
ich kann es nicht beschreiben.
Wo kommt es her?
Es läßt sich nie
durch Denken nur vertreiben.

Ein grauer See
am Seelengrund
gebiert die Ungeheuer,
und stummes Weh
verschließt den Mund,
und in mir brennt's wie Feuer.

Und nur Dein Blick,
Dein sanftes Wort,
sie sprengen meine Ketten,
führ'n mich zurück,
nach innen fort –
beginnen, mich zu retten.
Dann wachsen Gedichte
von großer Gewalt –
ich kann es nicht begreifen,
wie manche Gesichte
in Engelgestalt
aus den Dämonen reifen.

Und dann die Weite,
ganz licht und ganz warm,
und freier atmet die Brust.
Und ich, ich reite
im Vogelschwarm
zum Gipfel der Lebenslust.

Hier halt' ich inne –
es schweift dann mein Blick
nach oben – und ganz tief hinab.
O flüchtige Minne –
ich schaue zurück
und sehe mein Jugendgrab.

Und dann wird mir wieder
ich weiß nicht wie
und kann es nicht beschreiben.
Es zieht mich nieder
die alte Manie
und läßt sich nicht vertreiben.

Weitere Teilnehmerbeispiele zur Anregung findet der Leser in anderen Tierkreisbänden.

Naturerfahrungen

Ein möglichst ausgedehnter Spaziergang gerade im ZWILLINGE-Monat in der voll erblühten Natur kann uns unserem ZWILLINGE-Rätsel sehr viel näher bringen: bewußtes Erleben des Vogelflugs, des Gezwitschers und des Liebeswerbens, den Wind auf seiner Haut spüren, das Vorbeiziehen der Wolken am Himmel beobachten, das Gaukeln der Schmetterlinge von Blüte zu Blüte sinnlich erfassen, die Samen einer Pusteblume im Wind spielen sehen...

Die ZWILLINGE-Themen als Bilder

Wenn wir Emotionen, Traum- und Phantasiebilder oder Horoskop-konstellationen zu malen versuchen, bringen wir diese näher an unser Bewußtsein heran und reichern das Deutungsmaterial mit zusätzlichem Stoff an. Es ist eben nicht zufällig, wie wir die Striche setzen, welche Farben wir verwenden oder wie wir den Raum aufteilen. Alle diese Aspekte haben eine individuelle Bedeutung – das Unbewußte führt den Pinsel in weit größerem Maße, als wir das glauben oder wahrhaben wollen. Und wenn wir uns dieser Führung anvertrauen, anstatt ängstlich alle »verräterischen« Elemente auszu-schließen, können wir sehr viel über uns erfahren.

In bezug auf die ZWILLINGE sind es vor allem Traum- und Phantasie-bilder zu den ZWILLINGE-Themen beziehungsweise zu Träumen im ZWIL-LINGE-Monat; auf der astrologischen Seite bietet sich an, die MERKUR-Stellung im Horoskop bildnerisch darzustellen. Als Hilfestellung können die Aussagen in diesem Buch zur ZWILLINGE-/MERKUR-Energie genommen werden, in Kombination mit dem Band, der das Tierkreiszeichen beschreibt, in dem der »individuelle« MERKUR steht. In unseren astroenergetischen Seminaren malen wir die wahrgenommenen Bilder und Gefühle zum Beispiel zu ZWILLINGE-Musik und deuten diese später vor dem Hintergrund dieses Zeichens. Wir konnten dabei die Feststellung machen, daß die individuelle Thematik in dem gemalten Bild seinen Ausdruck findet. In der Rückwir-kung auf den »Maler« oder die »Malerin« dringt ein selbstgefertigtes Bild meist tiefer ein und erreicht eher die Gefühlsebene, als wenn nur astrologisch-rationale Aussagen über eine Konstellation gemacht werden.

Bei spontan gemalten Bildern im ZWILLINGE-Monat wird sich – wie auch immer – vor allem unsere *Gegensatzthematik* in Szene setzen. Also bietet

sich an, diese bewußt daraufhin zu untersuchen. Ein wesentlicher Anhalts-
punkt ist hier die Bildaufteilung. Allgemein gesagt, verkörpert die linke
Seite den (unbewußten) Yin-Bereich oder die Innenwelt, während der rechte
Teil des Blattes unsere bewußten Identifikationen und den Bezug zur Außenwelt symbolisiert.

Eine Teilnehmerin beispielsweise malte nach dem Hören von ZWILLIN-
GE-Musik auf der linken Bildseite spontan einen Teufelstanz und einen
vollgefressenen Mann – und rechter Hand einen Engel und eine meditierende
Frau. Hier soll die Polarität Gut-Böse ins Licht des Bewußtseins gerückt
werden. Die Teilnehmerin bekam durch dieses Bild vom Unbewußten die
Mitteilung, daß sie sich mit der »engelhaften« Seite identifiziert, diese nach
außen hin lebt (rechts), während die »teuflischen Wesensseiten« im Unbewußten ihren Tanz aufführen. Für die Betreffende stellte sich die Frage,
inwieweit sie die physische Seite des Daseins »verteufelt« (dargestellt durch
den vollgefressenen Mann auf der Teufelsseite, der Trägheit und
Gemüthaftigkeit – eine STIER-Entsprechung – bedeutet) und die geistige
Seite (die meditierende Frau) einseitig »vergöttert« (im Bild des Engels).

Eine andere Teilnehmerin malte farbige Kreise und Dreiecke in der
Bildmitte, die durch Gitterstrukturen am Bildrand eingegrenzt waren. Für
die Malerin ein Ausdruck davon, daß sie dazu neigte, die »farbigen« und
beweglichen Gedanken (geometrische Figuren) »einzusperren«. Sie erinnerte
sich daran, daß sie sich in der ZWILLINGE-Phase der Entwicklung (Pubertät) häufig zu Hause eingesperrt fühlte und ihr natürliches Verlangen nach
freier Begegnung und Kommunikation mit Gleichaltrigen nicht ausleben
konnte. Das Bild zeigt in der Gitterstruktur ihr inneres »Raster«, das sie
einengt und wenig Spielraum zuläßt. Wenn sie allerdings dieses Rätsel
(astroenergetisch: MERKUR in ZWILLINGE im zehnten Haus) gemeistert
hat, dann besteht der Lohn in der Fähigkeit zu einer »natürlichen Gedanken-
kontrolle« ohne »schädliche Nebenwirkungen« oder »seelische Vergewalti-
gung«.

Bei einer WAAGE-Geborenen wurden deren symbiotische Beziehungs-
tendenzen in dem Bild zweier miteinander verwachsener Wesen deutlich.
Dies war kein Bild der Einheit der Pole, sondern wies auf das Problem der
Betreffenden hin, die zwei Seiten des Daseins auseinanderzuhalten beziehungsweise die Polarität zwischen Ich und Du zu ertragen.

In dem Bild »Wüste und Oase« einer SCHÜTZE-Geborenen wurde
deutlich, wie sehr die Pole sich gegenseitig bedingen. Erst durch die Wüste

wird die Oase als solche erlebt. Und bestünde die Welt nur aus Oasen, würde deren Schönheit nicht als solche erlebt werden. Die Polaritäten in den gemalten Bildern drücken sich häufig auch durch die Farbwahl, die Formen und Gestalten aus.

Die nachfolgende Abbildung »Blick in einen geteilten Spiegel« ist ein Beispiel dafür, wie die Entsprechungen der Tierkreiszeichen – hier das ZWILLINGE-Thema – auch über das Medium Fotografie Ausdruck finden können.

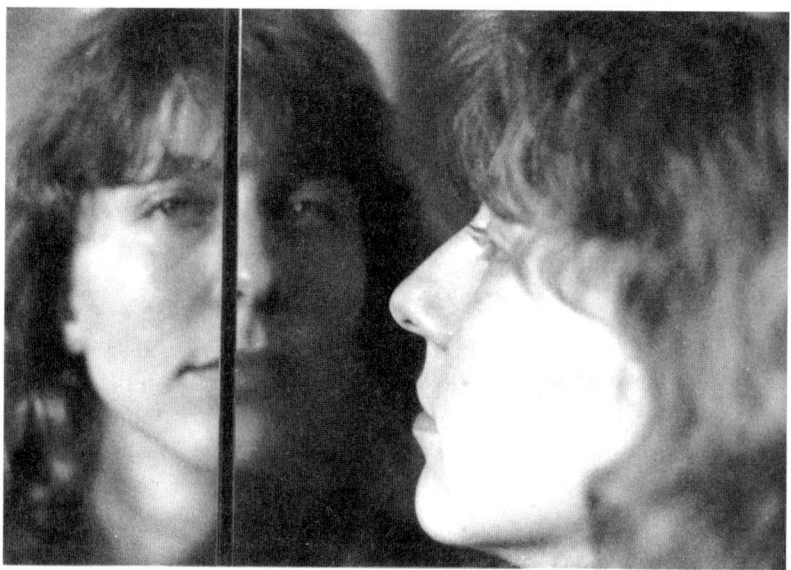

6

Die Deutung der Träume im ZWILLINGE-Monat

Die Interpretation von Träumen, Orakeln und »äußeren« Geschehnissen hängt wesentlich vom gewählten Deutungshintergrund ab. Die Grundlage eines zeitgemäßen Verständnisses der nächtlichen Botschaften wurde durch die Traumdeutung von SIGMUND FREUD geschaffen und von dessen ehemaligem Schüler C.G. JUNG weiterentwickelt. JUNGS Lehre, die mir kompetent und einfühlsam von der Traumtherapeutin HILDEGARD SCHWARZ vermittelt wurde, erlebte ich als eine Quelle der Inspiration, um neue Zugänge zum Traumrätsel zu finden. Einer dieser neuen Wege ins Innere der Traumbotschaft war die Entdeckung, daß viele Traumbotschaften in die bildhafte Sprache der Sprichwörter und Redensarten eingekleidet sind – wie ich es zusammen mit HILDEGARD SCHWARZ in unserem Werk »*Das Bilderbuch der Träume*« aufgezeigt und erläutert habe.

Die vorliegende Buchreihe stellt als weiteres Novum einen bislang ungenutzten Lösungsweg zum Verständnis der Traumrätsel vor: den Brückenschlag zwischen der Jungschen Traumpsychologie und der Astrologie. Bei dieser sogenannten *astroenergetischen Traumdeutung* machen wir uns das Wissen um die Qualität der Zeit zunutze und betrachten die Träume vor dem Hintergrund des Tierkreiszeichens, das die SONNE zum Zeitpunkt des Traumes gerade durchwandert hat; in diesem Falle also die ZWILLINGE.

Zum besseren Verständnis dieser Vorgehensweise und der nachfolgenden Fallbeispiele empfehle ich der Leserschaft, sich durch die Lektüre der vorangehenden Kapitel auf die ZWILLINGE einzustimmen. Das dadurch entwickkelte »Gespür« für diesen Archetypen versetzt den Leser in die Lage, die hier besprochenen Fallbeispiele und die eigenen Träume im ZWILLINGE-Monat nachzuvollziehen und deren zentrale Botschaft zu erfassen. Eine ausführliche Erläuterung der *energetischen Astrologie* und der *astroenergetischen Traumdeutung* habe ich in dem Einführungsband »*Die Rätsel des Lebens*« niedergeschrieben.

An dieser Stelle sei noch einmal darauf hingewiesen, daß auch die Traumdeutungen nach der astroenergetischen Methode nicht auf die Einfälle des Träumers und seine Angaben zur aktuellen Lebenssituation verzichten können. Jeder Traum ist eine individuelle Schöpfung und als solche zu behandeln! Durch die astrologische Symbolik wollen wir kein Schubladendenken entwickeln, sondern die Traumbotschaft mit zusätzlichem Material anreichern. Es wird dabei deutlich werden, wie die unterschiedliche Prägung der Träumenden (im Horoskop astrosymbolisch dargestellt) den Zugang und Bezug zum ZWILLINGE-Archetypen bestimmt. Dabei dürfen wir natürlich nicht übersehen, daß der individuelle Reifegrad der Seele entscheidend dafür ist, wie wir mit den verschiedenen Erfahrungen und Herausforderungen umgehen. Andererseits trägt die Auseinandersetzung mit den Lebensrätseln wesentlich zur seelischen Reifung bei.

Was uns Träume zeigen

Die nachfolgende Auflistung soll eine Orientierungshilfe sein, um das jeweilige *zentrale* Thema der Fallbeispiele und der eigenen Träume im ZWILLIN-GE-Monat schneller zu erfassen. Diese *allgemeinen* Aussagen sind als Anregungen gedacht, das persönliche ZWILLINGE-/MERKUR-Thema herauszufinden; sie sind im Einzelfall zu modifizieren. Diese »Kerngedanken« zum ZWILLINGE-Thema verdeutlichen, unter welchen Gesichtspunkten die Träume in dieser Zeit des Jahres *vorrangig* zu betrachten sind. Welche der genannten Aspekte in einem Traum besonders hervortreten und in welcher Kulisse die Traumhandlungen stattfinden, hängt natürlich von den individuellen Gegebenheiten des Träumers ab.

Träume im ZWILLINGE-Monat
○ konfrontieren uns in erster Linie mit der *Polarität* des irdischen Lebens;
○ geben Auskunft über die individuelle Konstellation der Yin- und Yang-Kraft (die Verteilung der männlichen und weiblichen Energien sowie der Körper-Geist-Polarität);
○ zeigen auf, *welche Seite der Medaille* überbetont ist, welche zu kurz kommt, und rücken die unterdrückte Wesensseite in den Vordergrund;
○ wollen uns helfen, die Erfahrungen mit der Dualität anzunehmen und beide Seiten (die *Gegensätze*) *nebeneinander* stehen lassen zu können;
○ klären uns auf, daß alle Erfahrungen zwei Seiten haben und die eine Seite automatisch die andere mit sich bringt;
○ demonstrieren uns, ob und wo wir zu »*Schwarzweißmalerei*« in unserem Denken und Handeln neigen.

Ganz allgemein können Träume im ZWILLINGE-Monat

- ○ zu größerer *Objektivität* verhelfen, um *wertfrei* alle Aspekte eines Geschehens oder Objektes erfassen zu können;
- ○ zeigen, wo wir Probleme mit der *objektiven* Betrachtung eines Sachverhaltes und der *Neutralität* haben;
- ○ ermutigen, durch *Ausprobieren dazuzulernen*;
- ○ unsere individuelle Art zu *lernen* wie auch *eventuelle Lernblockaden* verdeutlichen;
- ○ an die Erfahrungen und Prägungen *unserer Schulzeit* erinnern und deren Relevanz für unsere derzeitige »*Lernsituation*« bewußtmachen;
- ○ sagen, was wir derzeit zu *lernen* haben;
- ○ uns objektiv über die innere und äußere Lebenslage *unterrichten*;
- ○ uns wissen lassen, wie es um unsere innere und äußere *Kommunikationsfähigkeit* bestellt ist;
- ○ uns Auskunft darüber geben, mit welchen *Gedanken* wir uns hauptsächlich identifizieren und ob uns diese auch wirklich entsprechen;
- ○ uns verdeutlichen, mit wem oder worüber wir miteinander *reden* sollten, um unsere Gedanken *auszutauschen* und Mißverständnisse zu beseitigen;
- ○ bewußt machen, wie empfangsbereit wir auf *Informationen* reagieren, die uns tagtäglich bestürmen (zu offen, verschlossen oder stimmig?);
- ○ deutlich machen, wie groß unser *Informationsstand* in einer bestimmten Sache derzeit ist, und *Informationslücken* ausgleichen;
- ○ unser *Wissen* von uns selbst und unserer Lebenslage beleuchten;
- ○ aufzeigen, wie unser *Intellekt* arbeitet;
- ○ unsere Fähigkeit, mit unserer *Umwelt* zurechtzukommen, widerspiegeln;
- ○ auffordern, *schlau* zu sein und auch einmal eine *List* zu gebrauchen, wenn uns dies auf unserem Weg weiterbringt;
- ○ uns den Grad unserer (geistigen) *Beweglichkeit* erkennen lassen;
- ○ verdeutlichen, ob wir die *Leichtigkeit* des Seins ertragen und ob wir den Grundsatz »*Take it easy*« beherzigen;
- ○ uns sagen, wo wir etwas *leichter* nehmen sollten oder aber es uns zu *leicht* machen wollen;
- ○ beleuchten, ob wir die *spielerisch-lockere* Seite des Daseins integriert haben und zu leben vermögen;
- ○ zeigen, welches *Spiel* wir mit uns und den anderen treiben (oder diese mit uns);
- ○ uns *Erleichterung* verschaffen, wo wir es nötig haben;

○ uns auffordern, die Dinge des Lebens auch einmal aus der *Vogel-perspektive* zu betrachten, um einen *Überblick* zu erhalten;

○ uns helfen, das Leben anzunehmen, »*wie es ist*«;

○ uns auf unsere wahren *Interessen* aufmerksam machen;

○ zeigen, worauf wir unsere *Aufmerksamkeit* richten sollten;

○ unsere (äußere und innere) *Kontaktfähigkeit* in den Mittelpunkt rücken;

○ bewußtmachen, mit welchen inneren Wesensteilen oder realen Personen wir in *Kontakt* treten sollten und wie dieser *Kontakt* aussieht;

○ einen roten Faden zu unserer individuellen ZWILLINGE-Entwicklungsphase (12. bis 18. Lebensjahr) spinnen und zeigen, wie etwaige Probleme aus dieser Zeit (Pubertätsblockaden, Kontaktschwierigkeiten mit dem anderen Geschlecht) in unsere Gegenwart hineinwirken.

Insgesamt gesehen wollen uns die Träume in dieser Zeit bewußtmachen, wie wir mit unseren aktuellen und individuellen Themen des ZWILLINGE-Monats umgehen und ob eine Integration oder Abwehr dieser Erfahrungen erfolgt. Bei den Träumen im ZWILLINGE-Monat wird die *Botschafter-*Funktion unserer nächtlichen Begleiter um so deutlicher. Träumend wird eine gesunde *Neugier* für unser Dasein geweckt und das *Interesse* für die Entfaltung unseres Lebens gestärkt.

Fallbeispiele

Träume von Seminarteilnehmern und Klienten

Der folgende Traum konfrontierte die Seminarteilnehmerin mittleren Alters mit der bislang verdrängten Kehrseite der Medaille in ihrer Beziehung zur eigenen Mutter:

Traum vom 24.5.: Vergiftung

»Ich träume, daß Mutti sich nicht wohl fühlt, und darauf sagt meine Schwester Gerda lächelnd: ›Ja ich habe ihr Gift gegeben.‹ Ich versuche, unseren Hausarzt anzurufen, aber der sagt, daß er nicht kommen will. Dann fahren wir zu dritt im Auto ins Krankenhaus. Vor einer Ampel müssen wir warten, und es geht nicht weiter. Ungeduldig wache ich auf.«

Zum Zeitpunkt des Traumes war die alte Mutter der Träumerin erkrankt und eine große Belastung für ihre Kinder, die sich rührend um sie kümmerten. Ganz natürlich, daß eine solche Streßsituation ihre *zwei Seiten* hat – einerseits Mitgefühl und Hilfsbereitschaft weckt und andererseits Aggressionen wegen der Belastung hervorruft. Die Träumerin hatte anscheinend ihre »giftigen Gefühle« der Mutter und der Situation gegenüber verdrängt. Im ZWILLINGE-Monat wird sie mit dieser ungelebten Seite der Medaille konfrontiert. Im Traum ist es ihre Schwester, die der Mutter lächelnd und ohne Schuldbewußtsein das Gift eingeflößt hat. Das ist natürlich nicht wörtlich zu nehmen, sondern auf der Subjektstufe zu deuten. Es handelt sich um die innere Schwester der Träumerin, ihre andere Seite also, die sich ihre »giftigen Gefühle« zugesteht, um eine Befreiung zu ermöglichen. Eine einseitige Idealisierung von Mitmenschen oder Moralvorstellungen führt nur in Sackgassen, wie wir im alltäglichen Leben immer wieder feststellen können.

Unsere Teilnehmerin wird, um wirklich von der Mutter loszukommen, sich ihre Aggressionen zugestehen müssen. Die Mutter muß sterben! – natürlich nicht die reale Mutter, sondern das verinnerlichte Mutterbild der Träumerin, von dem sie seit Kindheitstagen beherrscht wird, muß losgelassen werden. Deshalb verweigert im Traum der Hausarzt seine Hilfe. Und auf dem Weg zum Krankenhaus steht die Ampel auf Rot. Eine Hilfe dafür, an den veralteten Welt- und Mutterbildern festzuhalten, ist nicht angesagt. Die Teilnehmerin wird sich um so leichter damit tun, je bewußter sie *beide Seiten* der Medaille, die nährende und die verschlingende (nicht freigebende) Seite des Mütterlichen, wahrnehmen kann. Dann wird ihr die *Erleichterung* zuteil, die eine Integration der ZWILLINGE-Ebene mit sich bringt.

Als WIDDER-Geborene wird sie nur zu ihrem Selbstbewußtsein (SONNEN-Wesen) finden, wenn sie die WIDDER-Seite der Medaille, die kämpferisch-aggressiven Seelenteile, integriert. Ihr Problem mit lange andauernden Depressionen wird sie auf diese Weise ebenfalls positiv beeinflussen.

Das heißt nun nicht, daß sie sich um ihre kranke Mutter nicht mehr kümmern soll. Vielmehr gilt für sie, diese extreme Situation als Herausforderung anzunehmen, daran zu arbeiten und dann aus einer inneren Freiheit heraus sich ihren Mitmenschen zu widmen.

Traum vom 3.6.1993: Mietzahlung

»Ich lebe noch bei meinen Eltern. Es herrscht eine unheimliche Kampfstimmung. Meine Mutter legt das Heftchen, wo die monatlichen Mietzahlungen eingetragen werden, auf den Tisch und sagt mir: ›So, und dazu zahlst du jetzt 400 DM monatlich!‹ Ich bin machtlos. Sie weiß, wie sehr sie mich trifft, weil ich das nicht aufbringen kann.«

Auch hier wird die einseitige Sichtweise der Träumerin ihrer Mutter gegenüber in Frage gestellt. Es mag durchaus sein, daß die Mutter der mittlerweile erwachsenen Träumerin es immer gut mit ihrer Tochter gemeint hat. Als STIER-Geborene hatte sie versucht, die »böse« Seite der Welt von ihrem einzigen Kind fernzuhalten. Sie schnitt das Bild der bösen Hexe aus dem Märchenbuch, verbot der Tochter den Umgang mit einer in ihren Augen zu wilden Klassenkameradin – und so weiter. Damit blockierte sie die Entwicklung der Widerstands- und Initiativkraft (die Yang-Seite der Medaille) ihrer Tochter.

In diesem Traum nun wird die Teilnehmerin mit einem unbekannten Aspekt der Mutter konfrontiert. Eine Seite, die nicht gelebt wurde und dadurch auch ein wirkliches Abnabeln zwischen Mutter und Tochter erschwerte. Der ZWILLINGE-Monat bringt den Gegenpol zu der gütigen, beschützenden Mutter ins Bewußtsein: eine fordernde Mutter, die jetzt auch den Energieeinsatz der Tochter verlangt.

Für die Träumerin ein wichtiger Anstoß, zum einen das Mutterbild zu *relativieren* und sich zum anderen mit der bislang unterdrückten Seite des Daseins (dem Lebenskampf!) auseinanderzusetzen. Sie befindet sich gegenwärtig in einer frustrierenden Situation, die sie jedoch nur dann bewältigen wird, wenn sie aus ihrem Ohnmachtsgefühl, ihrer übermächtigen Yin-Seite, erwacht und Yang-Qualitäten wie Initiativkraft, Durchsetzungsvermögen, Willensstärke entwickelt.

Traum im ZWILLINGE-Monat: Musikunterricht

»Ich bin Schülerin in einer Musikhochschule. Der Unterrichtsraum erinnert mich an die Aula meiner früheren Schule. Die Seiten sind hier jedoch vertauscht. Da, wo früher die Lehrer waren, sind jetzt die Schüler, und umgekehrt. Der Unterricht ist im Gange, die Studenten üben ein Musikstück ein, singen immer neue Strophen, die sie dazudichten. Die Sprache ist Französisch. Ich will auch eine Strophe dazudichten. Gehe los, um mich dafür

anzumelden, springe das Treppenhaus hinunter und habe eine weiche Landung. Eine Sekretärin namens Fromm gibt mir den Aufnahmebogen. Ich
sehe, daß ihr Gesicht weiß angemalt ist und wie ein Clowngesicht wirkt.«

Die Träumerin wird hier mit dem ZWILLINGE-Thema der *Polarität* auf
zweierlei Weise konfrontiert. Zum einen findet sie *vertauschte* Rollen wieder,
als sie den Unterrichtsraum betritt. Die Schüler, also auch sie, befinden sich
an der Stelle, wo früher die Lehrer standen. Sie hat also die Seite *gewechselt*,
bewegt sich auch in ihrem realen Dasein auf den aktiven Pol zu. Sie beschreibt
sich als vormals passive, erduldende, also Yin-betonte Person. Doch das Blatt
hat sich gewendet. Sie beginnt Einfluß zu nehmen, aktiv am Geschehen
teilzunehmen, will im Traum auch ihren individuellen Beitrag leisten und
ihre Strophe singen.

Beruflich hat sie vor, den Sprung in eine größere Selbständigkeit zu
wagen, und der Traum macht ihr Mut, den Absprung zu schaffen. Schließlich
landet sie sanft am Boden des Treppenhauses, kommt gut am Boden der
Tatsachen an. Die Aushändigung des Aufnahmebogens bestätigt sie darin,
daß die Traumseele ihrem Vorhaben wohlwollend gegenübersteht. Name
und Gesicht der Sekretärin geben ihr Auskunft darüber, worauf es für sie jetzt
ankommt, um auf der neuen Ebene zu bestehen. Die Sekretärin verkörpert die
Polarität von Ernsthaftigkeit und Glauben einerseits (im Namen *Fromm*
ausgedrückt) und Humor und Leichtigkeit (im Clowngesicht) andererseits.
Zwei Qualitäten, die sich nicht ausschließen, sondern ergänzen. Diese Erfahrung soll die Träumerin in sich aufnehmen (der Aufnahmeantrag) und auf
ihrem weiteren Weg beherzigen. Dann wird sie ihre eigene Solopartie im
Theater des Lebens vortragen können.

Traum vom 26.5.1993: Im Massagesalon

»Ich bin in einer Stadt unterwegs und will in einen Massagesalon. Ich muß
die ganze Stadt durchqueren, sage zu meiner Freundin Paula, sie solle auch
dorthin. Sie nimmt aber einen anderen Weg und kommt da auch nicht an. Ich
liege dann auf einem Massagetisch. Zwei Frauen kommen und wollen anfangen. Ich sage recht heftig: ›Nein – ich will von einem Mann massiert
werden!‹. Da antworten die Frauen, es gebe hier keinen Mann. Ich sage:
›Doch, er heißt Hassan‹. Sie entgegnen, daß das ein Gerücht sei, das ich bei
meinem letzten Besuch in die Welt gesetzt hätte, und daß es hier keinen Sex
gäbe. Ich bin sprachlos, lasse dann eine Behandlung über mich ergehen. Die

Frauen halten es für nötig, mich zur Ader zu lassen. In meinen linken Unterarm stechen sie mir eine Nadel ganz tief in Richtung Hand. Das Blut tropft, eine ganze Tasse voll. Ich frage mich, ob ich da wohl noch mit dem Rad heimkomme – und ob ich nicht öfters Blut spenden sollte, das wäre nebenbei auch sinnvoll.

Ich fahre dann mit Paula im Auto. Ich sitze hinten drin mit jemand. Es ist recht geräumig und angenehm. Als wir bei ihren Eltern ankommen, regnet es gerade, und ich sage, ich bleibe noch im Auto sitzen.«

Das zentrale Thema dieses Traumes ist ebenfalls eine Auseinandersetzung mit der *Polarität*. Bei der Träumerin besteht auch real ein Ungleichgewicht zwischen der männlich-aktiven und der weiblich-passiven Wesensseite. Yin und Yang führen kein gleichberechtigtes Dasein, die Yang-Seite ist überbetont. Wir sehen das im Traum auch an ihrem Unbehagen, sich von Frauen behandeln zu lassen. Statt dessen fordert sie einen Mann. Dessen arabischer Name Hassan unterstreicht die Dominanz der männlichen Seite. Das Blutabzapfen bewirkt eine Reduzierung ihres übergewichtigen Feuerelementes, gleichzeitig soll die weibliche Seite dadurch gestärkt werden. Auch die Massage durch die Frauen betont den Yin-Pol, der jetzt im Vordergrund steht, damit die Polarität wieder ins Lot kommt. Ihre Freundin Paula ist eine FISCHE-Geborene und verkörpert die Wasserelement-Seite, die bei der Träumerin zunehmen soll.

Traum vom 4.6.93: Geistiger Sperrmüll

»Ich befinde mich in einem riesigen unbekannten Haus, das ich als sehr interessant empfinde. In einem scheunenartigen Anbau liegen alte Sachen herum. Meine Aufmerksamkeit fällt besonders auf unseren alten Schreibtisch, der in der Realität als Werkzeugbehälter dient und hier im Traum kaputt ist; die Beine sind eingeknickt. Außerdem sehe ich einen alten rostigen und kaputten Motor rumstehen. Ich wundere mich, wie die Sachen hierherkommen, und denke, daß die doch auch mit zum Sperrmüll gehört hätten.«

Vor dem Hintergrund der ZWILLINGE fällt besonders der Schreibtisch auf, der als Symbol für *geistig-intellektuelle* Arbeit übersetzt werden kann. Dieses Möbelstück, einst im Besitz ihrer Eltern, dient der Träumerin mittlerweile als Werkzeugbehälter. Im Traum symbolisiert er die *Ideen-* und *Gedankenwelt* der Eltern, deren *Vorstellungen* von Ehe, Familie und dem Leben schlecht-

hin. Da er im Traum kaputt ist, taugt die von Vater und Mutter übernomme-
ne Denkart also nicht mehr für die Teilnehmerin. Sie ist nun gefordert, sich
ihre *eigenen Gedanken* zu machen und diese von der übernommenen elterlichen
Gedankenwelt zu unterscheiden. Die Beine des Schreibtisches sind abgeknickt,
wie auch die Vorstellungen ihrer Erzieher mittlerweile an Tragfähigkeit für
das Leben unserer Träumerin verloren haben. Und während im Kindesalter
die Übernahme der elterlichen *Denkweise* ein natürlicher Vorgang ist, an der
das Kind in der Welt zunächst Orientierung und Halt findet, muß der
heranwachsende Mensch seine ganz individuelle Denkweise entwickeln, seine
persönliche Affinität zur geistigen Welt entdecken. Überholte Gedanken
gehören dann auf den Sperrmüll, wie die Teilnehmerin im Traum treffend
feststellt. Denn wenn wir die »ollen Kamellen« beibehalten, dann versperren
sie uns den Zugang zu unserer Selbstentfaltung.

Die Teilnehmerin ist Mutter einer großen Familie und Mitarbeiterin im
Familienbetrieb. In einer solchen außerordentlich fordernden Lage muß man
besonders aufpassen, um nicht zum Sklaven der vielen Pflichten und zum
Arbeitstier der Familienangehörigen zu werden und sich selbst dabei zu
verlieren. Gerade die früheren Generationen lebten noch stark in der Vor-
stellungswelt, die Frau gehöre an den Herd, und ihre Rolle wurde als
Versorgungsanstalt definiert. In dem elterlichen Schreibtisch stecken deshalb
vermutlich insbesondere die Rollenzuweisungen als Mutter und Ehefrau.
Unsere Teilnehmerin findet sich in dem Traum aber nicht in ihrer gewohnten
Umgebung bei Kind und Kegel wieder, sondern entdeckt große Räume,
Bereiche ihrer Psyche, die sie bislang noch nicht kannte. »Kein Wunder bei
ihren familiären Verpflichtungen!« wird manche Leserin jetzt vielleicht
denken. Die Traumregie lenkt ihr *Interesse* nun ganz besonders auf dieses
unbekannte, faszinierende Haus. Die Seele will ihr damit Mut machen und sie
dazu anstoßen, diesem *Interesse* für die inneren Belange nachzugeben und sich
einen Rahmen zu schaffen, in dem es möglich ist, sich selbst zu finden.

An dieser Stelle erwachten Widerstände bei den Frauen der Seminar-
gruppe. Gründe wurden genannt, weshalb es in der Situation der Träumerin
einfach nicht möglich sein sollte, über ihre Verpflichtungen hinaus noch
regelmäßig Zeit für sich selbst aufzubringen. Da hieß es beispielsweise, daß
man die Kinder doch wohl nicht so einfach abschaffen könne. Doch darum
geht es ja gar nicht. Vielmehr wird hier deutlich, wie sehr wir häufig in einem
polarisierenden *Entweder-oder-Denken* gefangen sind und dadurch individuell
passable Lösungen von vornherein abblocken. Es geht nicht um die Entschei-

dung »Familie oder Seelenheil«, sondern darum, beides miteinander zu vereinbaren: um kleine Schritte in die richtige Richtung. Und diese Schritte lenkt der Traum in das große Haus, das mit Interesse betrachtet wird.

Nach einigem Überlegen äußerte sie den Wunsch, sich ein eigenes kleines Reich irgendwo in ihrem realen Haus zu schaffen, einen abgegrenzten Bereich, in dem sie ihre Siebensachen liegen lassen und auch mal ungestört ihren eigenen Gedanken und Gefühlen nachhängen kann, ohne gleich wieder gestört zu werden. Dafür wird sie sich einsetzen und auch kämpfen müssen, damit ihre Umwelt lernt, ihr diesen Freiraum zu gewähren. Der positive Effekt, den diese kleine Befreiung für die Mutter bringen wird, hat auch eine positive Rückwirkung auf das Familienleben. Die Zufriedenheit, die sie dabei entwickeln kann, gleicht zeitliche Abstriche aus. Schließlich entscheidet über die Qualität einer Beziehung und Familie nicht nur die Quantität des Beisammenseins oder der geleisteten Versorgungstätigkeit.

Der Motor für gute zwischenmenschliche Verbindungen ist die persönliche Zufriedenheit, die immer mit individueller Freiheit gekoppelt ist. Der unbrauchbare, rostige Motor im Traum verkörpert dagegen eine ausgediente Antriebskraft für Denken und Handeln.

Die Träume im vorangehenden STIER-Monat hatten die Abgrenzungsprobleme der Träumerin gezeigt. So mußte sie die Müllsäcke zur Tonne schleppen, die ihr der Gatte aufgeladen hatte. Und besonders »plastisch« erschien ein Traumbild, in dem sie sich auf dem Klo in das »Geschäft« von jemand anderem setzte und daran kleben blieb. Die ZWILLINGE-Zeit bringt sie nun in bewußtere Berührung mit ihrer Gedankenwelt, die ja im engen Zusammenhang mit ihren Handlungen und Gefühlen steht. Ihr Interesse für die unbekannten inneren Regionen soll geweckt werden, wofür das Traumseminar sicher einen Anstoß lieferte.

Traum im Zwillinge-Monat 1993: Unterleibsverletzung

»Ich liege auf der Intensivstation in dem Krankenhaus, in dem ich normalerweise arbeite. Doch jetzt bin ich die Patientin. Es ist schlimm für mich. Etwas Schlimmes muß stattgefunden haben, denn ich habe furchtbare Schnittwunden am Unterleib und bin blutüberströmt. Ich bin an viele Schläuche angeschlossen. Der Arzt, zu dem ich ein gutes, vertrautes Verhältnis habe, ist jetzt bei mir und fragt mich, wer mir diese Verletzungen beigebracht hat. Ich will es nicht sagen, will lieber innerlich ›wegtreten‹, um der Fragerei aus dem

Weg zu gehen, und selbst entscheiden, wann ich wieder ›zurückkomme‹. Trotz seines freundlichen Tones reagiere ich nicht auf den Arzt. Jetzt habe ich den Wunsch, meine älteste Schwester zu sehen. Sie kommt daraufhin auch gleich, was ich trotz meiner geschlossenen Augen bemerke. Als sie in ihrer herben Art meinen Namen ruft, wie sie das in der Kinderzeit auch immer getan hat, muß ich ganz heftig weinen. Sie legt ihren Arm rüber zu mir, und ich fühle mich befreit.«

Die Träumerin hat neben ihrem verantwortungsvollen Beruf noch zusätzlich eine Menge Aufgaben und Verpflichtungen. Durch ihre Betonung der Yang-Kraft kann sie sich jedoch gut mit den Herausforderungen identifizieren, die das Leben an sie stellt. Wie der Traum zeigt, scheint es jedoch etwas zuviel des Guten zu sein, was sie ihrer weiblichen Seite, der Seele, zumutet. Die Schnitte am Unterleib, ihrer »weiblichsten Körperstelle«, symbolisieren – auf der Subjektstufe gedeutet – eine schwere Verletzung ihrer weiblichen Wesensseite. Die Intensivstation als Traumort unterstreicht das Ausmaß dieses Problems.

»Endlich loslassen« mag im Kopf der Träumerin aufblinken, doch noch ist es ihr nicht möglich. Die Betroffenheit des Arztes und sein Mitgefühl verstärken noch ihre inneren Sperren. Erst das Erscheinen der älteren Schwester, die sie als herbe, spröde Frau charakterisiert, bringen die seelischen Barrieren zum Einsturz, und lange Zeit zurückgehaltene Tränen können jetzt endlich vergossen werden. Das Gefühl der Befreiung, mit dem sie aufwacht, ist das Resultat des Loslassens ebendieser inneren Widerstände, mit denen sie auch ihre eigenen Gefühle auf Distanz gehalten hat. Bei der Schwester kann sie sich geborgen fühlen, da diese keine Schwäche zeigt und dem Schmerz der Träumerin gegenüber gelassen bleibt. Bei ihr kann sie sich fallenlassen, ohne Angst haben zu müssen, in den Abgrund zu stürzen. Sie fühlt sich gehalten von der Kraft der Schwester, die auf der Subjektstufe die innere Schwester, also die *»andere Seite«* der Träumerin, verkörpert.

Unsere Teilnehmerin erzählt davon, wie sehr sie als Kind diese Schwester vergötterte, sich an ihr orientierte und augenscheinlich deren Stärke zum Leitbild für das eigene Leben erhob. Ein (unbewußtes) Ideal, das keine Schwäche und kein Versagen zuließ, statt dessen forderte, immer stark zu sein. Das bedeutet eine Identifikation mit dem Yang-Pol bei gleichzeitiger Unterdrückung der Yin-Seite. Vor dem Hintergrund des ZWILLINGE-Archetypen wird ihr das Mißverhältnis, das zwischen den beiden Polen besteht, demonstriert. Und auch in ihrer Lebensrealität verspürt sie den immer dringlicher werdenden Wunsch nach Rückzug und Erholung. Die Seele schreit nach einem Freiraum, in dem sie wieder zu sich selbst finden kann und die seelischen Wunden verheilen können. Doch was hat sie so sehr verletzt, daß sie es nicht einmal dem Arzt mitteilen will und lieber in der Versenkung einer Ohnmacht verschwinden möchte? In erster Linie handelt es sich dabei wohl um das permanente Unterdrücken der seelischen Bedürfnisse. Die weiblichen Aspekte des Lebens, wie zum Beispiel passiv sein dürfen, sich hingeben, loslassen, einfühlen oder einfach die »Seele baumeln lassen«, hatten in dem arbeitsreichen Dasein der Träumerin nicht genügend Raum zur Entfaltung.

Die Schnittwunden verweisen aber auch noch auf eine reale Begebenheit, als sie sich vor mehreren Jahren zur Verhütung weiterer Schwangerschaften sterilisieren ließ. Die seelische Wunde, die dieser sehr entscheidende Eingriff in das »Zentrum der Weiblichkeit« (Empfängnisbereitschaft) der Träumerin hinterlassen hat, ist noch nicht verheilt. Ein Todesfall im Bekanntenkreis kurz vor diesem Traum mag an diese unverarbeitete psychische Problematik – unbewußt Unfruchtbarkeit mit Tod zu assoziieren – gerührt haben.

Wenn Träume im ZWILLINGE-Monat häufig die Notwendigkeit der *Kontaktaufnahme* beleuchten, dann trifft das bei unserer Träumerin auf die Beziehung zu der inneren Schwester zu. Jetzt ist für sie eine gute Zeit gekommen, unterdrückte Gefühle zu befreien.

Traum vom 4.6.93: Schulprobleme

»Ich bin in der Schule, in der ich auch in Realität unterrichte. Ich will weg, doch die Leute zerren an mir und lassen nicht los.Dann bin ich in einem Raum, in dem eine Gruppe von Schülern dicht aneinandergereiht im Kreis am Boden sitzt und mir den Rücken zukehrt. Es ist eine entspannte Atmosphäre, aber ich habe auch hier das Gefühl, daß sie was von mir wollen. Ich möchte aber nach wie vor weg von hier. Dann sehe ich plötzlich eine meiner ehemaligen Schülerinnen vor mir auf dem Boden sitzen. Ihr Gesicht ist über und über mit Pusteln bedeckt. Das trifft mich sehr. Unter diesen Umständen bin ich bereit, hierzubleiben und zu helfen, fühle mich aber total überfordert.

In der nächsten Szene fahre ich Auto, ein Kabriolett, und zwar ziemlich forsch. Neben mir sitzt eine unbekannte Frau. Plötzlich tauchen vorne auf der Straße drei Frauen auf, die mit dem Rücken zu mir gewandt dastehen. Ich bremse scharf und weiche nach links aus, um nicht eine dieser Frauen zu überfahren. Dadurch bringe ich mich in eine bedrohliche Situation, denn ein Eisenträger taucht urplötzlich auf und kommt meinem Kopf bedrohlich nahe. Danach streite ich mich furchtbar mit der Frau, wegen der ich das riskante Ausweichmanöver habe durchführen müssen. Ich bin äußerst wütend, während sie, eine wunderschöne Frau, ganz gelassen bleibt. Trotzdem werfe ich ihr vor, daß sie aggressiv sei. Sie nimmt mich mit an verschiedene Orte und zeigt mir, wo ich sie jedesmal fast überfahren hätte, was ich gar nicht bemerkt habe.

In der letzten Traumszene bin ich wieder in der Schule. Ich habe Streit mit der Sekretärin, weil sie sämtliche Schülerakten schon in die Ablage geräumt hat, obwohl doch die Schulzeit noch nicht zu Ende ist.«

Diesen Traum hatte eine Lehrerin, die erfüllt ist von den Ideen des neuen Zeitgeistes. Sie möchte ihre Vorstellungen eines humaneren Unterrichtes und einer partnerschaftlicheren Beziehung zu den Schülern gerne in die Tat umsetzen, stößt dabei aber häufig an die Grenzen des derzeit Machbaren. Sie hat den Eindruck, daß die Schüler ihren guten Willen häufig nicht zu schätzen wissen und die Freiheiten, die sie gewährt, mißbrauchen. Sie ist deshalb frustriert und denkt immer öfter daran, aus dem Schuldienst auszusteigen.

Im ZWILLINGE-Monat erlebt sie die *Polarität* zwischen Lebenswirklichkeit und Ideal, aber auch zwischen Akzeptanz und Fluchttendenzen. Ihr *Hinundhergerissensein* wird in der ersten Traumszene deutlich. Sie will weg, wird jedoch festgehalten, die Schüler wenden ihr den Rücken zu, haben gleichzeitig aber Ansprüche an die Träumerin. Eine zwiespältige, paradoxe Situation, in der wir uns wohl alle schon befunden haben, wenn jemand etwas von uns wollte, aber seinerseits nicht bereit war, auf uns zuzugehen, sich einzubringen. Lassen wir uns, etwa aus Schuldgefühlen, auf ein solches Spiel ein, entzieht das Energie. »Perlen vor die Säue werfen« nennt die Bibel ein solches Verhalten. Denn wirklich geholfen kann nur dem werden, der dafür bereit ist und sich öffnet.

Das pockennarbige Mädchen, das die Teilnehmerin im Traum anblickt und sie zum Bleiben bewegt, erinnert sie an eine ehemalige Schülerin. Diese hatte ihr in der Realität eine schwere Erkrankung mitgeteilt und darüber hinaus gesagt, wie wichtig der Unterricht (bei unserer Träumerin) für sie war und wie gut sie ihn fand. Hier erhielt unsere Teilnehmerin endlich einmal die Anerkennung und Bestätigung, die sie sich wünschte – die andere, positive Seite der Medaille. Dieses Erlebnis bestärkte ihren ohnehin sehr großen

Anspruch, noch mehr und noch besser ihre Vorstellungen zu vermitteln. Schon war sie wieder ins andere Extrem gerutscht und fühlte sich heillos überfordert.

Vor dem Hintergrund der ZWILLINGE wird ihr gezeigt, daß »alles zwei Seiten« hat, daß Erfolg und Mißerfolg dicht beieinanderliegen und sie sich nicht zum »Spielball« der Polarität machen soll.

Die forsche Fahrweise der Träumerin im zweiten Traumstück symbolisiert deren stürmische Antriebskraft, mit der sie im Leben vorankommen will. Der Beinaheunfall mit einer wunderschönen Frau zeigt ihre gefährliche Tendenz, die weibliche Seite beim Vorwärtskommen »zu überfahren«. Ihr Übergewicht der Yang-Kraft drückt sich im starken Antrieb und in der Aggressivität aus. Die andere Seite, die Yin-Energie, ist in der schönen Frau dargestellt. Letztere demonstriert Gelassenheit – eine Eigenschaft, welche der Träumerin häufig abgeht, die in ihrer beruflichen Position aber dringend benötigt wird: Dinge einfach zuzulassen, pädagogische Ambitionen auch zurückzustellen, wenn nötig, und abwarten können.

Der grundlegende pädagogische Zwiespalt der Gegenwart besteht wohl darin, daß den Schülern das Wissen noch viel zu sehr aufgezwungen wird. »Vogel, friß oder stirb«, lautet vielfach die Devise in unserer Leistungsgesellschaft, die eher das Konkurrenzdenken fördert, als daß sie die Freude am Lernen weckt. Wissensvermittlung degeneriert dann zu einem Aufzwingen bestimmter, durch den Lehrplan vorgeschriebener Gedanken. Die Yang-Seite ist auch im Schulsystem überbetont! Wer als Lehrer hier etwas ändern will, sollte das vor allem durch das eigene Vorleben einer ausgewogeneren »Energetik« tun – etwa, indem sich die Willenskraft (Yang) mit Qualitäten wie Absichtslosigkeit und Geschehenlassenkönnen (Yin) paart.

Das *Lernen* entspricht wie die Qualitäten *Leichtigkeit* und *Freiwilligkeit* dem Luftzeichen ZWILLINGE, was eine innere Freiheit im Umgang mit dem Wissensstoff nahelegt. Jugendliche im Alter zwischen etwa 12 und 18 Jahren befinden sich in der zentralen Phase des geistig-intellektuellen Lernens (Entwicklungsphase im dritten Haus, siehe erstes Kapitel). Diesen heranwachsenden Menschen wäre das Lernen jetzt grundsätzlich ein Bedürfnis, wenn nicht blockierende Faktoren die Lernfreude hemmen würden. Hauptaufgabe der Pädagogen sollte es daher vornehmlich sein, den natürlichen Wissensdurst anzuregen und das Interesse der Schüler an der Welt zu wecken.

Ist es nicht so, daß wir in einem Zustand der Freiheit leichter etwas annehmen können, uns eher für etwas interessieren lassen, als wenn wir das Gefühl haben, »überfahren« zu werden, ausgetrickst von den Absichten unseres Gegenübers, manipuliert durch die pädagogischen Ambitionen des Lehrers? Dabei spielt es keine Rolle, welcher Art die Inhalte sind, die dabei »transportiert« werden sollen. Warum sollte es den Jugendlichen hier anders gehen als uns Erwachsenen? Und gerade junge Leute reagieren besonders sensibel auf versuchte Beeinflussung.

Natürlich kann eine grundlegende Reform des Schulwesens weg von Zwang und Konkurrenz nur im Rahmen eines gesamtgesellschaftlichen Weltbildwandels geschehen. Und dieser wird dann kommen, wenn genügend Individuen an der Individuation des Schulwesens arbeiten. Die derzeitige gesellschaftliche Struktur und deren Entwicklungszustand hat das Ideal der menschlichen Persönlichkeitsentfaltung noch lange nicht erreicht. Verstehen wir die Lehrtätigkeit vor allem als ZWILLINGE-Beruf, erkennen wir den *Zwiespalt*, mit dem jeder Pädagoge fertig zu werden hat: einerseits die Tatsache, daß Wissensvermittlung am besten unter möglichst freien Bedingungen geschehen sollte, andererseits mehr oder minder starre Lehrpläne, die erfüllt werden wollen, sowie »vorbelastete« Schüler, mit deren Widerständen die Pädagogen erst einmal fertig werden müssen.

Kommen wir zurück zu unserer Träumerin, dann ist für sie vor allem die Integration der weiblichen Seite nötig, um in Beruf wie Alltag gut zu bestehen. Die schöne Frau, die sie schon öfters fast überfahren hätte, verkörpert die Anima, also ihren weiblichen Seelenteil (Yin). Der Traum macht ihr deutlich, daß sie in Gefahr gerät, auch »den Kopf zu verlieren«, wenn sie die Gefühlsseite unberücksichtigt läßt; der Zusammenhang der Polarität Gefühl – Verstand wird hier deutlich. Statt »kopflos« zu reagieren, sind Yin-Tugenden wie Gelassenheit, Vertrauen und Gefühlsbezug angebracht. Dann hält sie auch schwierige Situationen an der Schule aus und kann ihre Fluchttendenzen aufgeben. Das bedeutet aber auch, ihre Ansprüche an sich selbst und die Schüler herunterzuschrauben und mit kleinen Erfolgen zufrieden zu sein.

In der letzten Traumszene ist die Träumerin wütend, weil die Sekretärin die Schülerakten verfrüht abgelegt hat. Auch hier dürften die Tendenzen unserer Teilnehmerin, »den Laden am liebsten jetzt schon dichtzumachen«, sichtbar geworden sein. Weiterhin läßt die Traumregie sie auf sprichwörtliche Weise wissen, daß sie die Schüler nicht in »Schubläden« stecken soll.

Jegliches »Schubladendenken« – das auch mit freiheitlichen Inhalten gefüllt sein kann! – läßt die Individualität des einzelnen unberücksichtigt. Andererseits ist es bei den oft zu großen Schülerzahlen pro Klasse einfach nicht möglich, jedem gerecht zu werden. So mag die Sekretärin im Traum auch als hilfreiche ordnende Kraft zu verstehen sein. Es ist eben auch notwendig, sich abzugrenzen, um für eine innere wie äußere Ordnung zu sorgen, um aufzuräumen und aufgeräumt zu sein. Und anstatt permanent Schulprobleme zu wälzen, ist es sicherlich nicht verkehrt, am Feierabend diese Gedanken in der »inneren Ablage« verschwinden zu lassen. Es hat eben alles seine *zwei Seiten*!

Weitere interessante Denkanstöße zu einem neuen Selbstverständnis von Lernen und Lehren gibt das Buch »*Die sanfte Verschwörung*« von Marilyn Ferguson.

Traum vom 19.6.: Kinderschubkarrenfahrt

»Ich sitze in einer Kinderschubkarre. Allein durch meine Körperbewegungen, die ich vollführe, bringe ich das Gefährt in Fahrt. Es ist ein beschwingtes, ja lustvolles Gefühl, so leicht und wendig durch die Gegend zu flitzen.«

Der Träumer ist im STEINBOCK-Monat geboren und identifiziert sich deshalb vor allem mit der greifbaren, rationalen, kontrollierten Seite der Medaille. In der ZWILLINGE-Zeit sollten wir uns aber im besonderen Maße mit der ungelebten Gegenseite beschäftigen. Für unseren Teilnehmer ist es der lockere, *lustvoll-spielerische* Aspekt des Lebens, der dem ernsten Wesen des STEINBOCK-Archetypen gegenübersteht. Der Träumer erfährt hier in dem Bild der Kinderschubkarre, daß es nicht so sehr die Schwere des Erdelementes (unsere fixen Vorstellungen und Erwartungen) ist, die uns gut im Leben voranbringt, sondern vor allem eine *spielerische* Handhabung der Dinge. Mit den ZWILLINGEN könnten wir sagen: »Nimm es leicht, und du kommst besser voran!«

Das Bild der Schubkarre ist hier von der Traumregie gewählt, um verschiedene Wirkweisen zu verdeutlichen: zum einen den Aspekt der Lebenshandhabung durch *beide* Griffe, weiterhin den »Schub«, also die Antriebskraft, die in einem *lockeren, offenen* Seinszustand begründet liegt. Und drittens symbolisiert das Kinderspielzeug die spielerische Seite des Lebens.

Der Teilnehmer hatte während dieses Seminars als persönliches Redensarten-Orakel den Spruch »Etwas im Griff haben« gezogen; in der Tat ein zentrales STEINBOCK-Thema. Sein Traum zeigt, wie er es am besten

anpackt. Nicht durch zu große Ernsthaftigkeit und Absicht, sondern spielerisch. So besteht die Lösung des STEINBOCK-Rätsels vor allem darin, sein
Leben in den Griff zu bekommen, ohne sich von der Ratio in Griff kriegen zu
lassen. Die ZWILLINGE sind hier ein gutes Gegengewicht und »Medizin«.

Traum vom 19.6.: Vom Turmzimmer zum Metzgerladen

»Ich befinde mich in einem Turmzimmer in der oberen Etage. Da ich mich
hier aber zunehmend eingeengt fühle, begebe ich mich über eine Art Leiter,
die mich an ein Fahrrad erinnert, durch das Fenster nach unten. Jemand
warnt mich, daß es zu gefährlich wäre, doch ich lasse mich nicht beirren und
gelange nach unten. Ich laufe vorbei an mir unbekannten Männern, die hier
Tischtennis spielen, gelange nach einigem Hin und Her schließlich in einen
Metzgerladen. Hier befinde ich mich zwischen Bergen von rohem Fleisch,
was mich schon sehr unangenehm berührt.«

Auch dieser Traum bringt als zentrale Botschaft im ZWILLINGE-Monat
die Konfrontation mit der *anderen* Seite. Die Träumerin ist eine geistig-
intellektuell rege Frau, deren Traumseele sie aus dem Elfenbeinturm einer
einseitigen geistigen Verstiegenheit befreien will. Denn das Leben spielt sich
nicht in einem Turmzimmer ab, sondern mittendrin im lebendigen Miteinander. Davor war sie, sprichwörtlich verstanden, anscheinend *getürmt!* Wahrscheinlich deshalb, weil sie als JUNGFRAU-Geborene besonders empfäng-
lich für die moralischen Ansprüche ihrer Zeit gewesen ist. »Fleischeslust«
wird häufig als die Gegenseite des »jungfräulichen Reinheitsideals« erlebt.
Das führt zu einer Verteufelung des Lustprinzipes, wie es vor allem durch die
früheren kirchlichen Lehren geprägt wurde.

Vor dem Hintergrund der ZWILLINGE sehen wir, daß jede Seite der
Polarität die andere bedingt und nach sich zieht. Wird es Tag, muß es auch
Nacht werden, egal, ob uns das gefällt oder nicht. Reinheitsvorstellungen
haben sich auch nur deshalb gebildet, weil es deren Gegenteil, nämlich
sogenannte »unreine Gedanken«, gibt. Aber was ist Unreinheit tatsächlich?
Hat es eine feste Größe? Wenn ja, wer legt sie fest? Im historischen Vergleich
erkennen wir, daß die vorherrschende Moral sich jeweils mit der Zeitqualität,
dem Zeitgeist, ändert. Die Pole verschieben sich, und was vordem als unsitt-
lich galt, ist zu einer anderen Zeit gerade das Nonplusultra. Das ZWILLIN-
GE-Zeichen hat die Aufgabe, dafür zu sorgen, daß das Bewußtsein um die
Relativität der Wertungen und Moralvorstellungen erhalten bleibt oder wieder-

erweckt wird. Es beinhaltet außerdem das Wissen darum, daß sich jede Seite einer Medaille erst durch ihre Gegenseite definiert.

Der Traum schickte die Teilnehmerin folgerichtig in einen Metzgerladen, auch wenn sie darüber zunächst nicht gerade glücklich war. Ihr wird durch die Traumseele der fleischliche Lebensbereich vor Augen geführt, der eben auch dazugehört. Je mehr sie diesen aus ihrem Leben verdrängt, desto größere Dimensionen wird er im Unbewußten annehmen. Immerhin findet die Träumerin gleich ganze Fleischberge vor – so groß muß also das unbewußte Verlangen danach sein, diese Seite leben zu dürfen. In diesem Sinne dürfen wir auch die Tischtennis spielenden Männer als Aufforderung verstehen, am Spiel des Lebens teilzuhaben, das Bewegung bedeutet und wie im Pingpongspiel aus einem Hinundherschwingen *zwischen den Polen* besteht.

Traum, vom 19.6.: Kaiserpolka

»Ich bin im Traum auf einer Hochzeit und tanze mit einem mir unbekannten Mann eine Kaiserpolka. Es geht im rasanten Tempo den Tanzsaal rauf und runter, bis ich schließlich völlig erschöpft und fix und fertig bin.«

Die Träumerin ist eine SCHÜTZE-Geborene. Das Feuerelement geht nicht selten mit ihr durch, wie der Traum widerspiegelt. Das drückt sich dann in Ungeduld, übertriebenen Erwartungen und ungezügeltem, übergroßem Antrieb aus. Ihr SCHÜTZE-Wesen (der Gegenpol des ZWILLINGE-Zeichens!) macht es ihr nicht gerade leicht, die Dinge so zu nehmen, wie sie sind, und offen zu sein für den Augenblick. Im ZWILLINGE-Monat geht es nun aber gerade darum, diese Qualitäten, die im Gegensatz zum SCHÜTZE-Archetypen stehen, zu üben. Statt auf ein imaginäres Ziel fixiert zu sein, ist *der Weg* das eigentliche Ziel des Luftzeichens ZWILLINGE. Es geht hier also weniger um den Zielort, sondern die Art und Weise, wie ich dorthin gelange.

In Partnerschaft und Familienkonstellation gibt es häufig das Phänomen, daß die ungelebten Seiten des einen um so mehr vom Partner oder den Kindern ausgedrückt werden. Wie gesagt: Ein Pol zieht den anderen unweigerlich nach sich! Für die Träumerin konstellierte sich dieses Problem in einem behinderten Ehegatten, der ihre hohen Erwartungen und ihren Übereifer ganz entscheidend bremste. Diese Situation wurde ihr sozusagen als »energetischer Ausgleich« »geschickt«, um zu lernen, langsamer zu tun und die Dinge zu nehmen, wie sie sind. Für einen SCHÜTZEN sicherlich keine leichte Aufgabe! Doch was bleibt der Träumerin in ihrer Situation anderes übrig? Was bleibt uns allen letztendlich übrig, als die ZWILLINGE-Lektion zu lernen und das Leben so zu akzeptieren, wie es uns begegnet? Wollen wir ewig mit dem Schicksal hadern? »Nimm es, wie es ist« kann natürlich nur die eine Seite der Medaille sein, die wir ergänzen müssen durch: »Tue, was nötig ist, dein Leben nach deinem Lebensplan zu gestalten« (doch dazu mehr im SCHÜTZE-Band).

Für unsere Träumerin bedeutet das, sich nicht mehr, wie im Traum, bis zur Erschöpfung zu verausgaben und durch das »Hinundhergezerre« ihre Energie zu »verpulvern«. Der unbekannte Tänzer steht als Symbol für ihre männliche Yang-Kraft, von der sie sich auch in der Lebensrealität ganz schön herumwirbeln läßt. Hier muß als Gegengewicht die Yin-Seite gestärkt werden, was Eigenschaften wie Geduld, Verständnis, Akzeptanz beinhaltet.

Traum vom 19.6.:Die fehlende Kontaktflüssigkeit

»Ich bin am Packen, will in die Schweiz verreisen. Zwei Frauen legen Kleider für mich dazu, die ich eigentlich gar nicht mitnehmen will. Auch mein Mann ist anwesend. Ich suche nach der Kontaktflüssigkeit für meine Kontaktlinsen. Ich suche auch im Keller, kann sie aber nicht finden. Dann bekomme ich mit, daß mein Mann ebenfalls wegfährt, aber einen Zug früher nimmt als ich.«

Das zentrale Thema dieses Traumes kreist um die ZWILLINGE-Qualitäten Kontakt und *Kommunikation*. Die Träumerin klagte darüber, daß der *Kontakt* zu ihrem Mann sich in den letzten Jahren zusehends verschlechtert habe. Hinter seiner Arbeitssucht vermutete sie eine Ausrede des Gatten, zu ihr auf Distanz gehen zu können. Versuche der Teilnehmerin, ihn wieder stärker in die Familie einzubinden, wies er zurück. Auf emotionale Reaktionen seiner Frau antwortete er mit noch größerer Distanz, wie sie uns berichtete. Um sich erneute Zurückweisungen zu ersparen, reagierte unsere Teilnehmerin wiederum mit immer stärkerer Zurückhaltung ihrer Gefühle, »um ihn nicht noch stärker zu belasten«, wie sie sagte. Aber in Wirklichkeit verdrängte sie den Frust, die Wut und den Schmerz, den er ihr mit seinem Verhalten zufügte. Der Teufelskreis einer massiven Kommunikationsstörung zementierte sich.

In einer kleinen Dialogübung dazu kamen starke Gefühlswallungen hoch, und bislang ungeweinte Tränen konnten sich ihren Weg bahnen. Der imaginative Dialog mit ihrem Mann hatte zum Thema, ihn zur Teilnahme an einem Fest zu gewinnen. Eine reale Begebenheit, die sie belastete, weil er diesem ihrem Anliegen nicht nachzukommen gedachte. Der Traum kleidet die Suche nach ihren Gefühlen in das Bild der vermißten *Kontaktflüssigkeit*. Sie sucht danach vergebens im Kellerraum (ihres Unbewußten), was der Dialog dann schließlich ans Tageslicht ihrer bewußten Wahrnehmung brachte. Statt bei sich und ihren Empfindungen zu sein, kreiste ihre Aufmerksamkeit zu sehr um die Beziehung und den Gatten. Schließlich mußte auch noch die Astrologie dafür herhalten, Entschuldigungen und Rechtfertigungen für ihre unbefrie-digende Situation zu erbringen. Natürlich kann es eine Hilfe sein, über die Astrologie sich selbst und den anderen besser zu verstehen. Solange aber (frustrierte) Gefühle im Vordergrund stehen, ist Vorsicht im Umgang mit geistigen Methoden geboten. Diese lassen sich besonders gut zum Ver-drängen benutzen!

Zurück zum Traum. Vor dem ZWILLINGE-Hintergrund fällt besonders die Kontaktstörung der Partner auf. Sie können nicht mehr miteinander kommunizieren, wobei der Mann die Rolle des Zurückziehers übernommen hat. Aber ebenso wie zu jeder Partnerschaft zwei Personen gehören, sind auch beide an allen auftretenden Problemen beteiligt. Alles hat *zwei Seiten*! Jeder spielt seine Rolle in dem Drama und kann es nur beenden oder positiv beeinflussen, wenn er/sie den eigenen Part kennenlernt und an den eigenen Problemen arbeitet. Der Träumerin ist die Kontaktflüssigkeit abhanden gekommen. Übersetzt heißt das: »Deine Gefühle, das seelische Kontaktme-dium, sind verschwunden. Du mußt sie wiederfinden, in erster Linie für dich, aber dadurch werden sie auch für deine Umwelt wieder spürbar; ja du selbst wirst wieder offen, und die Mitmenschen können sich auf dich beziehen.«

Sind unsere Gefühle im Keller des Unbewußten eingeschlossen, fehlt der seelische Bezugspunkt zum Du. Daß sich die Träumerin auf die Suche begibt, ist bereits als ermutigendes Zeichen zu werten. Ohne die Flüssigkeit lassen sich die Kontaktlinsen nicht einsetzen, was bedeutet, daß sie keine klare Sicht der Dinge hat. Deshalb wählen auch die beiden Frauen, die den Koffer packen, Kleidung aus, die unsere Träumerin gar nicht haben will. Hier sehen wir die Entfremdung von ihrer weiblichen Seite, denn diese »arbeitet« nicht mehr im Sinne der Teilnehmerin. Schafft sie es, wieder in Kontakt mit der Yin-Seite zu kommen, dann findet sie das lebendige innere Wirken ihrer Gefühlsseite wieder.

Ob es ihr dann allerdings auch gelingen wird, wieder einen befriedigenden Kontakt zu ihrem Mann herzustellen, bleibt offen. Im Traum fährt er ohne seine Frau mit einem anderen Zug los. Die Wege trennen sich. Inwieweit sich die Beziehung »retten« läßt, kann für die Träumerin jetzt aber nur zweitrangige Bedeutung haben. Priorität ist zunächst die Kontaktaufnahme mit der weiblichen Seite ihres Wesens. Die Wiederherstellung der *Kommunikation* zwischen dem bewußten Ich und der unbewußten Psyche. Wenn sie, als ein Pol der Beziehung, sich verändert, dann beeinflußt das natürlich automatisch auch die Partnerschaft. Ob ihr Gatte diesen Prozeß mitträgt oder ob der »Zug bereits abgefahren ist«, wird die Zukunft zeigen müssen.

Mit Gefühlen verhält es sich wie mit Pflanzen. Bekommen sie zuwenig vom Wasserelement, trocknen sie aus. Ebenso scheint die Beziehung der Eheleute ausgetrocknet zu sein, weil die »trockene Seite« (das Erdelement = Ratio, Distanz, materielle Belange, Vedrängungen) überwogen hat und die »feuchte« Substanz des Seelischen dadurch ausgetrocknet ist. Im Gegensatz zu den realen Pflanzen, die nicht mehr zu retten sind, wenn sie erst einmal vertrocknet sind, lassen sich die Seelenpflanzen aber wiederbeleben, wenn wir nur die Energie, Geduld und Ausdauer dafür mitbringen, an ihrer Genesung zu arbeiten.

Traum vom 19.6.: Weihrauch und Myrrhe

»Ich wache auf mit den beiden Worten im Ohr: *Weihrauch und Myrrhe.*«

An diesem Beispiel soll deutlich werden, wie hilfreich die Einbeziehung des astroenergetischen Hintergrundes besonders auch bei »Traumfetzen« ist. Je weniger erinnert wird, desto größer die Bedeutung der Amplifikation, also der Anreicherung der Traumbotschaft mit zusätzlichem Material: den spontanen Einfällen und der Lebenssituation des Träumers, Märchen, Mythen, Redensarten und nicht zuletzt der Zeitqualität.

In diesem Sinne betrachten wir die beiden geträumten Begriffe Weihrauch und Myrrhe vor dem Hintergrund der ZWILLINGE. Bei der Traumbesprechung fiel den Teilnehmern auf, daß hier zwei Dinge genannt werden, was auf das Thema der *Polarität* hinweisen könnten. In der biblischen Weihnachtsgeschichte wird Weihrauch und Myrrhe in Verbindung mit Gold genannt. Letzteres fehlt aber in diesem kurzem Traumbild. Das überrascht nicht, denn die Polarität des ZWILLINGE-Archetypen wird durch die *Zwei* ausgedrückt und bedeutet These und Antithese. In der Drei steckt dann bereits die Synthese der Pole, die aber erst im SCHÜTZE-Stadium der Entwicklung erreicht wird und in der SCHÜTZE-Zeit besonders ins Bewußtsein dringen soll.

Die Düfte beider Substanzen sind nach Empfinden der Träumerin von *gegensätzlichem* Wesen. Weihrauch verbreitet einen süßlichen Duft, und Myrrhe, verwandt mit dem arabischen Wort *murr* = bitter, ist von herbem Charakter und dient als Tinktur mit adstringierender Wirkung etwa zur Mundpflege. Um welchen inneren Gegensatz mag es sich bei den beiden Duftstoffen im symbolischen Sinne wohl handeln?

Für die Träumerin kann es eine Aufforderung bedeuten, die *beiden Seiten* der Medaille, den süßen und den bitteren Aspekt des Lebens, nebeneinander zu sehen und zu erkennen, daß sie, grundverschieden, wie sie sind, doch auch zusammengehören. Als Duftstoffe sind Weihrauch und Myrrhe Entsprechungen des *Luftelementes*. Durch Verbrennen dieser Substanzen ergibt sich ihr typischer und geschätzter Geruch, der für eine besondere Atmosphäre sorgt.

Die Lebenssituation der Träumerin war in der letzten Zeit geprägt durch die aufopfernde Pflege eines schwerkranken Familienmitgliedes, die sie sehr *niederdrückte*. Während des Seminars spürte sie mehr und mehr *Erleichterung*. Astroenergetisch betrachtet, ist es ihr im Miteinander des Gruppenprozesses gelungen, sich an die Luftenergie des ZWILLINGE-Archetypen anzuschließen. Sie hatte sich in ihrer entbehrungsreichen Tätigkeit selbst sträflich vernachlässigt und war durch die Traumarbeit wieder daran erinnert worden, daß ihre eigene Seele ebenso Pflege und Aufmerksamkeit braucht. Die Traumseele wiederum quittierte dies mit dem Bild der beiden wertvollen Duft-Substanzen, als Gegengewicht zur Schwermut und Bedrängnis. Der ZWILLINGE-Archetyp erinnert sie daran, daß es neben der Schwere auch das Leichte gibt und beide Seiten sich bedingen. Sie erfährt, daß gerade durch Gegensätze die jeweilige Polarität um so deutlicher spürbar wird, das heißt, je drückender die Last, um so intensiver ist das Gefühl der Entlastung. Der Leser kann dies schon durch eine kleine Übung leicht nachvollziehen: Zunächst werden alle Muskeln ganz fest angespannt – und nach einer kurzen Weile des Innehaltens wieder losgelassen. Die Entspannung danach wird durch den Gegensatz um so deutlicher empfunden.

Auch der nächste Traum stellt ein Gegensatzpaar dar und fordert dazu auf, die genannte Polarität genauer zu betrachten.

Traum vom 19.6.: *Maria und Martha*

»Ich bekomme von dem biblischen Frauenpaar Maria und Martha zwei blaue Zehnmarkscheine geschenkt, die für Notsituationen gedacht sind.«

Die Traumregie wählte für die religiös geprägte Teilnehmerin ein biblisches Beispiel, um eine ZWILLINGE-Botschaft zu vermitteln. Hier wird um
so mehr deutlich, daß die Träume jene Sprache sprechen, die wir verstehen,
und ihre Botschaften in solche Bilder kleiden, die uns ganz individuell etwas
sagen. Die Traumsprache ist sozusagen die *persönlichste Sprache*, die sich an
unser bewußtes Ich richtet.

Die Träumerin erkennt in diesem Paar den *Gegensatz* zwischen der geistig-
spirituellen und der leiblichen Seite im Menschen. Da es aber nicht darum
geht, sich für eine Seite zu entscheiden und die andere zu verdammen,
erscheinen beide Frauen im Traum und haben ein Geschenk zu machen. Die
Teilnehmerin erkennt darin, daß beide Wesensteile Energie – symbolisiert
durch das Geld im Traum – für unsere Weiterentwicklung liefern. Energie,
die wir gerade dann um so dringender brauchen, wenn wir bedrängt sind und
eine schwierige Lebenslektion lernen und integrieren sollen.

Traum vom 20.6.: Ein Lied ist nicht blind

»Ich befinde mich innerhalb eines Lichtrades. Dabei habe ich den Satz im
Ohr: ›Ein Lied ist nicht blind‹.«

Die Träumerin hat einen guten Draht zur Musik und eine ausgeprägte
religiöse Ader. Durch ihre Betonung des Luftelementes fühlt sie sich mit den
Mitmenschen sehr verbunden. Wie sie sich im Traum in dem Lichtrad dreht,
so dreht sich ihr ganzes Leben um spirituelle Belange. Damit könnte man den
Traum belassen – als schönes Bild ihres lichten, musikalischen Wesens, das
sie zweifelos besitzt. Vor dem Hintergrund des ZWILLINGE-Archetypen (in
Bezug mit ihrer Lebenssituation) ist aber noch eine andere Seite zu berücksichtigen – und da erscheint das Lichtrad als »goldener Käfig«, in dessen
Kreislauf die Träumerin gefangen ist: die Kehrseite der Medaille!

»Ein Lied ist nicht blind« – und ebensowenig ist es die Traumseele! Wenn
wir diesen Satz auf eine psychische Ebene übertragen, dann finden wir in der
Musik ein breites Spektrum von Gefühlen widergespiegelt. »Ein Lied ist
nicht blind« bedeutet dann: »Die Gefühle sind nicht so blind, wie das unser
begrenzter Verstand zwangsläufig sein muß! Höre auch auf die inneren
Regungen! Laß dich nicht einseitig von schöngeistigen Ideen und Idealen
blenden und verliere nicht den Blick für deine seelische Wirklichkeit.« Es ist
hier die Polarität von Ideal und Realität, von Geist beziehungsweise Körper
angesprochen.

Heutzutage verbirgt sich hinter dem Bestreben nach Spiritualität nicht selten ein (unbewußter) Egotrip, wenn die Beschäftigung mit überpersönlichen Dingen zum Verdrängungsmechanismus wird. Die ZWILLINGE erinnern uns daran, daß es in der irdischen Existenz nur darum gehen kann, daß wir uns selbst erkennen und annehmen. Ob Engel oder Hexe(r) – beide Extreme für sich genommen werden unserem Menschsein nicht gerecht. Um die Lebensrätsel zu lösen, bedarf es des ganzen Menschen, der als geistiges Wesen mit einem Erdenleibe bekleidet beiden Welten angehört und als *Mittler* zwischen dem Irdischen und dem Geistigen fungiert.

Die Träumerin hat ihre Aufmerksamkeit möglicherweise zu sehr auf die lichte Lebensseite gerichtet. Für eine innere Befruchtung ist jedoch auch die Integration der dunklen Seelenteile erforderlich. Bezeichnenderweise zog die Teilnehmerin bei einem Orakel das Bild der Hexe. Deutlicher kann ihr Unbewußtes nicht sprechen: »Es ist Zeit, sich dem anderen Pol zuzuwenden.« Freiwillig in die dunklen Seelenschichten einzutauchen erspart eine schicksalhaft erzwungene Konfrontation mit der inneren Hexenhaftigkeit.

Durch die Gegensätze lernen wir zu sehen und die Dinge bewußt zu erkennen. Ohne Polarität ist unterscheidendes Bewußtsein nicht möglich. Wir entwickeln uns im *Wechselspiel* zwischen Licht und Schatten, wobei das Licht, welches in der Dunkelheit scheint, am intensivsten zur Geltung kommt. Eine wesentliche Botschaft des ZWILLINGE-Monats ist die Erkenntnis des polaren Wechselspieles zwischen Licht und Schatten, hell und dunkel, gut und böse, Yin und Yang. Gut ist nicht wirklich gut (ist noch unerlöst!), solange es sich vom Bösen unterscheidet und abgrenzt. Es gilt, den Gegenpol auszuhalten und zu integrieren, damit er uns nicht seinerseits überrollt und wir wie ein Spielball in den Wellen der Extreme hin und her geworfen werden.

Traum vom 19.6.: Der goldene Vorlegelöffel

»Ich bekomme einen goldenen Löffel geschenkt. Eigentlich sind es zwei Löffel, die miteinander verbunden sind, einer oben, der andere unten, wie bei einer Zange. Er funktioniert auch ähnlich einer Zange und scheint ein Vorlegelöffel für Gebäck zu sein. Ich habe das Gefühl, daß das, was auf diesem Löffel ist und von ihm gehalten wird, nicht mehr herunterfallen kann.«

Die Träumerin ist eine WIDDER-Geborene, die durch den *zweifachen* Löffel mit der *Polarität* der ZWILLINGE konfrontiert wird. Im Bild des

Vorlegelöffels, mit dem man das Gebäck vom Kuchenteller holt, wird ihr in anschaulicher Weise vor Augen geführt, wie die beiden Seiten zusammen-hängen und -wirken. Im übertragenen Sinne wird dadurch gezeigt, daß wir die Dinge des Lebens dann am besten in Griff bekommen, wenn wir die Angelegenheiten nicht einseitig, sondern von *beiden Seiten* betrachten bezie-hungsweise anpacken. Gerade für WIDDER-betonte Menschen ist das Ein-üben eines Verhaltens, das nicht einfach nur blind drauflosschlägt, von großer Wichtigkeit. Leicht verrennt sich der WIDDER durch seinen Übereifer in Schwierigkeiten, die dann nicht mehr so leicht in den Griff zu bekommen sind.

Der Löffel steht symbolisch für unsere Beziehung zum Leben. Geben wir in sprichwörtlicher Hinsicht »unseren Löffel ab«, haben wir resigniert, aufgege-ben oder sind gestorben. Einen Löffel geschenkt zu bekommen ist im Gegen-satz dazu mit einem Zugewinn an Lebendigkeit und der Möglichkeit des Zugreifens verbunden. Die goldene Farbe weist zudem auf Bewußtseins-erweiterung und Selbstvertrauen hin. Und auch das für WIDDER-Geborene so zentrale Thema der Geburt und Wiedergeburt mag der doppelte Löffel ansprechen, der an eine Zange erinnert und im Zusammenhang mit einer Geburtszange gesehen werden kann.

Traum vom 23.5.1990: Salat und Abfall

»Ich bin mit meiner Schwiegermutter in der Küche. Vor mir steht eine Schüssel mit geputztem Salat. Beim näheren Hinsehen entdecke ich unter den Salatblättern den Abfall. Die Küche ist sehr schmutzig und unordent-lich.«

Die Träumerin erinnerte sich, von der Schwiegermutter in die Ehe mit deren Sohn hineinmanövriert worden zu sein. Die Verbindung erwies sich für die Ehegattin als äußerst frustrierend, und mittlerweile ist die Scheidung vollzogen. Dieser Traum führt ihr noch einmal *beide Seiten* der Medaille vor Augen, um ihr mit dem Aufarbeiten dieser verqueren Beziehung zu helfen. Nach außen hin sieht man den Salat, aber »hinter den Kulissen« liegt der Abfall, der noch zu beseitigen ist. Und auch die schmutzige und unordentli-che Küche weist darauf hin, daß hier noch Ordnung geschaffen werden muß.

Das heißt vor allem, daß sie in ihren Beziehungen und ganz allgemein in ihrem Dasein die lichten und die dunklen, die verträglichen und die unbekömmlichen Seiten erkennen und auseinanderhalten lernt. Schließlich lehrt uns der ZWILLINGE-Archetyp, daß es in unserer polaren Welt kein Ereignis, keine Beziehung gibt, die nur gut oder nur schlecht wäre. Für die SCHÜTZE-betonte Teilnehmerin eine besondere Herausforderung! Die Identifikation mit diesem Feuerzeichen – die Gegenseite der ZWILLINGE – verleitet zu Wertungen und einseitigen Deutungen auch dort, wo zunächst eine Würdigung aller Aspekte vorgenommen werden sollte. Aber erst wenn wir uns ein umfassendes Bild von einer Angelegenheit oder Beziehung gemacht haben, das auch den seelischen Bereich einschließt, ist eine individuelle Bewertung sinnvoll.

Nachfolgend der Traum eines WIDDER-Geborenen, der den Träumer mit dem Zustand seiner weiblichen Seite, dem *Gegenpol* der männlich-triebhaften WIDDER-Kraft, konfrontiert.

Traum vom 8.6.1993 : Tote im Keller

»Ich stöbere im Keller eines großen Hauses herum, das noch nicht fertiggebaut wurde. Es sieht so aus, als ob der Bau schon länger eingestellt wurde, da viel Gerümpel herumliegt und der Keller zum Teil voll Wasser ist. Bei meiner Sucherei finde ich die Leiche einer schönen Frau. Ich habe Angst und verstecke sie unter einer Treppe hinter Brettern. Am nächsten Tag, als ich erneut den Keller durchsuche, liegt die Tote mitten in einem Raum auf einem Brett aufgebahrt. Ich erschrecke und habe erneut Angst davor, mit dem Tod der Frau in Verbindung gebracht zu werden. Ich gehe weiter und finde eine nur handgroße Gitarre (die aber sonst völlig echt ist) mit Klangkörper und extra Resonanzsaiten. Ich erwache und fühle mich schuldig, ängstlich und habe ein schlechtes Gewissen.«

Lassen wir zuerst den Träumer selbst mit seinen Gedanken und Einfällen zu dem Traum zu Wort kommen:

»Die tote Frau versinnbildlicht meine weibliche Seite. Diese Seite habe ich seit meiner Kindheit vernachlässigt. Das Fühlen und Empfinden ist mir fremd und wird, wenn überhaupt, vom Kopf aus gesteuert. Der Kopf beherrscht mich total. Das Denken, Sprechen, Planen, Regeln bestimmt mein Leben, verbunden mit einer fröhlich dreinblickenden Maske, die ich der Welt entgegenhalte. In meinem Geburtshoroskop drückt sich dieses Ungleichgewicht in einer Betonung des Feuerelements (aktives Prinzip, Willenskraft) bei gleichzeitig unterrepräsentiertem Wasserelement (Gefühlsseite) aus. Meine

Eltern trugen nicht dazu bei, meinen Bezug zur Welt der Gefühle zu verbessern. Meinen Vater empfand ich als sehr intellektuell und meine Mutter als recht körperfeindlich. Beide hatten durch ihre starke Betonung des Luftelementes etwas Oberflächliches und Unverbindliches, was die seelischen Belange anging.

Meine Frauenbeziehungen waren vom Sexuellen und vom Optischen mehr geprägt als von Wärme, Zärtlichkeit und Gefühl. Seit einigen Jahren fällt mir auf, daß – obwohl ich von mir aus nicht mehr soviel unternehme – Frauen auf mich zukommen, die mich als Gesprächspartner suchen und mit mir ihre Probleme mit Kindern, Männern und sich selbst besprechen wollen. In der letzten Zeit wurden die Probleme gewaltiger: Konkurs, Abtreibung, Krankheiten, Lebensangst und überhaupt viele Ängste.

Während ich Frauen früher als fröhliche, verführbare Wesen ansah, werde ich jetzt mit ihren Sorgen und Nöten konfrontiert. Dadurch erlebe ich, wie tief ein Mensch leiden kann, wie tief er seine Gefühle empfinden kann, was mir bislang fremd war. Ich mochte es, geliebt zu werden, konnte selbst aber keine Gefühle einbringen. Diese Unfähigkeit, zu fühlen und zu empfinden, habe ich hinter einer Maske aus Reden und Tun versteckt. Aus diesem Grund habe ich meinen Körper oft überfordert. Mittlerweile bin ich dabei zu lernen, mehr auf meine Körpersignale zu achten und mir Ruhe zu gönnen, wenn nötig. Durch Harmonisierung meines Körpers, zum Beispiel durch Tai Chi, arbeite ich daran, meine weibliche Seite, die ich im Traum als Leiche im Keller entdecke, wiederzubeleben, mit ihr zusammen das Gerümpel im Keller meiner Seele aufzuräumen und das aufgestaute Wasser wieder zum Fließen zu bringen. Dann werde ich auch lernen, auf der Traumgitarre zu spielen, ohne Ziel, Zwang, Erwartung und Erfolgsdruck. Das reine Spielen fällt mir noch sehr schwer, da ich bislang meinte, keine Zeit dafür zu haben. Es gibt ja immer soviel zu tun, und ich bin nie mit mir zufrieden gewesen. Ich beschäftigte mich mit einer Vielzahl esoterischer Methoden – mit jeder ein bißchen, so daß nichts wirklich auf mich einwirken konnte. Ich sehe jetzt, daß ich von allen bisherigen Vorstellungen loslassen und mich dem spirituellen Weg spielerischer annähern sollte. Dann wird die Gitarre im Traum wachsen können, und ich werde leichter zu mir und meinen Gefühlen finden.«

Wie der Träumer treffend erfaßt hat, spiegelt dieser Traum, der vor dem Hintergrund des ZWILLINGE-Archetypen zu deuten ist, seinen Bezug zu der »anderen Seite« seines Wesens, der inneren Frau, wider. Bestürzt muß er feststellen, daß die hübsche junge Frau, die er in seinem Keller entdeckt, tot ist. Er will zuerst nichts damit zu tun haben und versucht, die Leiche zu verstecken. Seine Angst und Schuldgefühle im Traum verraten, daß er durchaus seine Verantwortung am Tod der Anima spürt, ihm dies bislang aber anscheinend noch nicht so bewußt wurde. Der Keller als Traumort weist darauf hin, daß sich die Handlung im Bereich des Unbewußten abspielt. Wie wir mit dem Träumer erkennen müssen, ist es zwecklos, seine Augen vor der Tatsache einer (Traum-) Leiche verschließen zu wollen. Alles Verstecken und Vertuschen nützt nichts – die tote Frau kommt wieder zum Vorschein, das nächste Mal sogar noch deutlicher. War sie anfangs unter einer Treppe hinter Brettern verborgen, nimmt sie in der zweiten Szene, aufgebahrt in der Mitte des Raumes, die volle Aufmerksamkeit für sich in Anspruch. Der Träumer kommt nicht mehr drum herum, sich mit der Frauenleiche auseinanderzusetzen. Er selbst erkennt, daß diese gefühlhafte Seite seines Wesen bislang durch seine Fixierung auf die aktiven und rationalen Kräfte (WIDDER und STEIN-BOCK sind bei ihm eng miteinander verbunden) völlig untergegangen war. Deshalb sind die Bauarbeiten am Haus seiner Gesamtpersönlichkeit nicht fertiggestellt, und der Keller ist überflutet von aufgestauten Gefühlen.

Parallel zu den Entdeckungen in seiner Innenwelt durch die Traumarbeit konnte er in seiner Außenwelt eine Veränderung in der Qualität seiner Frauenbekanntschaften feststellen. Auch hier, auf der alltäglichen Begegnungsebene, wurde er mit der *anderen Seite* des Menschseins konfrontiert. Statt unverbindlich-oberflächlicher Kommunikation traten über seine Gesprächspartnerinnen existenzielle Probleme an ihn heran. In seinen Außenbeziehungen zu Frauen konnte sich der problematische Zustand seiner weiblichen Gefühlsseite widerspiegeln.

Im ZWILLINGE-Monat wurde ihm der schlechte Zustand des weiblichgefühlhaften Pols deutlich. Dazu gehört auch die erkannte Schwierigkeit, sich den Dingen des Lebens *spielerischer*, also *offener* und *freier* zu nähern. Eine Unterdrückung des ZWILLINGE-Prinzips zieht automatisch massive Probleme mit der KREBS-Seite (dem Weiblich-Gefühlhaften) nach sich, da die ZWILLINGE-Ebene sozusagen die Vorstufe und Voraussetzung des KREBS-Bereiches ist. Wie in kosmischer Hinsicht die SONNE erst die ZWILLINGE durchwandert, um anschließend in den KREBS zu wechseln – wie in der Natur die Blüte (ZWILLINGE-Entsprechung) die Voraussetzung für die Befruchtung (KREBS-Stufe) der Pflanze ist –, so ist eine interessierte, offene Geisteshaltung die Voraussetzung für eine seelische Empfängnis und das Wohlergehen der Anima.

Der Teilnehmer hat mittlerweile erkannt, daß die überaus kleine Gitarre eine Aufforderung an ihn darstellt, der spielerischen und gefühlhaften Seite des Lebens mehr Raum zur Entfaltung zu lassen. So stellt der ZWILLINGE-Monat für jeden Zeitgenossen eine Aufforderung dar, individuell *dazuzulernen* und sich für die Qualitäten der »Gegenseite« – die bislang zuwenig Beachtung fanden – zu *interessieren*. Der Träumer, dessen Kindheit von der Scheidung der Eltern negativ geprägt war, hatte in Mutter und Vater kein Vorbild dafür, die männliche und weibliche Seite des Lebens als gleichwertiges Nebeneinander zu erfahren. Statt dessen fühlte er sich in die Position gedrängt, sich für einen Elternteil entscheiden zu müssen. Durch die Träume wird ihm nun allmählich die Wichtigkeit bewußt, die männlichen Yang-Kräfte und die weiblichen Yin-Elemente gleichermaßen wahrzunehmen und sie ihre jeweils angestammten Plätze einnehmen zu lassen.

Traum vom 6.6.1993: Das schwarzweiße Höschen

»Ein berühmter Schlittschuhläufer will mich als seine Partnerin auf dem Eis haben. Obwohl ich nicht gut Schlittschuh laufe, geh' ich mit. Ich habe einen engen Body und ein kurzes Röckchen an, dreh' an seiner Seite Kreise auf dem Eis, auch mal auf einem Bein. Wir haben viele Zuschauer um uns herum. Ich bin erstaunt, daß ich kein bißchen nervös bin, früher hätte ich vor Aufregung gezittert. Die Leute um uns sind begeistert, keiner scheint zu merken, daß ich kein Profi bin. Ich geb' mir auch alle Mühe, nicht zu sehr auf den Schlittschuhen zu wackeln. Mein Partner wollte auch unbedingt mich und keine andere.

Später bin ich mit Bekannten zusammen und erzähl' ihnen von meiner Vorstellung. Gleich wird's weitergehen, und ich werde nun berühmt. Eine meiner Bekannten zeigt mir, daß an meinem Body unten ein schwarzweißes Unterhöschen hängt und unter meinem kurzen Röckchen hervorspitzt. Im ersten Moment erschrecke ich, denke mir, ob ich das wohl während des Eislaufs schon dran hatte, doch dann fällt mir ein, daß ich mich danach umziehen wollte und das Höschen nur halb anzog. Ich wollte den Eisläufer begleiten und zog mich deshalb nicht um. Das Höschen blieb wohl dabei hängen. Ich entferne es jetzt.«

Die Träumerin, eine WASSERMANN-Geborene, hatte folgende Einfälle zu diesem Traum:

»Am stärksten beeindruckte mich an diesem Traum, wie selbstsicher ich auf dem Eis vor den vielen Zuschauern tanzte. Nichts schien mich erschüttern zu können. Ich staunte über mich, daß ich die Figuren so gut hinbekam, obwohl ich doch keine Übung darin hatte.

Bei der Analyse des Traumes mußte ich daran denken, daß ich mit Männerbekanntschaften bislang kein Glück hatte und darüber zur Zeit sehr unglücklich bin. Momentan ist auch niemand in Sicht, mit dem ich gerne eine Partnerschaft eingehen würde. Meine Gefühle sind wie auf Eis gelegt, und ich habe den Eindruck, daß ich alleine ›auf meinem gefrorenen See‹ tanze. Ich fragte mich, wer der Schlittschuhläufer sein könnte. Etwa nur eine Wunschvorstellung von mir? Oder mein innerer Partner, der mich dazu animiert, auf dem ›Parkett‹ des Lebens zu tanzen und Kreise zu ziehen, die ich mir selber nie zugetraut hätte?

Zu dem schwarzweißen Slip fällt mir meine letzte Beziehung zu einem Mann ein. Dieser war, wie sich später herausstellte, ein verheirateter Familienvater. Das Verhältnis zu diesem Mann habe ich sofort abgebrochen, als ich erfuhr, was er mir verheimlichte. Er hatte mich belogen und gaukelte mir vor, frei zu sein. Die Trennung ist jetzt bereits ein Jahr her. Seit dieser Zeit habe ich auch kein Vertrauen mehr zu den Männern und stelle alles in Frage, was mir meine Verehrer sagen.«

Dieser Traum rückt das männliche Prinzip wieder in das rechte Licht. Es ist eben, wie die weibliche Seite auch, weder nur gut noch nur schlecht. Und auch jeder Mann, jede Frau hat Licht- und Schattenseiten. Bei der Teilnehmerin war der Yang-Pol durch ihre negativen Erfahrungen mit dem männlichen Geschlecht »in Verruf« geraten. Die ZWILLINGE-Zeit will ihr deshalb diese Seite wieder näherbringen, um die Polarität wiederherzustellen. Ihre Schwarzweißmalerei in Liebesdingen soll sie, genauso wie das verrutschte schwarzweiße Höschen, ausziehen. Ihre Einstellung war, wie der Slip, verrutscht, im Ungleichgewicht.

In dem unbekannten Eiskunstläufer begegnet sie einerseits ihrem Animus, der sie zu nehmen weiß. Und auch ihr Traum-Ich versteht es, *mitzuschwingen, spielerisch-tänzerisch* sich auf dessen Bewegungen einzustimmen. Ein ermutigender Traum, der sich zwei Wochen vor dem Kennenlernen eines neuen Partners einstellte. Mit diesem Mann ist die Träumerin mittlerweile längere Zeit locker liiert und hat viel Freude an der Beziehung. Ein Zeichen dafür, daß uns in der Außenwelt das begegnet, was wir vorher innerlich vollzogen haben. Dieser Traum ist in diesem Sinne auch als *Nachricht* über die bevorstehende vielversprechende Begegnung anzusehen.

Traum vom 14.6.93: Die verweigerte Zeltnacht

»Ich soll an der Zeltnacht einer teils vertrauten, teils berufsbedingten Gruppe teilnehmen. Etwas ängstigt mich daran, und ich sage nein. Ich sehe meinen früheren Chef als jungen Mann, der zutiefst enttäuscht ist über meine Absage. Eigentlich tut es mir leid. Ich merke, daß ich da etwas versäumt habe, bleibe aber bei meiner Entscheidung.«

Wie wir im letzten Traumbeispiel sehen konnten, übermitteln uns Träume im ZWILLINGE-Monat zuweilen auch, wenn jemand mit uns in *Kontakt* treten will, bevor das Ereignis tatsächlich geschieht. Dieser Traum nun signalisierte der Teilnehmerin, daß ein Verehrer, zu dem längere Zeit Funkstille herrschte, im Begriff war, sich wieder anzunähern. Die angebotene »Zeltnacht« stellte sich als Einladung zu einer *unverbindlichen* erotischen Begegnung heraus. Als »Negativbeispiel« weckte der Traum ihr Bewußtsein dafür, der Annäherung dieses Freundes besser mit *Offenheit* anstatt mit Ablehnung zu begegnen. Schließlich bedauert sie im Traum ihre ablehnende Haltung, und es wird ihr um so klarer, daß ein erotisches Angebot auch in ihrem Sinne ist. So konnte sie ihre wahren Bedürfnisse erkennen und die »Zeltnacht« im darauffolgenden KREBS-Monat in Realität genießen, ohne sich von ihren Vorstellungen oder Vorbehalten daran hindern zu lassen.

So ist dieser Traum auch ein Beispiel dafür, daß sich »negative« Traumbotschaften, die in die Zukunft weisen, nicht zwangsläufig auch so ereignen müssen. Im Gegenteil, solche Träume wollen uns darauf vorbereiten und uns die Möglichkeit geben, durch Erkennen der Lage das Ruder entsprechend unseren Bedürfnissen herumzureißen und einen anderen, stimmigeren Kurs einzuschlagen.

Traum vom 18.6.93: Verdrehte Welt

»Zusammen mit einem Begleiter schwimme ich unter Wasser, als wir plötzlich merken, daß die Wasseroberfläche über uns mit einer Eisschicht überzogen ist. Durch die Eisschicht sehe ich, wie Fische draußen auf dem Eis herumzappeln. Dann tauchen wir hoch, durchstoßen die Eisschicht, die mir relativ dünn erscheint, und schaffen uns wie Eisbrecher durch die Schwimmbewegungen einen Weg durch das zugefrorene Wasser, teilen die Eisschicht durch's Schwimmen.«

Dieser Traum demonstriert zunächst eine »verdrehte Polarität«: Die Träumerin befindet sich unter Wasser, und die Fische sind über der Wasseroberfläche. Da können beide auf Dauer nicht überleben! Übersetzt bedeutet die Verdrehung der Relation Oben-Unten eine Umkehrung von Yin und Yang. Das Ich-Bewußtsein (Traum-Ich) als Entsprechung des Bewußtseinsprinzips befindet sich unter Wasser im Yin-Bereich des Unbewußten, während die eigentlichen Bewohner des Wasserelements, die Fische (Yin-Seite), oberhalb ihres Lebenselements im Trockenen zappeln. Die Eisschicht dazwischen weist auf eine massive Abgrenzung zwischen beiden Bereichen hin. Ihre derzeitigen Frustrationen finden darin eine Entsprechung – sie durchlitt nach der Trennung vom Ehemann eine gefühlsmäßig eisige Zeit, welche sie zunächst auch innerlich aus der Bahn geworfen hatte.

Wie der Traum zeigt, hat sie diesen Zustand mittlerweile erkannt und ist bereit und fähig, die trennende Schicht zwischen Bewußtsein und Unbewußtem zu durchbrechen. Ein wahrhafter innerer Durchbruch, der ihr hier gelingt. Der unbekannte Begleiter dürfte hier wohl als Symbol für ihre männliche Seite stehen. Männliche Yang-Eigenschaften wie Entschlußkraft, Mut und Durchsetzungsvermögen sind es schließlich auch, die uns befähigen, unseren Weg zu gehen und Blockaden zu beseitigen. Gleichermaßen benötigen wir auch die Qualitäten der weiblichen Yin-Seite, die in Fähigkeiten wie Vertrauen, Zulassen- und Loslassenkönnen bestehen. Und wie der Traum zeigt, geht es vor allem darum, daß jede Seite ihren angestammten Platz einnimmt: also daß entsprechend der Situation die Yang- oder Yin-Seite aktiviert wird, daß wir an der richtigen Stelle loslassen oder festhalten, kämpfen oder uns hingeben.

Diesen Traum hatte die Teilnehmerin kurz vor dem ZWILLINGE-Neumond, der in Konjunktion zu ihrem ZWILLINGE-Aszendenten stand.

Kurztraum vom 28.5.1990: Leiterwagen

»Ich treffe mit Karin, einer ehemaligen Schul- und Studienkollegin, zusammen. Sie hat einen Leiterwagen dabei, in dem ein Kleinkind sitzt.«

Daß auch Traumfragmente aussagekräftig sein können, wenn man nur seine Gedanken darum kreisen läßt und sich in die Traumbilder einfühlt, zeigt dieses Beispiel einer STEINBOCK-Geborenen.

Die Träumerin neigte durch ihre STEINBOCK-SONNE zu einer (unbewußten) Identifikation mit der Erdkraft. Das luftige Element in der Leichtigkeit des Daseins zu erleben, fiel ihr dagegen schwer. Im Bild der ehemaligen Mitschülerin, die unsere Teilnehmerin als oberflächlich charakterisierte, will sich die ZWILLINGE-Seite des Lebens Gehör verschaffen.

Einseitige Idealisierungen von Verhaltensweisen führen in innere Sackgassen! *Jede* Seite hat auch ihre Vorzüge, die es zu entdecken und zu entwickeln gilt. Mag auch die unerlöste Seite von Karins Verhalten in einer zu großen *Oberflächlichkeit* bestanden haben, dann ist das lediglich die Schattenseite einer *spielerischen Leichtigkeit* dem Dasein gegenüber. Die Träumerin erinnert sich, daß sie die ZWILLINGE-Phase der Entwicklung, also das Alter, in dem sie mit Karin zu tun hatte, nicht gerade diesem Zeichen entsprechend gelebt und erlebt hatte. Anstatt den altersgemäßen Impulsen nachzugehen und auf *lockere, unverbindliche* Weise *Kontakte* zu beiderlei Geschlecht zu pflegen, huldigte sie ungewöhnlichen Hobbys und übersteigerten »Märchenprinzphantasien«, durch die sie sich von ihren Altersgenossen abgrenzte. Anstatt wie ein »Schmetterling von Blüte zu Blüte zu fliegen«, um die nötigen Erfahrungen dieses Lebensalters zu sammeln, verleiteten die STEINBOCK-Identifikationen zu Kletterpartien in einsame Höhenregionen.

Mittlerweile ist die Träumerin dabei, diese unterdrückte Wesensseite zu entwickeln. Das Kleinkind, welches die Mitschülerin in einem Leiterwagen bei sich führt, ist als ermutigender Hinweis dafür zu verstehen, daß die ZWILLINGE-Seite der Träumerin wiedergeboren wurde und sich nun in der Entwicklung befindet.

Traum vom 18.6.92: Spinnentraum

»Im Haus meiner Eltern. Ich gehe auf den Dachboden, um Papier zum Anschüren zu holen. Als ich die Dachbodentreppe hochlaufe, verheddere ich mich in einem Spinnennetz, und zwar so, daß die Spinne samt Kokon fast mein Gesicht berührt. Ich versuche sie abzustreifen, was mir nach einigen Mühen auch gelingt. Sie liegt jetzt zusammengerollt auf dem Boden. Der Kokon, an den sie sich festklammert, blutet, was mich irgendwie berührt. Dann nehme ich wie vorgehabt eine große Handvoll Papier aus einem Stapel.«

Dieser Traum, der unseren Teilnehmer auf den Dachboden des Elternhauses führt, behandelt den Einfluß der elterlichen Geisteswelt auf sein *Denkwesen*. Nicht zufällig sprechen wir vom »Dachstübchen«, wenn wir unseren Kopf oder unser *Denkprinzip* meinen. Der junge Mann verheddert sein Gesicht in einem Spinnennetz, wie er sich auch von den elterlichen Gedanken hat einspinnen lassen. Er übernahm eine äußerst destruktive, negative Art, die Welt zu sehen; entsprechend ist sein Gesichtskreis, sein geistiger Horizont durch die klebrige Spinnwebe im Traum eingeschränkt.

Doch der Träumer fügt sich jetzt nicht mehr blind in dieses Schicksal, mit dem er sich selbst oft verletzt hat (der blutende Kokon), sondern legt Hand an und streift das störende, die Sicht beeinträchtigende Gebilde ab. Parallel dazu hat er auch in seiner Lebensrealität begonnen, die schädliche Art, sich auf *negative Gedanken* zu konzentrieren, zu durchschauen und allmählich abzustreifen. Das Feuer, das er mit dem Papier entzünden will, steht dann als Symbol für bewußte Erkenntnis. Die lebensuntaugliche »Versponnenheit«des Träumers soll in den Flammen gereinigt werden und sich in ein »Freudenfeuer zuversichtlicher Gedanken« verwandeln.

Seminarhinweis

Leserinnen und Leser, die sich für Seminare oder Einzelberatungen des Autors interessieren oder eine Horoskopgrafik erstellen lassen wollen, wenden sich bitte an folgende Adresse:

Norbert Teupert
Postfach 160 144
95427 Bayreuth

Literaturhinweise

Traumarbeit

ANN FARADAY: *Deine Träume – Schlüssel zur Selbsterkenntnis.*
Fischer TB-Verlag, Frankfurt/Main, 1980.
HELMUT HARK: *Träume als Ratgeber.* Walter Verlag, Olten 1983.
HELMUT HARK: *Der Traum als Gottes vergessene Sprache.*
Walter Verlag, Olten 1985.
HANS HOPF: *Kinderträume verstehen.* Rowohlt Verlag, Reinbek 1992.
JÜRGEN VOM SCHEIDT: *Das große Buch der Träume,* Heyne Verlag,
München 1985.
HILDEGARD SCHWARZ/NORBERT TEUPERT: *Das Bilderbuch der
Träume. Neue Möglichkeiten des Verstehens.* Ariston Verlag,
Genf/München 1992.
HILDEGARD SCHWARZ: *Mit Träumen leben – Einsichten.*
Verlag Darmstädter Blätter, Darmstadt 1981.
HILDEGARD SCHWARZ: *Aus Träumen lernen.* Knaur Verlag,
München 1987.

Astrologie

STEPHEN ARROYO: *Astrologie, Psychologie und die vier Elemente.*
Hugendubel Verlag, München 1982.
NIKOLAUS KLEIN/RÜDIGER DAHLKE: *Das senkrechte Weltbild.*
Symbolisches Denken in astrologischen Urprinzipien.
Hugendubel Verlag, München 1986.
PETRA NIEHAUS (Hrsg.): *Sternenlichter. Astro(Jahres)kalender.*
Verlag Petra Niehaus, Aachen.
FRITZ RIEMANN: *Lebenshilfe Astrologie. Gedanken und Erfahrungen.*
Pfeiffer Verlag, München 1976.
DANE RUDHYAR: *Die astrologischen Zeichen. Der Rhythmus des Zodiak.*
Hugendubel Verlag, München 1983.
HANS TAEGER: *Astroenergetik. Die zwölf kosmischen Energien.*
Papyrus Verlag, Hamburg 1983.

Psychologie

FRANZ ALT (Hrsg.): *Das C. G. Jung-Lesebuch.* Walter Verlag
  6. Auflage, Olten 1988.
C. G. JUNG: *Grundwerk.* 9 Bände. Walter Verlag, Freiburg 1984.
C. G. JUNG: *Der Mensch und seine Symbole.* Walter Verlag,
  Olten 1979.
C. G. JUNG: *Erinnerungen, Träume, Gedanken.*
  Walter Verlag, Olten 1985.

Bücher zu ZWILLINGE-Themen

DANTE ALIGHIERI: *Die Göttliche Komödie.* Ph. Reclam Verlag, Stuttgart o.J.
SUKIE COLEGRAVE: *Yin und Yang.* S. Fischer Verlag,
  Frankfurt/M. 1984.
THORWALD DETHLEFSEN (Hrsg.): *Gut und Böse.* Goldmann Verlag,
  München 1994.
MARILYN FERGUSON: *Die sanfte Verschwörung.*
  Sphinx Verlag, Basel 1982.
VERENA KAST: *Mann und Frau im Märchen.* Deutscher Taschenbuch
  Verlag, München 1987
MICHAEL LUKAS MOELLER: *Die Wahrheit beginnt zu zweit.*
  Rowohlt Verlag, Reinbek 1992.
PRENTICE MULFORD: *Unfug des Lebens und des Sterbens.* S. Fischer Verlag,
  17. Auflage, Frankfurt/M. 1992.
JANE ROBERTS: *Die Natur der persönlichen Realität.*
  Ariston Verlag, Genf/München 1985.
JANE ROBERTS: *Die Natur der Psyche.* Ariston Verlag,
  3. Auflage, Genf/München 1985.
MARIO WANDRUSZKA: *Das Leben der Sprachen.*
  Deutsche Verlags-Anstalt, Stuttgart 1984.
RICHARD WILHELM: *I Ging – Das Buch der Wandlungen.*
  Eugen Diederichs Verlag, Köln 1956.

Die Tierkreisreihe von Norbert Teupert im Ariston Verlag umfaßt folgende Bände:

Die Rätsel des Lebens. Energetische Astrologie und Traumarbeit
(erschienen: ISBN 3-7205-1821-3)

Die FISCHE und ihre Lebensrätsel
(erschienen: ISBN 3-7205-1855-8)

Der WIDDER und seine Lebensrätsel
(erschienen: ISBN 3-7205-1823-X)

Der STIER und seine Lebensrätsel
(erschienen: ISBN 3-7205-1825-6)

Die ZWILLINGE und ihre Lebensrätsel
(erschienen: ISBN 3-7205-1857-4)

Der KREBS und seine Lebensrätsel
(erscheint 1995: ISBN 3-7205-1863-9)

Der LÖWE und seine Lebensrätsel
(erscheint 1995: ISBN 3-7205-1865-5)

Die JUNGFRAU und ihre Lebensrätsel
(erscheint 1995: ISBN 3-7205-1867-1)

Die WAAGE und ihre Lebensrätsel
(erscheint 1996: ISBN 3-7205-1869-8)

Der SKORPION und seine Lebensrätsel
(erscheint 1996: ISBN 3-7205-1871-X)

Der SCHÜTZE und seine Lebensrätsel
(erscheint 1996: ISBN 3-7205-1873-6)

Der STEINBOCK und seine Lebensrätsel
(erscheint 1996: ISBN 3-7205-1875-2)

Der WASSERMANN und seine Lebensrätsel
(erscheint 1996: ISBN 3-7205-1877-9)

SACHBÜCHER AKTUELLER ESOTERIK

EDGAR CAYCE – SEHER, HEILER, MYSTIKER
AN DER SCHWELLE DES NEUEN ZEITALTERS
Von Dr. Harmon H. Bro

Das Leben und Wirken des bedeutendsten Sensitiven unserer Zeit, des »schlafenden Propheten« Edgar Cayce, liest sich in dieser umfassenden und fundierten Biographie des Cayce-Vertrauten und Fachgelehrten Dr. Harmon H. Bro wie eine der fesselndsten und herausforderndsten Abenteuergeschichten der Gegenwart. Seine Erfahrung, sein Forschen, seine Arbeit waren ein Abenteuer medizinischer Hilfeleistung ebenso wie ein Abenteuer genialer Voraussagen weit über seine Zeit hinaus. Die Konfrontation seiner Prognosen mit Tatsachen der jüngsten Geschichte zeigt, daß die von ihm angekündigten Umwälzungen, soweit sie nicht bereits eingetroffen sind, jederzeit stattfinden können. 416 Seiten, geb., ISBN 3-7205-1719-5.

DAS NEUE ZEITALTER
AUTHENTISCHE VISIONEN DES EDGAR CAYCE
Von Mary Ellen Carter

Seinerzeit unglaublich anmutende Umwälzungen hat ein Mann prognostiziert, der 1945 starb: Edgar Cayce. Dieses Buch stützt sich auf Aussagen, die er in Trance machte. Er spürte uralte Kulturen auf und hatte die Zukunft vor Augen. Schon Wirklichkeit geworden sind seine Vorhersagen der Rassenunruhen in den USA, der Welternährungskrise und der Aussöhnung der USA mit Sowjetrußland. Der große Seher und »Vater des Neuen Zeitalters« (des Wassermanns) hat dieses – im Unterschied zu den Rufern apokalyptischen Untergangs – als ein Friedenszeitalter sozialen Ausgleichs, wirtschaftlichen Aufschwungs und einer neuen Brüderlichkeit unter Menschen und Völkern prognostiziert. 212 Seiten, geb., ISBN 3-7205-1066-2.

ZUKUNFTSVISIONEN DER MENSCHHEIT
APOKALYPSE ODER SPIRITUELLES ERWACHEN – WIR HABEN DIE WAHL
Von Dr. Chet B. Snow

Dr. Helen Wambach, Dr. R. Leo Sprinkle und Dr. Chet B. Snow haben 2500 Versuchspersonen in hypnotisch induzierter Trance in die Zukunft versetzt. Als Ergebnis dieser Progressionen zeichnen sich zwei archetypische Modelle ab: das eine als ökologische und sozioökonomische Katastrophe, das andere als ein Zeitalter des Friedens und weltweiter Zusammenarbeit. Wie Kernphysik und Quantenmechanik nahelegen, hängt alles materielle Geschehen vom menschlichen Bewußtsein ab. So macht diese Forschungsarbeit klar: Wir entscheiden jetzt die Zukunft kommender Generationen. 320 Seiten, geb., ISBN 3-7205-1671-7.

DIESE FASZINIERENDEN BÜCHER ERHALTEN SIE IM BUCHHANDEL

Ein umfangreiches, farbiges Bücher-Magazin mit sämtlichen Titeln unseres auf Medizin, angewandte Psychologie und Esoterik spezialisierten Verlagsprogramms können Sie gratis anfordern bei

ARISTON VERLAG · GENF/MÜNCHEN

CH-1211 GENF 6 · POSTFACH 6030 · TEL. 022/786 18 10 · FAX 022/786 18 95
D-81379 MÜNCHEN · BOSCHETSRIEDER STRASSE 12 · TEL. 089/724 10 34